Das Gute leben.

365
Rezepte

GRILLEN

TRE**TORRI**

LIEBER Dominik!

Alles liebe + gute, vor allem Gesundheit!

Hoffent-lich Dir auch ... und das Du interessen-tes entdeckst!

GRILLEN MACHT SPASS!
NICHT UMSONST SPRICHT MAN AUCH VOM GRILLVERGNÜGEN

Wenn dann die Rezepte so vielseitig sind, wie in diesem Buch, ist das umso erfreulicher, sind viele doch so konzipiert, dass sie sowohl auf Gas- und Elektrogrills als auch auf Holzkohle gelingen.

Es gibt die „schnelle Kost" nach einem langen Arbeitstag, wie z. B. ein Blick auf die Seiten 25 und 53 verraten, und jede Menge Ideen für entspanntes Grillen am Wochenende mit Family & Friends, z. B. Jerk Chicken mit Kochbananenchips (Seite 20) oder Pulled Pork (Seite 65). Und da sich einige Grillmeister nun auch auf den grünen Grillgenuss spezialisiert haben und nach leckeren fleischlosen Alternativen suchen, finden sich im Buch auch vegetarische und vegane Rezeptideen für den Grillrost. Blättern Sie einfach um: Wie wäre es mit gegrillter Mango mit Süßkartoffeln und Basilikumöl auf Seite 225 oder aber Halloumi-Gemüsespießen auf Seite 232? Die Alltime-Lieblinge Pizza und Flammkuchen sind selbstverständlich auch in sämtlichen Variationen (ab Seite 174) vertreten. Alles, was man zusätzlich zum Grill benötigt, ist ein Pizzastein (siehe Tipp auf Seite 8), und schon kann's losgehen.

„Hauptdarsteller" sind neben den verschiedensten Grillgerichten auch verführerische Desserts wie die wunderbaren portugiesischen Vanilletörtchen, Pastéis de Nata, und sogar – Eis! Aber was wären die „Stars" ohne ihre „Sidekicks", wie Salate und Brote? Der Teig für die ein oder andere Beilage lässt sich ganz einfach selbst zubereiten, ebenso wie die leckeren Brötchen für die perfekten Burger-Patties auf Seite 275.

Die „Stylisten" wiederum sorgen für ein gelungenes Grillfest, quasi für das Tüpfelchen auf dem i. Sie bieten nämlich jede Menge Anregungen für selbst gemachte Saucen, Pesto und Dips, u. a. vegane Mayonnaise oder Passionsfrucht-Tomaten-Salsa, zudem die verschiedensten Tipps für Rubs, Gewürze und Butter mit „Geschmack".

Also ran an den Rost und viel Freude beim direkten und indirekten Brutzeln wünscht Ihnen

Ihr

Tre Torri Verlag

3

Für Deine größer werdende Familie ♥♥♥♥♥

zu Deinem Namenstag 2022! wünscht -lich Mama Linda + Papa Nonno Domenico Nonna

4

INHALT

5

GRILLMETHODEN

DIREKT

Wird die vom Grill erzeugte Hitze ohne Umwege unmittelbar von unten auf das Grillgut übertragen – in der Regel sind das ca. 230–300 °C – ist von direktem Grillen die Rede. Das klappt sowohl bei stark aufgeheizter Holzkohle als auch bei Elektro- und Gasgrills.

Bis zu 800°C werden sogar mit dem in Deutschland hergestellten Infrarotgrill Beefer® erzeugt. Ebenso werden zusätzliche Infrarotbrenner bei Gasgrills von Herstellern massiv beworben, da direkte Hitze aus kurzer Entfernung auf das Grillgut trifft und so für eine schnelle und gleichmäßige Oberflächenbräunung sorgt. Meist sind das entweder Seitenbrenner oder zusätzliche Rotisseriebrenner, die an der Rückwand über die ganze Breite gehen („Backburner"). Fleisch kann hiermit sehr schnell sehr stark angebraten werden. Danach lässt es sich im normalen Grillbereich auf die gewünschte Kerntemperatur bringen. Oder man gart es vorher und setzt es zum Überkrossen nur noch für wenige Sekunden der Infrarotstrahlung aus.

6

Direktes Grillen eignet sich sehr gut für dünne Steaks und Koteletts, für Hamburger und Würstchen, aber auch für Gemüse, Fisch und Meeresfrüchte. Faustformel: Alles, was in der Küche nicht länger als 20 Minuten Garzeit braucht, kann direkt gegrillt werden. Bei direkter Hitze sollten die Stücke nicht dicker als 1–2 cm sowie lange genug aus der Kühlung genommen sein und Umgebungstemperatur angenommen haben. Das Grillgut kurz vor dem Auflegen mit Meersalz würzen; Kräuter oder fast alle Pfeffersorten jedoch erst nach dem Garen verwenden, denn sie verbrennen in der Hitze.

WICHTIG Das Grillen mit direkter Hitze bei Holzkohlegrills verträgt keine auch noch so kleine Unaufmerksamkeit, da Fett vom Grillgut in die glühenden Kohlen tropfen kann und die hochschießenden Stichflammen die Speisen dann verbrennen. Elektro- und Gasgrills sind hierbei leichter zu justieren, doch auch die Temperatur der Holzkohle lässt sich durch die Luftzufuhr so regeln, dass die Hitze nicht zu groß wird. Die ideale Temperatur ist erreicht, wenn sich eine dickere Ascheschicht über die Kohlen gelegt hat und die Glut selbst nicht mehr sichtbar ist.

INDIREKT

Beim Grillen mit indirekter Hitze verwandelt sich der Haubengrill in eine Art Backofen. Das gilt quer durch alle Grillsysteme bis hin zum Elektrogrill, sofern er getrennt regelbare Hitze-zonen und einen Deckel hat – idealerweise mit einem eingebauten Thermometer. Beim Garen mit indirekter Hitze ist das Grillgut keiner unmittelbaren Hitze von unten oder oben ausgesetzt, sondern auf dem Teil des Rostes platziert, der gezielt nicht befeuert wird.

Beim dreiflammigen Gasgrill zündet man nur die beiden äußeren Brenner und legt das Gargut in die Mitte; bei Zweiflammern bleibt ein Brenner aus. Holzkohlegrills wie z. B. einen Kugelgrill wie gewohnt anheizen und die Kohle nach dem Zonen-Schema verteilen, sobald sie Grilltemperatur hat: Die Drei-Zonen-Glut lässt typischerweise ein Drittel der Brenn-wanne komplett frei, daneben liegt nur eine Schicht Kohle, ganz außen wird der Rest der glühenden Kohle aufgetürmt. Eine zweite Variante lässt die Mitte des Grills frei und häuft an den Außenseiten die Kohle an, die sogenannte geteilte Drei-Zonen-Glut. Dem Gasgrill-modell näher ist die Zwei-Zonen-Glut mit der Kohle auf einer Seite des Grills und einem glutfreien Bereich auf der anderen Seite. Beim Zonen-Modell „Kohlering" bleibt die Mitte komplett frei, die Glut wird zu einem Außenring angeordnet, während beim „Bullauge" die Mitte glüht und außenherum die Wanne frei bleibt. Jedes dieser Schemata findet seine Anwendung bei speziellem Gargut: Große Teile, beispielsweise Schweinenacken (siehe S. 65), gelingen mit der geteilten Drei-Zonen-Methode sehr gut, da sie von beiden Seiten gleichmäßig erhitzt werden. Üppigeres Grillgut z. B. Bierdosen-Chicken (siehe S. 25) am besten über einem Kohlering. Das „Bullauge" ist perfekt für mehrere mittelgroße Stücke wie etwa Porterhouse-Steaks (siehe S. 107) ab drei Zentimeter Dicke, die im großen Bereich mit indirekter Hitze schonend gegart werden. Damit die Feuchtigkeit die Hitze noch gleich-mäßiger und rascher verteilt und z. B. Fleisch schön saftig bleibt, einfach eine Aluschale mit Wasser an der glutfreien Stelle unter das Grillgut stellen. Weiterer Vorteil: Fett tropft dann ebenfalls in diese Schale und nicht auf die Glut.

7

Durch die Lüftungsschlitze im untersten Teil des Grills wird sauerstoffreiche Luft angesaugt und die Glut damit am Leben erhalten. Dabei erhitzt sich die Luft, sie steigt am Grillgut vorbei nach oben und überträgt so die Wärme auf das Grillgut. Die Temperatur sollte im Grill an den Stellen, an denen sich das Gargut auf dem Rost oder dem Drehspieß befindet, etwa zwischen 100 und maximal 160 °C liegen. Wichtig ist, den Deckel so selten wie möglich zu öffnen, weil sich sonst jedes Mal diese gleichmäßige Wärmeübertragung wieder neu aufbauen muss – das kann bis zu zehn Minuten Garzeit pro Deckelöffnung kosten. Mit dieser „Deckelmethode" lassen sich auch Brot, Pizza oder der Nachtisch im Grill backen. Indirektes Grillen dauert natur-gemäß länger; dicke Steaks sind nach etwa 20 Minuten fertig, ein Huhn nach einer Dreiviertel-stunde, größere Teile brauchen entsprechend länger.

GARSTUFEN

Garstufe	fast roh, Fleischsaft dunkelrot bis braun	Kern roh, Fleischsaft dunkelrot	innerster Kern roh, Fleischsaft rötlich	halb durch-gebraten, Fleischsaft rosa	fast durch-gebraten, Fleischsaft hellrosa bis grau	durchgebraten, Fleischsaft hellgrau bis klar
Kern-temperatur in °C	38 °C–45 °C	46 °C–52 °C	54 °C–55 °C	56 °C–58 °C	ab 60 °C	ab 73 °C
Bezeichnung	blau/ blue rare	blutig/ rare	englisch/ medium rare	rosa/ medium	halbrosa/ medium well	durch/ well done

ROSTE UND PIZZASTEIN

EDELSTAHL

Leicht graue, eher mattglänzende Stähle sind meist von besserer Qualität, z. B. Legierungstyp 304 oder 430. Sie lassen sich leicht reinigen, auch in der Spül-maschine, außerdem haften Verunreinigungen an der glatten Oberfläche nicht so stark an, insbesondere wenn man diese vor der Nutzung mit ein wenig Speiseöl einreibt. Beim Grillen mit Holzkohle empfehlen sich eher dünnere Edelstahlroste als solche aus Gusseisen.

8

GUSSEISEN

Roste aus diesem Material sind korrosionsbeständig, allerdings auch etwas pflegeintensiver, und werden meistens in Gasgrills verwendet. Sie speichern Wärmeenergie wesentlich besser als Edelstahlroste. Gusseisenroste müssen vor dem ersten Gebrauch sorgfältig mit dünn aufgetragenem Speiseöl eingebrannt und nach dem Grillen behutsam gereinigt werden.

KERAMIK UND EMAILLE

Beschichtete Grillroste gibt es z. B. als Austauschteil für 47er und 57er Kugelgrills auf dem Markt. Der Keramikrost hat in etwa die gleichen Grilleigenschaften wie Edelstahl, lässt sich dafür aber leichter reinigen. Achtung: Roste aus Keramik und Emaille sind stoß- und hitzeempfindlich (max. zulässige Temp. 350 °C).

PIZZASTEIN

Zum Backen von Pizza oder Flammkuchen ist ein Pizzastein aus Schamott oder Cordierit-Keramik sinnvoll. Schamott ist die preisgünstigere Variante, etwas groß-poriger und dadurch etwas anfälliger gegenüber hohen Temperaturunterschieden als Cordierit. Die Verwendung eines Pizzasteins selbst ist recht einfach: auf dem Grill (alternativ im Backofen) aufs Rost legen und ca. 30 Minuten vorheizen.

REINIGUNG

Einfaches Schrubben mit einem Stahlschwamm, alternativ mit beim Grillen angefallener zusammengeknüllter Alu-folie, Wasser und Spülmittel reicht normalerweise, um die Roste zu säubern. Ist die Verkrustung zu dick: entweder den Grillrost in einer Wanne mit warmem Wasser und zwei Spülmaschinentabs einweichen oder mit Spülmittel ein-sprühen, auf angefeuchtetes Zeitungspapier legen und über Nacht einwirken lassen. Ebenfalls hilfreich: eine Natron-paste verwenden. Hierzu 100 g Natron (ersatzweise Backpulver) mit 100 ml Wasser anrühren, den Brei mit einem Pinsel auf den Grillrost auftragen und über Nacht trocknen lassen. Danach den Schmutz zusammen mit der Paste mit einem groben Tuch abwischen. Wichtig: Den Rost sollte vor dem nächsten Grillen 15 Minuten auf höchster Hitze ausglühen, um eventuelle Natronreste zu entfernen!

> TIPP Bereits vor dem Grillen den Rost mit neutralem Speiseöl einpinseln, damit das Grillgut nicht so stark daran haftet. Ein guter Trick bei Holzkohlegrills ist, die komplette Grillwanne vor dem Befüllen mit zwei Schichten Alufolie auszukleiden, sodass am nächsten Tag die Asche entnommen und entsorgt werden kann. Vor dem Befüllen aber unbedingt Löcher und Luftschlitze stechen! Wichtig: Gasgrill-Wannen nicht dauerhaft mit Alufolie auslegen, weil sich darin Fettpfützen bilden, die ent-flammen können.

HOLZKOHLEGRILLS

Die Asche nach dem Erkalten entfernen, da sie Korrosion begünstigt, und die Fettschale entleeren und säubern. Die Holzgriffe gelegentlich mit neutralem Speiseöl einpinseln, damit sie länger hal-ten. Für die Innenseite von Deckel und Schale genügen ein Tuch und ein milder Reiniger.

GASGRILLS

Werden Gasgrills nass gesäubert, sollte man sie anschließend kurz auf Betriebstemperatur aufheizen, damit die Feuchtigkeit aus dem Inneren des Grills verschwindet. Ebenfalls wich-tig: die meist unter den Brennern in dem Fach neben der Gasflasche angebrachte Fett-Auffangschale überprüfen und bei Bedarf reinigen, da sich dieses Fett entzünden und die Gasflasche zum Explodieren bringen könnte! Je nach Gebrauch die unter den Rosten angebrachten Flammenabweiser gründlich reinigen – bei der Gelegenheit auch die Grill-wanne innen säubern. Bei Gasgrills mit Lavasteinen müssen diese nicht unbedingt erneuert werden, wenn sie sich mit Fett vollgesogen haben; sie dürfen in die Spülmaschine (Maschine anschließend einmal leer durchlaufen lassen und Filter reinigen). Danach die Steine noch kurz bei voller Hitze ausbrennen – mit diesem Trick lassen sie sich fast beliebig lange verwenden.

9

ELEKTROGRILLS

Bis auf die Heizstäbe können meist alle verschmutzten Teile wie Rost oder Fettwanne in der Spül-maschine gereinigt werden. Starke Verkrustungen werden hierbei allerdings nicht abgespült, diese gehen am besten durch Abbürsten im heißen Zustand ab. Auch beim Elektrogrill muss regelmäßig die Fett-Auffangschale kontrolliert und gesäubert werden.

10

ELLER

DRUMSTICKS MIT HIMBEERKETCHUP

Für 16 Drumsticks

HIMBEER-KETCHUP

200 g TK- Himbeeren
1 Zwiebel
4 Knoblauchzehen
5 EL Olivenöl
4 EL Tomatenmark
100 ml Orangensaft
15 g Chipotle-Chilis
850 g Pizza-Tomaten
1 EL Honig
5 EL Zuckerrübensirup
Saft von 1 Zitrone
2 EL Kirschkonfitüre
Meersalz

DRUMSTICKS

1 EL Chiliflakes
1 EL schwarze Pfefferkörner
1 EL weiße Senfkörner
1 EL Kreuzkümmelsamen
2 EL edelsüßes Paprikapulver
1 EL Rohrohrzucker
1 EL Rauchsalz
2 EL Rapsöl
16 Drumsticks
Himbeerketchup nach Belieben

12

Für den Himbeerketchup die Himbeeren auftauen lassen. Zwiebel und Knoblauch schälen und in kleine Würfel schneiden. Olivenöl in einem Topf erhitzen, Zwiebeln und Knoblauch darin glasig dünsten. Tomatenmark zugeben, verrühren und anrösten. Mit Orangensaft ablöschen und etwas einköcheln lassen. Die restlichen Zutaten, bis auf die Kirschkonfitüre und das Meersalz, zugeben und bei mittlerer Hitze ca. 90 Minuten köcheln lassen, dabei ab und zu umrühren. Kirschkonfitüre zugeben, mit Meersalz würzen und durch ein grobes Sieb passieren. Für eine intensivere Schärfe den Ketchup nicht passieren, sondern stattdessen mit einem Stabmixer mixen. Die Himbeeren durch ein Sieb streichen und mit 400 g Ketchup verrühren. Den Rest in ein Glas mit Schraubverschluss füllen und im Kühlschrank aufbewahren. Möglichst zügig verbrauchen.

Für die Drumsticks die Gewürze in einem Mörser fein reiben. 4 EL der Mischung mit Öl verrühren, die Drumsticks mit der Marinade einpinseln und einige Stunden im Kühlschrank ziehen lassen.

Den Grill vorbereiten. Drumsticks in einen Ständer hängen oder auf dem Rost bei indirekter Hitze (ca. 160 °C) 30 Minuten von allen Seiten garen. Kurz vor Ende der Garzeit die Drumsticks mit etwas Himbeerketchup bepinseln und einige Minuten bei direkter Hitze karamellisieren und sofort servieren.

FINGER LICKIN'CHICKEN

Für 4 Personen

MARINADE

1 Knoblauchzehe
2 EL Pflanzenöl
2 EL Sojasauce
Saft von 1 Limette
2 EL Fischsauce
1 TL Zucker

HÜHNCHEN

8–12 Hühnchenteile mit Haut
(Drumsticks, Flügel)

DIP-SAUCE

3 EL Fischsauce
6 TL lauwarmes Wasser
4 TL Reisessig
6 EL Zucker
4 cm geriebener Ingwer
1 rote Chilischote
Saft von 2 Limetten
2 EL Sojasauce

Für die Marinade den Knoblauch schälen, fein hacken und dann mit den restlichen Zutaten in ein leeres Schraubglas geben. Kräftig schütteln, dann die Marinade mit den Hühnchenteilen mischen und mindestens 1 Stunde im Kühlschrank marinieren.

Alle Zutaten der Dip-Sauce miteinander aufkochen, dann abkühlen lassen. Marinierte Hühnchenteile in einer Grillschale aus Aluminium auf den heißen Grill geben. Zum Schluss, um die Haut noch krosser werden zu lassen, evtl. direkt auf den Rost legen.

Direkt vom Grill heiß servieren und die Dip-Sauce dazu reichen.

15

TIPP Manchmal darf es ruhig etwas wilder zugehen. Dieses Rezept fordert geradezu dazu auf, mit den Händen zu essen und sich hinterher ordentlich die Finger zu lecken. Das schmeckt nach mehr, und wer möchte, macht gleich die doppelte Portion Chicken. Dafür einfach die Zutaten von Hühnchen und Marinade verdoppeln.

SATÉ-SPIESSE MIT ERDNUSS-SAUCE

Für 12 Spieße

SATÉ-SPIESSE

400 g Hähnchenbrustfilet
4 cm Ingwer
1 TL Chilipaste oder Ajvar
160 ml Kokosmilch
4 EL Sojasauce
Erdnussöl zum Bestreichen

ERDNUSS-SAUCE

100 g ungesalzene geröstete Erdnüsse
Saft von 1 Limette
2 EL Erdnussöl
1 EL brauner Zucker

16

Für die Spieße die Hähnchenbrustfilets waschen, trocken tupfen und in fingerbreite Streifen schneiden. Ingwer schälen, auf einer Reibe fein reiben und dann mit Chilipaste, 4 EL Kokosmilch und Sojasauce zu einer Marinade verrühren. Die Filetstreifen darin ca. 1 Stunde gekühlt marinieren.

Für die Sauce Erdnüsse, Limettensaft, Erdnussöl und Zucker in einem Blitzhacker oder einer Küchenmaschine zu einer Paste verarbeiten. In einem kleinen Topf den Rest der Kokosmilch erwärmen, die Erdnusspaste einrühren und erwärmen, jedoch nicht kochen lassen.

Das Hähnchenfleisch aus der Marinade nehmen und auf 12 gewässerte Holzspieße stecken. Mit ein wenig Erdnussöl bestreichen und in einer heißen Grillpfanne oder auf dem heißen Grill knusprig grillen. Die Spieße mit der Erdnuss-Sauce servieren.

TIPP Mit großen Salatblättern lassen sich auch sehr gut Saté-Salat-Taschen bauen. Dafür ein großes Salatblatt nehmen und das Fleisch von den Saté-Spießen mit ein wenig Erdnuss-Sauce auflegen. Dann aufrollen und alles zusammen wie einen Wrap mit den Händen essen.

18

Dieses Rezept für gegrillte Hähnchenbrustfilets ist eine echte Geschmacks-explosion. Es profitiert von der Kombination aus frischen Zutaten und seinen Kontrasten: heiß und kalt, sauer und süß, fruchtig und salzig.

HÄHNCHENFILETS
MIT GRAPEFRUIT UND MINZE

Für 2 Personen

2 mittlere Pink Grapefruits
1 rote Chilischote
2 Knoblauchzehen
1 Bund Minze
2 große Hähnchenbrustfilets
3 EL Olivenöl
Salz
4 EL Sojasauce
2 EL Zucker
2 EL Limettensaft
1 EL Reisessig
etwas heißes Wasser
Pfeffer

Die Grapefruits schälen und die Filets mit einem scharfen Messer aus den Trennhäuten herauslösen. Den Saft der Grapefruits auffangen. Die Chili waschen, entkernen und in feine Streifen schneiden. Den Knoblauch schälen und sehr fein hacken. Die Minze waschen, trocken schütteln, Blättchen von den Stielen zupfen und grob hacken.

Die beiden Hähnchenbrustfilets mit etwas Olivenöl bestreichen, salzen und dann auf den heißen Grill legen. Bis sie goldbraun sind, mehrmals wenden und eventuell noch einmal mit Öl bestreichen. Für das Grape-fruit-Minz-Dressing etwas Grapefruitsaft, Sojasauce, Zucker, Limettensaft, Reisessig, Knoblauch, Chili, das restliche Olivenöl und etwas heißes Was-ser miteinander verrühren und dann abschmecken.

Das Hähnchenfleisch nach dem Garen vom Grill nehmen, mit frisch gemahlenem Pfeffer würzen und schräg in Streifen schneiden. Auf einem großen Teller anrichten, Grapefruitfilets und Minze darauf verteilen und mit dem Dressing übergießen.

19

TIPP Sollte wider Erwarten etwas von den gegrillten Filets mit Grapefruit und Minze übrig bleiben, schmeckt das Gericht auch noch am nächsten Tag als kalter Salat.

JERK CHICKEN
MIT KOCHBANANEN-CHIPS

Für 2 Personen

JERK CHICKEN

**1 küchenfertiges Huhn
(ca. 1,3 kg)
3 EL Öl
Jerk-Gewürzmischung
(siehe S. 343)**

KOCHBANANEN-CHIPS

**2 Kochbananen
Öl zum Frittieren
Rauchsalz**

20

Das Huhn mit einer Geflügelschere am Rücken aufschneiden, das Rückgrat auslösen und flach drücken, das Öl mit der Gewürzmischung verrühren und das Huhn damit einpinseln. Den Grill vorbereiten und das Huhn auf dem Grill bei direkter Hitze (ca. 160 °C) ca. 60 Minuten garen.

Für die Kochbananenchips die Bananen schälen und in Scheiben schneiden. In einem Topf reichlich Öl erhitzen, die Bananenscheiben darin portionsweise frittieren, herausnehmen und auf Küchenpapier abtropfen lassen. Zum Schluss das Huhn portionieren, die Bananenchips mit Rauchsalz bestreuen und mit dem Huhn servieren.

TIPP Für das original Jamaika-Feeling auf Bananenblättern servieren.

22

PULLED CHICKEN TACOS

Für 4 Personen
(Standzeit 8 Stunden)

CHIPOTLE-KETCHUP

1 Zwiebel
4 Knoblauchzehen
5 EL Olivenöl
4 EL Tomatenmark
100 ml Orangensaft
15 g Chipotle-Chilis
850 g Pizza-Tomaten
1 EL Honig
5 EL Zuckerrübensirup
Saft von 1 Zitrone
2 EL Kirschkonfitüre
Meersalz

PULLED CHICKEN

2 EL Jerk-Gewürzmischung
(siehe S. 343)
2 EL edelsüßes Paprikapulver
1 küchenfertiges Huhn
(ca. 1,4 kg)

TACOS

1 rote Zwiebel
2 Tomaten
½ Kopf Eisbergsalat
400 g Pulled Chicken
Chipotle-Ketchup nach
Belieben
4 Tacos
80 g geriebener Cheddarkäse

Für den Ketchup Zwiebel und Knoblauch schälen und in kleine Würfel schneiden. Olivenöl in einem Topf erhitzen, Zwiebeln und Knoblauch darin glasig dünsten. Tomatenmark zugeben und anrösten. Mit Orangensaft ablöschen und etwas einköcheln lassen. Die restlichen Zutaten, bis auf die Kirschkonfitüre und das Meersalz, zugeben und bei mittlerer Hitze ca. 90 Minuten köcheln lassen, dabei ab und zu umrühren. Kirschkonfitüre zugeben, mit Meersalz würzen und durch ein grobes Sieb passieren. Für eine intensive Schärfe den Ketchup nicht passieren, sondern stattdessen mit einem Stabmixer mixen. Den heißen Ketchup in ein Glas mit Schraubverschluss füllen, abkühlen lassen und im Kühlschrank aufbewahren.

Für das Pulled Chicken die Gewürze vermischen. Das Rückgrat vom Huhn heraustrennen, das Huhn halbieren, mit dem Rub einreiben und abgedeckt über Nacht im Kühlschrank ziehen lassen. Den Smoker oder Grill auf indirekte Hitze (ca. 100–120 °C) vorbereiten. Die Hühnerhälften auf dem Smoker oder Grill ca. 4 Stunden garen, bis eine Kerntemperatur von 72 °C erreicht ist. Das Huhn etwas abkühlen lassen, die Haut entfernen und das Fleisch von den Knochen zupfen.

Für die Tacos die Zwiebel schälen und in Streifen schneiden. Tomaten waschen, Strünke entfernen und in Würfel schneiden. Eisbergsalat putzen, in Streifen schneiden, waschen und trocken schleudern. Das Pulled Chicken mit dem Ketchup vermengen. Tacos auf dem Grill kurz rösten, mit Zwiebeln, Tomaten und Pulled Chicken befüllen, mit Käse bestreuen und servieren.

23

HÜHNCHENBRUST
MIT ZITRONEN-KNOBLAUCHBUTTER

Für 4 Personen

1 unbehandelte Zitrone
2 rote Chilischoten
2 Knoblauchzehen
80 g weiche Butter
Pfeffer
4 Hühnchenbrüste mit Haut
Salz
2 EL Olivenöl
Pfeffer

24

Die Zitrone heiß abwaschen, trocknen und mit einem Zestenreißer einige Zesten abziehen. Die Zitrone auspressen. Die Chilischoten waschen, entkernen und fein hacken. Die Knoblauchzehen schälen und fein hacken.

Die Butter mit etwas Zitronensaft, den Zitronenzesten, Chili, Knoblauch und Pfeffer vermischen und mit einer Gabel gut durcharbeiten.

Die Hühnchenbrüste waschen, trocken tupfen und kräftig salzen. Die Haut der Hühnchenbrüste leicht anheben, die Zitronen-Knoblauchbutter mit einem kleinen Löffel unter die Haut schieben und wieder glatt ziehen.

Mit Olivenöl beträufeln und bei indirekter Hitze auf den Grill legen, wenden und zum Ende der Garzeit nach ca. 1 Minute bei größerer Hitze knusprig grillen.

Vor dem Servieren die Hühnchenbrüste noch mit etwas Zitronensaft beträufeln und mit frisch gemahlenem Pfeffer würzen.

TIPP Mit der Zitronen-Knoblauchbutter können Sie auch die Haut eines ganzen Huhns füllen und sensationell knusprig werden lassen. Das geht im Backofen oder mit etwas Geduld und geschlossenem Deckel natürlich auch auf dem Kugelgrill.

Ein echter Klassiker, die Erfindung das Huhn im Sitzen zu grillen, stammt von wahren BBQ-Meistern in den Vereinigten Staaten. Unbedingt ausprobieren, denn das Rezept führt zum saftigsten und leckersten Hähnchen, das Sie je gegessen haben.

BIERDOSEN-CHICKEN

Für 2 Personen

1 Brathähnchen
1 TL Paprikapulver (ggf. geräuchertes)
2 TL Meersalz
1 TL Pfefferkörner
1 TL Fenchelsamen
2 EL Olivenöl
2 TL Ahornsirup
1 Dose Bier (500 ml)
2 Zweige Rosmarin

Das Hähnchen außen und innen gut waschen und trocken tupfen. Die Gewürze zusammen im Mörser mahlen und mit Öl und Ahornsirup vermischen. Das Hähnchen mit der Gewürzmischung innen und außen gut würzen. Die Bierdose öffnen und etwa ⅓ Bier in eine Tasse abgießen.

In die Öffnung der Bierdose die Rosmarinzweige stecken, sodass sie oben noch zu zwei Dritteln herausragen. Das Hähnchen vorsichtig mit der großen Öffnung auf die Bierdose setzen. Mit einem Pinsel das Bier aus der Tasse auf das gewürzte Hähnchen streichen.

Auf dem Kugelgrill ca. 50–70 Minuten bei geschlossenem Deckel grillen (je nach Gewicht). Bitte beim Grillen eine Alu-Grillschale unter das Hähnchen stellen, da Fleischsaft und Bier austreten.

25

TIPP Wem das Grillen auf einer Bierdose zu abenteuerlich ist, der kann auch einen Hähnchenbräter nehmen. Die gibt es auch mit Flüssigkeitsbehälter. Zu finden ist so ein Bräter im gut sortierten Fachhandel.

KÖFTESPIESSE

Für 6 Personen

500 g Lammfleisch aus der Schulter
2 Zweige Thymian
1 Stängel glatte Petersilie
2 Knoblauchzehen
½ TL Chilipulver
½ TL Kreuzkümmelpulver
Abrieb von 1 unbehandelten Zitrone
Salz, Pfeffer
Olivenöl zum Beträufeln

Das gut gekühlte Lammfleisch waschen und trocken tupfen.

Kräuter waschen, trocken schütteln und Blätter abzupfen. Knoblauch schälen und zusammen mit Kräutern, Chilipulver, Kreuzkümmel, Zitronenabrieb, Salz und Pfeffer in einer Küchenmaschine oder einem Blitzhacker zu einer lockeren Masse, die an Gehacktes erinnert, verarbeiten.

Die Fleischmasse in sechs gleiche Teile teilen, mit feuchten Händen in eine längliche Form bringen, platt klopfen und mit jeweils einem gewässerten flachen Holzspieß fixieren. Die Köfte-Spieße dann mit etwas Olivenöl beträufeln und auf einem vorgeheizten Grill auf einem geeigneten Rost von beiden Seiten grillen.

27

TIPP Die Köfte-Spieße schmecken besonders gut mit dem Zaziki auf S. 361. In Kombination mit Fladen- oder Pitabrot, etwas Salat, Tomaten, Zwiebeln und Zaziki können die Köfte in großartige Döner-Sandwiches verwandelt werden.

28

LAMMKARREE
MIT TOMATENSALAT UND HUMMUS

Für 4 Personen

HUMMUS

425 g Kichererbsen aus der Dose
1 Knoblauchzehe
80 g Tahin (Sesampaste)
4 EL Zitronensaft
3 EL Joghurt
50 ml kaltes Wasser
feines Meersalz
Cayennepfeffer
Olivenöl
1 Stängel Koriander
2 Stängel glatte Petersilie

LAMMKARREE

4 Lammkarrees
Salz

TOMATENSALAT

1 kg Tomaten verschiedener
Sorten (z. B. Ochsenherz,
Black Krim, Earlina)
1 Schalotte
100 ml Olivenöl
Fleur de Sel
Pfeffer
geräucherter Rohrohrzucker

Für den Hummus die Kichererbsen in ein Sieb gießen, abspülen und abtropfen lassen. Den Knoblauch schälen und hacken. Tahin zusammen mit Kichererbsen, Knoblauch, Zitronensaft, Joghurt und dem Wasser im Mixer pürieren und mit Salz und Cayennepfeffer abschmecken. Bei Bedarf noch etwas Olivenöl zugeben. Kräuter waschen und trocken schütteln. Korianderblätter abzupfen und fein hacken. Petersilie mit Stängeln ebenfalls fein hacken und die Kräuter über das Hummus streuen.

Das Fleisch ca. 30 Minuten vor dem Grillen aus der Kühlung nehmen und salzen.

Die Tomaten waschen, Strünke entfernen und in Stücke schneiden. Die Schalotte schälen und in Ringe schneiden. Tomaten und Zwiebeln in einer Schüssel vermischen, mit Olivenöl beträufeln, mit Fleur de Sel, Pfeffer und Zucker abschmecken und ziehen lassen.

Lammkarree bei direkter Hitze (ca. 230–300 °C) ca. 10 Minuten grillen, dann bei indirekter Hitze auf eine Kerntemperatur von ca. 54 °C garen und kurz ruhen lassen. Lamm mit Tomatensalat und Hummus servieren.

29

GEGRILLTE LAMMKOTELETTS
MIT SPITZPAPRIKA

Für 4 Personen

**4 kleine Spitzpaprika-
schoten**
Zucker
Meersalz, Pfeffer
Olivenöl
2 Schalotten
5 Knoblauchzehen
1 Zweig Thymian
50 g Butter
80 ml Lammjus
12 Pauillac-Lammkoteletts
1 Zweig Rosmarin

30

Den Grill vorbereiten.

Die Spitzpaprikaschoten waschen und trocken tupfen. Auf dem Grill bei indirekter Hitze (ca. 250 °C) ca. 15 Minuten grillen, noch heiß die Haut abziehen, halbieren und die Kerne entfernen. Die Temperatur auf ca. 180 °C reduzieren. Die Paprika-schoten mit Zucker, Salz sowie Pfeffer würzen und mit Olivenöl beträufeln, auf dem Grill ca. 6–7 Minuten so grillen, dass Grillmuster entstehen.

Für die Sauce Schalotten und Knoblauch schälen, Schalotten würfeln, Knoblauch hacken. Den Thymian waschen, trocken schütteln, Blättchen abzupfen und hacken. Die Butter schmelzen und den Thymian darin anschwitzen, mit Jus ablöschen.

Den Grill auf höchste Einstellung vorheizen.

Das Fleisch waschen, trocken tupfen und mit Meersalz und Pfeffer würzen. Den Rosmarin waschen, trocken schütteln, Nadeln abzupfen und hacken. Die Koteletts ca. 4 Minuten bei direkter Hitze (ca. 250 °C) von beiden Seiten grillen und mit Rosmarin bestreuen. An einem warmen Ort ruhen lassen, bis sie medium sind.

Die Paprika flach auf Tellern anrichten. Darauf die Sauce verteilen und je 3 Koteletts anlegen.

IN LIMONCELLO EINGELEGTE LAMMKEULE

Für 4 Personen
(Standzeit 48 Stunden)

**2 unbehandelte Zitronen
1,8 kg Lammkeule mit
Knochen
500 ml Limoncello
100 g Meersalz
1½ EL schwarze Pfeffer-
körner
3 Stängel Minze**

Zitronen heiß abwaschen und trocken reiben. Die Schale dünn abschälen und in feine Streifen schneiden, Saft auspressen. Lammkeule mit allen Zutaten in einen Vakuumierbeutel geben, einschweißen und ca. 48 Stunden im Kühlschrank ziehen lassen.

Den Smoker oder Grill vorbereiten. Die Lammkeule aus dem Beutel nehmen, abtropfen lassen, in den Smoker oder Grill geben und 8 Stunden indirekt (ca. 110–130 °C) garen. Anschließend noch einige Zeit ruhen lassen und in Scheiben geschnitten mit grobem Meersalz bestreut servieren.

32

33

LAMMKOTELETTS
MIT GEFÜLLTEN WEINBLÄTTERN

Für 4 Personen
(Standzeit 24 Stunden)

GEFÜLLTE WEINBLÄTTER

2 EL Sambal Oelek
250 ml Rapsöl
400 g Feta
16 Weinblätter (aus dem Glas)

LAMM-KOTELETTS

4 Doppelkoteletts vom Lamm (à 150 g)
Salz

Sambal Oelek und Öl verrühren, Feta in 8 Scheiben schneiden und im Chiliöl mindestens 24 Stunden einlegen.

Die Koteletts ca. 30 Minuten vor dem Grillen aus der Kühlung nehmen und salzen. Die Weinblätter abtropfen lassen, jeweils 2 Blätter überlappend ausbreiten, eine Fetascheibe darin einwickeln.

Die Koteletts von beiden Seiten etwa 45 Sekunden unter dem Infrarotbrenner grillen und kurz ruhen lassen. Die Weinblätterpäckchen unter dem Infrarotbrenner etwa 30 Sekunden von beiden Seiten grillen und zu den Lammkoteletts servieren.

TIPP Ohne Infrarotbrenner die Koteletts bis zum gewünschten Gargrad bei direkter Hitze grillen. Die Weinblätterpäckchen ebenso bei direkter Hitze kurz von beiden Seiten grillen.

Koteletts vom Lamm haben ein tolles Aroma und eignen sich hervorragend zum Grillen. Bitte beachten Sie, dass Lammfleisch nicht zu lange gegart werden sollte. Es darf innen ruhig zart rosa bleiben, dann schmeckt es butterweich.

LAMMKOTELETTS
MIT MINZÖL

Für 4 Personen
(Standzeit 2 Stunden)

LAMM-KOTELETTS

8 kleine Lammkoteletts oder
1 Lammkarree
2 Knoblauchzehen
2 EL Olivenöl
Salz, Pfeffer

MINZÖL

2 Bund Minze
2 EL Rotweinessig
6 EL Olivenöl
Salz, Pfeffer
Zucker

34

Die Lammkoteletts bzw. das Lammkarree waschen und trocken tupfen. Die Knoblauchzehen in feine Scheiben schneiden und mit dem Olivenöl in einen Gefrierbeutel geben. Darin die Lammkoteletts bzw. das Lammkarree ab und zu wenden und für mindestens 2 Stunden gekühlt ziehen lassen.

Für das Minzöl die Minze waschen, trocken schütteln, Blätter abzupfen und mit dem Rotweinessig mit einem Stabmixer pürieren. Olivenöl dazugeben, mit Salz, Pfeffer und etwas Zucker abschmecken.

Lammkoteletts bzw. das Lammkarree aus der Öl-Knoblauch-Marinade nehmen, abtropfen lassen und auf den heißen Grill legen. Von allen Seiten knusprig grillen. Bei den kleinen Lammkoteletts dauert das nur wenige Minuten und auch ein Lammkarree nimmt relativ schnell Farbe an. Dann das Fleisch vom Grill nehmen, salzen und pfeffern und noch einige Minuten ruhen lassen. Zum Servieren das Minzöl zum Lammfleisch reichen.

TIPP Das Minzöl lässt sich mehrere Tage im Kühlschrank aufbewahren. Mit ein paar gerösteten Kürbiskernen und etwas Parmesan wird es zu einer schnellen und vor allem sehr wohlschmeckenden Pasta-Sauce.

Auch beim Grillen kann man ein wahres Festessen veranstalten und sehr aufwendige Gerichte machen, die einen großen Effekt haben. Das Rezept für Lamm-Aprikosen-Spieße bestätigt diese Theorie. Man muss das Fleisch im Vorfeld mindestens zwölf Stunden marinieren, dann schmeckt das Ergebnis unvergleichlich gut.

LAMM-APRIKOSEN-SPIESSE

Für 8 Spieße
(Standzeit 12 Stunden)

500 g Lammschulter
1 Zwiebel
1 Knoblauchzehe
16 getrocknete
ungeschwefelte Aprikosen
6 TL Pflanzenöl
1 TL Currypulver
3 TL brauner Zucker
3 TL Aprikosenkonfitüre
250 ml heller Balsamico
Salz
Cayennepfeffer
8 Scheiben durchwachsener
Speck

Die Lammschulter von Fett und Häuten befreien und nicht zu dick in etwa aprikosengroße Stücke schneiden. Zwiebel und Knoblauch schälen und fein hacken. Die Aprikosen in Wasser legen.

2 TL Öl in einer Pfanne erhitzen, Zwiebel und Knoblauch darin anbraten und mit Curry bestäuben. Zucker, Aprikosenkonfitüre und Balsamico einrühren und nach Gusto mit Salz und 1 Prise Cayennepfeffer würzen. Das Ganze 10 Minuten köcheln lassen. Die Marinade abkühlen lassen, in einen Gefrierbeutel füllen und die Lammstücke mindestens 12 Stunden gekühlt darin ziehen lassen; dabei ab und zu wenden.

Die Aprikosen abtropfen lassen, je eine mit einer halbierten Scheibe Speck umhüllen und abwechselnd mit einem Stück Lamm mit etwas Abstand auf Spieße stecken. Die Lammspieße mit etwas Öl beträufeln und auf dem heißen Grill von allen Seiten braun werden lassen.

35

TIPP Aus der Marinade des Lammfleischs lässt sich eine leckere Sauce machen: einfach die Marinadenflüssigkeit in einem Topf auf dem Herd einkochen lassen und dann mit Salz, Pfeffer und einem Esslöffel Honig abschmecken.

36

LAMMSPIESSE UND DATTELN IM SPECKMANTEL MIT LINSENSALAT

Für 4 Personen

LINSENSALAT

1 kleine Zwiebel
4 Nelken
1 Lorbeerblatt
Salz
250 g rote Linsen
6 EL Balsamico
1 EL Feigensenf
Salz
1 Prise Zucker
4 EL Distelöl

LINSENGEMÜSE

½ Bund Frühlingszwiebeln
150 g Karotten
5 Tomaten
100 g Zwiebeln
Salz
Pfeffer
1 EL gehackte Petersilie
1 EL gehackte Minze

LAMMSPIESSE UND DATTELN IM SPECKMANTEL

600 g Lammhüfte vom Milchlamm
2 EL Chili-Kakao-Rub (siehe S. 345)
3 EL Sonnenblumenöl
6 Scheiben Speck
12 Datteln

Für den Linsensalat die Zwiebel mit den Nelken und dem Lorbeerblatt spicken. Leicht gesalzenes Wasser in einem Topf zum Kochen bringen und die Zwiebel 5 Minuten darin kochen, dann die Linsen hinzufügen und diese bissfest kochen. Danach in ein Sieb schütten und abtropfen lassen. Die Nelken und das Lorbeerblatt entfernen, die Zwiebel würfeln und zu den Linsen geben. Alle Zutaten für das Dressing verrühren, kurz mit den Linsen verrühren und mindestens 20 Minuten ziehen lassen. Für das Gemüse die Frühlingszwiebeln putzen und in Ringe schneiden. Die Karotten putzen, schälen und in dünne Streifen schneiden. Die Tomaten würfeln, die Zwiebeln schälen, halbieren und in dünne Streifen schneiden. Das Gemüse unter die Linsen mischen, mit Salz und Pfeffer abschmecken und mit Petersilie und Minze bestreuen.

Den Grill auf direkte Hitze (ca. 230–300 °C) vorbereiten. Das Fleisch in gleichmäßig große Würfel schneiden. Den Rub mit Öl verrühren und das Lamm darin einlegen. Die Speckscheiben halbieren und die Datteln mit den Speckscheiben umwickeln. Fleischstücke und Datteln abwechselnd auf Spieße stecken und auf dem Grill etwa 2 Minuten gleichmäßig grillen. Die Spieße mit dem Linsensalat servieren.

37

Einen ganzen Schweinebraten auf dem Kugelgrill zu grillen, erfordert etwas Geduld. Der Rub – die trockene Gewürzmischung – muss einige Stunden einwirken und die Garzeit bei geschlossenem Deckel beträgt fast eineinhalb Stunden. Das lohnt sich aber – das Geschmackserlebnis ist großartig!

SCHWEINEBRATEN VOM GRILL

Für 4 Personen
(Standzeit 3 Stunden)

FLEISCH

750 g Schweinefleisch aus der Oberschale

GEWÜRZ-MISCHUNG

2 TL Senfkörner
2 TL Fenchelsamen
1 TL schwarze Pfefferkörner
1 TL Kümmelsamen
1 TL getrocknetes Knoblauchpulver
2 TL Meersalz

38

Das Schweinefleisch unter fließendem kaltem Wasser waschen und trocken tupfen.

Für die Gewürzmischung die Zutaten in einem Mörser zerstoßen und gut miteinander vermischen. Das Fleisch von allen Seiten großzügig mit der Gewürzmischung einreiben und dann abgedeckt mindestens 3 Stunden kühl stellen.

Das Fleisch ca. 1 Stunde vor dem Grillen aus dem Kühlschrank holen. Es sollte Zimmertemperatur haben.

Darauf achten, dass sich ausreichend glühende Kohlen im Grill befinden. Den Braten auf den Rost legen und den Deckel schließen. Den Braten ab und zu wenden, sodass er von allen Seiten Farbe annimmt.

Um den perfekten Garpunkt des Fleischs zu erreichen, ein Fleischthermometer in die Mitte des Bratens stecken und bis zu einer Kerntemperatur von 80 °C garen (Dauer ca. 1,5 Stunden). Vor dem Anschneiden kurz ruhen lassen.

TIPP Sollte etwas übrig bleiben, kann man mit Scheiben vom Schweinebraten, gutem Brot oder Baguette, selbst gemachtem Krautsalat und Kräuterbutter tolle Sandwiches zaubern.

Saftige Schweinekoteletts gehören zu den absoluten Lieblingsgerichten für Fleischlieb-
haber. Es ist nur gar nicht so einfach, ein perfektes Kotelett zu braten oder zu grillen.
Beachten Sie unsere Tipps und Tricks, dann steht purem Genuss nichts mehr im Wege.

SCHWEINE-KOTELETTS

Für 4 Personen

4 Schweinekoteletts mit Fettrand
1 Knoblauchzehe
8 große Salbeiblätter
etwas Olivenöl
Salz, Pfeffer

Die Schweinekoteletts ca. 1 Stunde vor dem Grillen aus dem Kühlschrank holen, sie dürfen nicht zu kalt sein. Die Koteletts waschen und
trocken tupfen. Den breiten Fettrand mehrmals mit einem scharfen
Messer einschneiden. Das verhindert, dass sich die Koteletts beim
Grillen stark wölben und sorgt für eine knusprige Kruste.

Die Knoblauchzehe schälen, halbieren und mit den beiden Hälften alle
Koteletts leicht abreiben.

Salbeiblätter waschen und trocken tupfen. Auf beide Seiten der
Koteletts jeweils ein Salbeiblatt drücken. Abschließend das Fleisch mit
etwas Olivenöl beträufeln.

Auf dem heißen Grill die Koteletts bei direkter Hitze (ca. 230–300 °C) von
beiden Seiten grillen. Bitte denken Sie daran, eine feuerfeste Auffangschale unterzustellen, um die austretenden Fette und Flüssigkeiten auffangen zu können.

Nach dem Garen die Koteletts am äußersten, nur leicht warmen Rand
des Grills noch kurz ruhen lassen. So bleiben sie saftig und schön weich.
Erst kurz vor dem Servieren die Koteletts salzen und pfeffern.

39

TIPP Bei der Qualität von Schweinefleisch gibt
es große Unterschiede. Es lohnt sich daher, beim
Kauf auf die Herkunft des Fleisches zu achten.
Fragen Sie Ihren Metzger des Vertrauens oder probieren Sie Schweinefleisch in Bio-Qualität.

SCHWEINE-KOTELETTS MIT BREZELKNÖDELSALAT

Für 6 Personen

BREZELKNÖDEL-SALAT

2 Zwiebeln
100 g geräucherter Speck
1 Bund Petersilie
6 Laugenbrezeln vom Vortag
200 ml warme Milch
3 Eier
Salz, Pfeffer
2 Tomaten
1 Knoblauchzehe
8 EL heller Balsamico
1 TL Senf
12 EL Olivenöl
300 g Kirschtomaten
1 Bund Rucola

SCHWEINE-KOTELETTS

6 Schweinekoteletts (à 350 g)
Meersalz
Pfeffermischung (siehe S. 345)

Für die Knödel Zwiebeln schälen und würfeln. Den Speck ebenfalls in Würfel schneiden. Alles in einer Pfanne oder auf einer Grillplatte anschwitzen. Petersilie waschen, trocken schütteln und mit den Stängeln hacken. Brezeln klein schneiden, in eine Schüssel geben und mit Milch übergießen. Zwiebeln, Speck, Eier und Petersilie zugeben, kräftig salzen und pfeffern. Alles gut vermischen und etwa 30 Minuten ziehen lassen. Aus der Masse 6 Knödel formen und in ausreichend siedendem Salzwasser ca. 15 Minuten gar ziehen lassen. Die Knödel herausnehmen, abtropfen und auskühlen lassen und in Würfel schneiden.

Für das Dressing die Tomaten mit kochendem Wasser überbrühen, häuten, halbieren, entkernen und in Würfel schneiden. Knoblauch schälen und hacken. 6 EL Balsamico, Senf, Salz und Pfeffer mit 10 EL Olivenöl verrühren. Kirschtomaten halbieren und mit den Knödel- und Tomatenwürfeln vermengen. Das Dressing dazugeben und etwa 1 Stunde ziehen lassen. Rucola putzen, waschen und trocken schleudern.

Die Koteletts etwa 30 Minuten vor dem Grillen aus der Kühlung nehmen und salzen. Den Grill auf direkte Hitze (ca. 230–300 °C) vorbereiten. Das Fleisch von beiden Seiten grillen und anschließend kurz ruhen lassen.

Zum Schluss den Rucola mit dem restlichen Essig und Öl vermischen, unter den Brezelknödelsalat heben und nochmals abschmecken. Die Koteletts mit der Pfeffermischung würzen und mit dem Salat servieren.

41

Viele Metzger und Supermärkte bieten fertig mariniertes Grillfleisch an. Leider weiß man dabei nie genau, wie das Fleisch vor dem Marinieren aussah, welche Zutaten in die Marinade gelangt sind und wie alt die Marinade schon ist. Fleisch zu marinieren, geht sehr einfach und schnell. Es lohnt sich daher, diese selbst zuzubereiten.

SCHWEINE-NACKENSTEAKS

Für 4 Personen
(Standzeit 4 Stunden)

4 Schweinenackensteaks
4 Knoblauchzehen
4 Stängel glatte Petersilie
200 ml Buttermilch
1 EL Dijon-Senf
2 Lorbeerblätter
Salz, Pfeffer

42

Die Nackensteaks waschen und trocken tupfen. Die Knoblauchzehen schälen und in möglichst dünne Scheiben schneiden. Petersilie waschen, trocken schütteln und samt Stängel fein hacken.

Buttermilch mit Knoblauch, Petersilie und Senf verrühren, die Lorbeerblätter hinzufügen und über die Steaks geben. Die Steaks sollten mit Marinade bedeckt sein. Eventuell noch etwas Buttermilch nachgießen. Mit Folie bedeckt im Kühlschrank für mindestens 4 Stunden marinieren lassen.

Die marinierten Schweinenackensteaks aus der Marinade nehmen, abtropfen lassen und auf dem heißen Grill von allen Seiten bis zu einer Kerntemperatur von ca. 65–70 °C grillen. Mit Salz und etwas frisch gemahlenem Pfeffer würzen.

TIPP Fleisch mit Buttermilch zusammenzubringen, ist ein guter Trick, mit wenig Fett zu marinieren.

44

SCHWEINENACKEN-STEAKS MIT GEGRILLTER WASSERMELONE UND ZIEGENKÄSECREME

Für 4 Personen

ZIEGENKÄSE-CREME

10 Zweige Thymian
250 g Ziegenfrischkäse
3 EL Honig
50 g Crème fraîche
1 Prise Salz

GEGRILLTE WASSERMELONE

150 g Mandeln
1 EL Sonnenblumenöl
80 g Meersalz
¼ Wassermelone

SCHWEINE-NACKENSTEAKS

4 Schweinenackensteaks
Salz

Für die Ziegenkäsecreme die Thymianblättchen von den Stängeln zupfen und fein hacken. Ziegenfrischkäse, Honig, Crème fraîche, Thymian und Salz zu einer glatten Masse verrühren und kühl stellen.

Die Mandeln mit kochendem Wasser übergießen, einweichen lassen und die Schale entfernen. Die Mandeln auf Küchenpapier trocknen lassen. In einer Pfanne das Öl erhitzen, die Mandeln zugeben, das Salz darüberstreuen und rösten. Die Mandeln abkühlen lassen und grob hacken. Die Schale der Wassermelone entfernen, das Fruchtfleisch in 3 cm dicke Scheiben schneiden und mit einem Ausstecher Kreise ausstechen. Die Wassermelone von beiden Seiten grillen.

Die Steaks ca. 30 Minuten vor dem Grillen aus der Kühlung nehmen und salzen. Die Steaks von beiden Seiten jeweils 1 Minute in der Infrarotzone grillen, dann bei indirekter Hitze auf eine Kerntemperatur von etwa 65–70 °C garen und kurz ruhen lassen. Die Steaks mit Wassermelone und Creme anrichten und mit den Salzmandeln bestreut servieren.

45

SCHWEINENACKEN-STEAKS
MIT GUACAMOLE UND DINKEL-PANCAKES

Für 4 Personen

DINKEL-PANCAKES

100 g Weizenmehl
100 g Dinkelmehl
2 TL Backpulver
1 TL Salz
4 Eier
250 ml Milch
1 Spritzer Zitronensaft
Butterschmalz zum Braten

SCHWEINE-NACKENSTEAKS

4 Nackensteaks vom Duroc-Schwein
Salz
afrikanisches Perlensalz

GUACAMOLE

2 Avocados
2 EL Zitronensaft
1 Tomate
1 rote Chilischote
1 rote Zwiebel
½ Bund Koriander
2 EL saure Sahne
Salz, Pfeffer
Tabasco oder Habañero Sauce

Für die Dinkel-Pancakes Mehl, Backpulver und Salz in einer Schüssel miteinander vermischen. Eier, Milch und Zitronensaft verquirlen und mit der Mehlmischung verrühren. Den Teig ca. 20 Minuten quellen lassen. In einer Pfanne ein wenig Schmalz zerlassen und bei geringer Temperatur portionsweise Pancakes ausbacken.

Die Steaks etwa 30 Minuten vor dem Grillen aus der Kühlung nehmen und salzen. Die Avocados halbieren, den Kern entfernen und das Fruchtfleisch von der Schale lösen. Mit dem Zitronensaft beträufeln und die Avocados mit einer Gabel zur gewünschten Konsistenz zerdrücken. Tomate waschen, Strunk entfernen und das Fruchtfleisch in Würfel schneiden. Chilischote putzen, waschen, längs halbieren, entkernen und fein würfeln. Die Zwiebel schälen und ebenfalls würfeln. Koriander waschen, trocken schütteln, Blätter abzupfen und fein hacken. Alle Zutaten mit der sauren Sahne vermischen, mit Salz,

Pfeffer und einigen Tropfen Tabasco oder Habañero Sauce abschmecken.

Die Steaks von beiden Seiten jeweils 1 Minute in der Infrarotzone grillen, dann bei indirekter Hitze auf eine Kerntemperatur von ca. 65–70 °C garen und kurz ruhen lassen. Mit Perlensalz bestreuen und der Guacamole und den Pancakes servieren.

48

SCHWEINENACKEN-STEAKS VOM SCHWENKGRILL MIT BRATKARTOFFELSALAT

Für 4 Personen

BRAT-KARTOFFEL-SALAT

1 kg gekochte Pellkartoffeln
Butterschmalz zum Braten
Salz
1 Frühlingszwiebel
15 EL Weißweinessig
1 EL Rieslingsenf
8 EL Rapsöl
Pfeffer
1 Bund Schnittlauch

SCHWEINE-NACKENSTEAKS VOM SCHWENK-GRILL

4 Schweinenackensteaks
(mindestens 5 cm dick)
Salz, Pfeffer

Für den Bratkartoffelsalat die Kartoffeln pellen, auskühlen lassen und in Scheiben schneiden. Butterschmalz in einer Pfanne erhitzen, die Kartoffeln darin knusprig braten und mit Salz abschmecken. Frühlingszwiebel putzen, in Ringe schneiden und mit Essig und Senf vermengen, dann das Öl unterrühren und mit Salz und Pfeffer würzen. Den Schnittlauch waschen, trocken schütteln, in Röllchen schneiden und vorsichtig mit den Bratkartoffeln und dem Dressing vermengen.

In einer Feuerschale ein offenes Feuer entfachen. Die Steaks ca. 30 Minuten vor dem Grillen aus der Kühlung nehmen und salzen. Sobald sich eine heiße Glut gebildet hat, den Rost darüberhängen, die Steaks auf den Rost legen und über der heißen Glut (ca. 230–300 °C) schwenkend so lange grillen, bis sie außen fast schwarz werden. Vor dem Servieren eventuell verbrannte Stücke abschneiden, die Steaks mit Pfeffer würzen und mit dem Bratkartoffelsalat servieren.

49

SCHWEINEKARRE
MIT ORANGENPFEFFER UND KAROTTEN-KRÄUTERQUICHE

Für 4 Personen

KAROTTEN-KRÄUTER-QUICHE

125 g Weizenmehl
½ TL Backpulver
Salz
60 g kalte Butter in Stücken
2–3 EL kaltes Wasser
600 g kleine Karotten
1 Bund Frühlingszwiebeln
175 g Schmand
3 Eier
100 ml Milch
Pfeffer
gemahlene Muskatnuss
Butter für die Form
Weizenmehl zum Bearbeiten

SCHWEINE-KARRE

2 EL weiße Pfefferkörner
3 EL Meersalz
5 Zweige Thymian
5 Stängel Salbei
Abrieb von 1 unbehandelten Orange
1,2 kg „French Rack" vom Duroc-Schwein

50

Für die Quiche Mehl, Backpulver, ½ TL Salz, Butter und Wasser in eine Rührschüssel geben und mit den Knethaken eines Handrührgeräts zu einem glatten Teig verarbeiten. Zu einer Kugel formen, in Folie wickeln und etwa 1 Stunde kalt stellen. Karotten schälen, der Länge nach halbieren und in kochendem Salzwasser etwa 10 Minuten garen. Anschließend in einem Sieb gut abtropfen lassen. Frühlingszwiebeln putzen und in feine Ringe schneiden. Schmand, Eier und Milch verrühren. Frühlingszwiebeln zugeben und mit Salz, Pfeffer und Muskat abschmecken.

Den Grill auf 180 °C vorbereiten. Die Backform mit Butter einfetten, den Teig auf einer bemehlten Arbeitsfläche etwas größer als die Form ausrollen und einlegen. Die Karotten darauflegen und die Stockmasse darüber verteilen. Die Quiche bei indirekter Hitze ca. 45–50 Minuten backen. Vor dem Anschneiden einige Minuten auskühlen lassen.

Für das Schweinekarree den Pfeffer in einem Mörser zerstoßen und mit dem Salz mischen. Thymian- und Salbeiblätter abzupfen und hacken. Dann zusammen mit dem Orangenabrieb ebenfalls untermischen. Den Grill vorbereiten. Das Schweinekarree mit der Gewürzmischung einreiben und bei indirekter Hitze (ca. 160 °C) bis zu einer Kerntemperatur von 68 °C garen. Anschließend an einem warmen Ort kurz ruhen lassen, in Scheiben schneiden und mit der Quiche servieren.

BRATWURST-SPIESSE

Für 4 Personen

**je 1 kleine rote und grüne
Paprikaschote
2 rote Zwiebeln
Salz, Pfeffer
2 Zweige Thymian
2 EL Olivenöl
12 Nürnberger
Rostbratwürstchen**

Die beiden Paprikaschoten putzen, waschen und halbieren. Das Kerngehäuse und die weißen Innenhäute entfernen, dann in grobe Stücke schneiden.

Zwiebeln schälen und in ähnlich große Stücke wie die Paprika schneiden. Zwiebel- und Paprikastücke in eine Schüssel geben, kräftig salzen und pfeffern. Thymian waschen, trocken schütteln, Blättchen abzupfen und zugeben. Alles mit dem Olivenöl vermengen.

Die gewürzten Zwiebel- und Paprikastücke mit drei Rostbratwürstchen im Wechsel auf jeweils einen Spieß stecken. Bratwurstspieße auf den heißen Grill legen und von allen Seiten grillen. Auch die Gemüsestücke sollten kräftig Farbe annehmen.

53

TIPP Holzspieße trotzen dem Feuer, wenn man sie einige Minuten in Wasser legt. Erst dann das Grillgut aufspießen und auf dem Grill zubereiten.

CURRYWURST

Für 4 Personen

1 rote Chilischote
2 Schalotten
2 Knoblauchzehen
3 EL Olivenöl
4 EL Tomatenmark
2 EL Weisweinessig
200 ml Apfelsaft
Salz, Pfeffer
2 TL Currypulver + etwas zum
Bestreuen
1 TL edelsüßes Paprikapulver
1 TL rosenscharfes Paprika-
pulver
1 EL Harissa-Paste
1 EL Zucker
6 EL Ketchup (siehe S. 351)
4 Bratwürste

Chilischote waschen, entkernen und hacken. Schalotten und Knoblauchzehen schälen und beides ebenfalls fein hacken.

Das Olivenöl in einem Topf erhitzen und darin Schalotten und Knoblauch mit der Chili anschwitzen. Tomatenmark dazugeben, leicht mitanrösten, dann mit Essig und Apfelsaft ablöschen. Mit 1 größeren Prise Salz, frischgemahlenem Pfeffer, Currypulver, beiden Paprikapulvern, Harissa und dem Zucker ein-kochen lassen, bis die Sauce schön sämig ist.

Den Topf von der Kochstelle nehmen, Ketchup zugeben und alles pürieren.

Die Currywurst-Sauce noch mal mit Salz und Pfeffer abschmecken.

Die Bratwürste auf dem Grill von beiden Seiten grillen. Die Würste in nicht zu dünne Scheiben schneiden. Mit der Currysauce bedecken und mit etwas Currypulver bestreut servieren.

Hierzu passt ganz einfach ein Brötchen.

TIPP Für diejenigen, die es schärfer mögen: Nach Belieben kann man unterschiedlich scharfe Currypulver zum Bestreuen anbieten.

Von den Spießen mit pikant-würzigem Schweinebauch bekommt man einfach nicht genug. Durch das Wickeln entsteht viel Fläche für knusprige Kruste. Grillfackeln sind eine tolle Vorspeise oder Fingerfood.

GRILLFACKELN

Für 10 Spieße

10 stabile Holzspieße
1 EL Fenchelsamen
1 EL Paprikapulver
1 TL geräuchertes Paprikapulver
1 TL Knoblauchsalz
½ TL getrockneter Thymian
Salz, Pfeffer
5 EL Olivenöl
10 Scheiben Schweinebauch
(mager, möglichst ohne Schwarte
und Knorpel)

Die Holzspieße gut wässern.

Die Fenchelsamen mit den beiden Sorten Paprikapulver, Knoblauchsalz, Thymian, 1 kräftigen Prise Salz und Pfeffer in einem Mörser zerkleinern und gut vermischen. Das Olivenöl in die Gewürzmischung geben und zu einer Paste rühren.

Die Schweinebauchscheiben zusammen mit der Würzmarinade in einen Gefrierbeutel geben, fest verschließen, gut vermischen und mindestens 2 Stunden gekühlt ziehen lassen.

Dann jeweils eine Schweinebauchscheibe spiralförmig um einen gewässerten Holzspieß wickeln. Die Grillfackeln zunächst bei indirekter Hitze rundherum grillen, dann bei direkter Hitze knusprig werden lassen.

57

TIPP Man könnte bei gleicher Würzmischung auch Hühnchenfleisch anstatt Schweinebauch nehmen. Dafür Hühnchenbrustfilets in lange, dünne Streifen schneiden und jeweils wellenförmig auf einen Holzspieß stecken.

GRILLFACKELN
MIT SPECK-MAIS-DIP

Für 4 Personen

SPECK-MAIS-DIP

300 g Mais aus der Dose
1 rote Zwiebel
2 Frühlingszwiebeln
4 Scheiben Speck
150 g Schmand
Salz, Pfeffer

GRILLFACKELN

1 TL gelbes Currypulver
1 TL edelsüßes Paprikapulver
½ TL Knoblauchpulver
½ TL Salz
2 EL Sonnenblumenöl
8 Scheiben Schweinebauch
(ca. 1,5 bis 2 cm Dicke)
4 gewässerte Holzspieße

Für den Speck-Mais-Dip den Mais abtropfen lassen. Die Zwiebel schälen und in kleine Würfel schneiden. Die Frühlingszwiebeln putzen und in Ringe schneiden. In einer heißen Pfanne erst die Speckscheiben knusprig braten, herausnehmen und auf einem Küchenpapier abtropfen lassen. Dann die Zwiebelwürfel glasig dünsten, den Mais zugeben und kurz anschwitzen. Anschließend in einer Schüssel mit dem Schmand verrühren und die Frühlingszwiebeln zugeben. Den Speck klein schneiden, ebenfalls unterheben und alles mit Salz und Pfeffer abschmecken.

Den Grill vorbereiten. Die Gewürze vermischen und mit dem Öl verrühren. Ein Ende des Schweinebauchs auf einen Spieß stecken, spiralförmig um den Spieß wickeln und das andere Ende feststecken. Mit den anderen Scheiben ebenso verfahren. Zum Schluss die Fackeln mit der Marinade bepinseln, von allen Seiten gleichmäßig bei direkter Hitze (ca. 230–300 °C) grillen und dabei immer wieder mit der Marinade bepinseln. Die Grillfackeln mit dem Dip servieren.

58

Schweinebauch am Stück zu grillen, ist ein großer Spaß, vor allem, wenn es gelingt, eine knusprige Schwarte hinzubekommen.

GEGRILLTER SCHWEINEBAUCH

Für 4 Personen

500 g Schweinebauch mit Schwarte
1 unbehandelte Zitrone
1 Orange
4 EL Ketchup (siehe S. 351)
4 EL Sojasauce
2 EL Honig
1 TL Ingwerpulver
100 ml Cola
Salz, Pfeffer

60

Schweinebauch waschen und trocken tupfen. Die Schwarte mit einem scharfen Messer in einem Abstand von 2 cm kreuzförmig einritzen.

Die Zitrone heiß abwaschen, trocknen, mit einem Zestenreißer einige Zesten abziehen und auspressen. Orange ebenfalls auspressen. Zesten, Zitronen- und Orangensaft, Ketchup, Sojasauce, Honig, Ingwerpulver, Cola, 1 Prise Salz und Pfeffer in einem Topf zum Kochen bringen und ungefähr auf die Hälfte reduzieren. Die Glasur abkühlen lassen.

Schweinebauch von beiden Seiten kräftig mit Salz und Pfeffer würzen und fest in zwei aufeinanderliegende Bögen Alufolie wickeln.

Auf dem Kugelgrill bei geschlossenem Deckel für ca. 1 Stunde grillen. Alle 15 Minuten wenden. Dann den Schweinebauch aus der Folie nehmen, rundum mit etwas Glasur einstreichen und direkt auf dem heißen Grill knusprig grillen. Ab und zu mit der Glasur bestreichen.

GRATINIERTE TOMATEN MIT BRIOCHE-SCHINKEN-KRUSTE

Für 4 Personen

8 Tomaten
Salz, Pfeffer
1 dicke Scheibe Brioche
2 Stängel Oregano
30 g Parmesan
50 g Katenschinkenwürfel
Olivenöl zum Beträufeln

Die Tomaten waschen und den Deckel mit dem Strunk ca. 1 cm dick abschneiden. Ggf. den Boden etwas begradigen, damit die Tomaten fest stehen. Mit Salz und Pfeffer würzen. Brioche in kleine Würfel schneiden. Oregano waschen, trocken schütteln, die Blättchen abzupfen und fein hacken. Den Parmesan fein reiben. Zusammen mit dem Schinken alles gut in einer Schüssel miteinander vermischen und auf den Tomaten verteilen.

Den Grill auf niedrige Leistung vorheizen. Die Tomaten bei indirekter Hitze bis zur gewünschten Bräune auf den Grill geben. Nach ca. 5 Minuten mit etwas Olivenöl beträufeln und anschließend fertig grillen.

HUNSRÜCKER ASCHEBRATEN

Für 8–12 Personen

2,2 kg Schweinekamm
Salz, Pfeffer
3 Zweige Thymian
3 Zweige Rosmarin
Sonnenblumenöl zum
Bepinseln

Den Schweinebraten parieren, mit Salz und Pfeffer einreiben. Die Kräuter waschen und trocken schütteln. Mehrere Lagen Alufolie übereinanderlegen, die oberste Lage mit Öl einpinseln, die Kräuter und den Braten daraufsetzen und fest in die Folie wickeln, um das Austreten des Garsaftes zu verhindern. Den Braten in die stark ausgebrannte Glut legen. Dazu die Glut etwas auseinanderschieben, den Braten in die Mitte legen und mit einer Schicht Glut und Asche zudecken. Nach 2 Stunden den Braten aus der Asche holen, ca. 20 Minuten in der Folie ruhen lassen, auspacken, aufschneiden und mit einem Blatt- oder Kartoffelsalat servieren.

62

IN APFELWEIN GESCHMORTE WEISSWÜRSTE

Für 4 Personen

1 l Apfelwein
8 Weißwürste
2 geröstete Zwiebelhälften
2 Lorbeerblätter
2 Nelken
2 Äpfel
4 EL körniger Senf
4 Laugenbrezeln

Den Grill auf indirekte Hitze vorbereiten. Den Apfelwein in einen Bräter oder eine Aluschale gießen und die Weißwürste hineinlegen. Die Zwiebelhälften mit Lorbeerblättern und Nelken spicken und zu den Würsten in den Apfelwein geben. Einen Apfel in kleine Spalten schneiden und ebenfalls zugeben. Die Schale auf den Grill stellen und bei indirekter Hitze (ca. 140°C) erwärmen.

Den anderen Apfel schälen, vierteln, Kerngehäuse entfernen, fein reiben, mit dem Senf verrühren und mit den Laugenbrezeln zu den warmen Weißwürsten servieren.

64

PULLED PORK
GRUNDREZEPT

Für 2 kg Schweinenacken
(Standzeit 9 Stunden)

PULLED-PORK-RUB

4 TL schwarze Pfefferkörner
1 TL gemahlene Muskatnuss
3 TL gemahlener Kreuzkümmel
3 TL Knoblauchpulver
3 TL Salz
3 TL edelsüßes Paprikapulver
3 TL Cayennepfeffer
150 g Rohrrohrzucker

SALZLAKE

100 g Salz
1 l Wasser
100 g Rohrrohrzucker
4 TL Pulled-Pork-Rub für die Lake
2 Lorbeerblätter
2 kg Schweinenacken
Pulled-Pork-Rub nach Belieben

Für den Rub die Pfefferkörner im Mörser zerdrücken und mit den restlichen Gewürzen vermischen. Der Rub lässt sich nicht nur für Pulled Pork verwenden und kann auch in größeren Mengen auf Vorrat zubereitet werden. In einem sauberen Gefäß luftdicht verschlossen lässt er sich für mehrere Monate aufbewahren.

Das Salz für die Lake im Wasser auflösen. Zucker, Rub und Lorbeerblätter zugeben und verrühren. Den Schweinenacken parieren, in einen geeigneten Beutel geben, mit der Lake begießen und vakuumieren. Fleisch für mindestens 8 Stunden im Kühlschrank marinieren.

Den Smoker oder Grill vorbereiten. Schweinenacken aus der Lake nehmen, trocken tupfen, großzügig mit Pulled-Pork-Rub einreiben, festdrücken und für einige Stunden abgedeckt im Kühlschrank ruhen lassen. Danach den vorbereiteten Schweinenacken in den Smoker geben und bei gleichbleibender indirekter Hitze (110–120°C) bis zu einer Kerntemperatur von 85°C garen. Dann abgedeckt noch etwa 1 Stunde ruhen lassen. Das noch warme Fleisch mit Gabeln oder Fingern zerteilen.

65

PULLED PORK MIT ROTER SENFSAUCE, ROSMARINKARTOFFELN UND RÖSTZWIEBELN

Für 4 Personen

ROTE SENF-SAUCE

2 TL getrockneter Rosmarin
1 TL schwarze Pfefferkörner
1 TL Selleriesamen
3 TL Senfpulver
2 TL Zwiebelpulver
2 TL Knoblauchpulver
1 TL Meersalz
150 g Rohrohrzucker
200 g mittelscharfer Senf
150 ml heller Balsamico
3 TL Tomatenmark
1 TL Chilisauce

ROSMARIN-KARTOFFELN

600 g Kartoffeln
2 Zweige Rosmarin
2 EL Rapsöl
1 EL grobes Meersalz
½ EL gemahlener schwarzer Pfeffer

PULLED PORK

800 g Pulled Pork (siehe S. 65)

RÖSTZWIEBELN

500 g Zwiebeln
3 EL Rapsöl
1 TL edelsüßes Paprikapulver

66

Für die Senfsauce Rosmarin, Pfefferkörner und Selleriesamen in einem Mörser zermahlen. Mit den übrigen Gewürzen vermengen und unter die restlichen Zutaten rühren. Die Senfsauce mindestens 1 Stunde ziehen lassen.

Für die Rosmarinkartoffeln die Kartoffeln mit der Schale gut waschen und längs vierteln. Rosmarinnadeln abzupfen und grob hacken. Kartoffelviertel mit Rosmarin, Öl, Meersalz und Pfeffer vermengen, in einen Bräter oder eine Aluschale geben, auf den Grill stellen und bei geschlossenem Deckel ca. 40 Minuten garen.

Das Pulled Pork nach dem Grundrezept zubereiten.

Für die Röstzwiebeln die Zwiebeln schälen und in Ringe schneiden. Auf einer Grillplatte Rapsöl erhitzen und die Zwiebelringe darin langsam kross ausbacken, am Schluss mit Paprikapulver bestreuen.

Das Pulled Pork mit der Senfsauce vermischen und anrichten. Die Röstzwiebeln darüber verteilen und mit den Rosmarinkartoffeln servieren.

SPARERIBS

Für 4 Personen

**1,5 kg Spareribs, aus der
dickeren Rippe, am Stück
1 rote Chilischote
2 Knoblauchzehen
4 cm Ingwer
3 Zweige Thymian
1 TL Fenchelsamen
1 TL Pimentkörner
1 TL Kreuzkümmelkörner
6 EL Olivenöl
3 EL Tomatenmark
4 EL Ketchup (siehe S. 351)
3 EL Ahornsirup
2 EL Zucker
3 EL Obstessig
4 EL Sojasauce
Salz**

Die Spareribs waschen, trocken tupfen und in Vierer-Rippenstücke teilen.

Chilischote putzen, waschen, entkernen und grob klein schneiden. Knoblauch und Ingwer schälen. Thymian waschen, trocken schütteln und Blättchen abzupfen. Zusammen mit Chili, Gewürzen, Knoblauch, Ingwer und Olivenöl mit einem Blitzhacker pürieren. In einem kleinen Topf mit den restlichen Zutaten einmal aufkochen.

Die Spareribs kräftig salzen und mit der Knochenseite nach oben auf den heißen Grill legen. Den Deckel des Kugelgrills schließen. Da Fett und Bratensäfte austreten, einfach eine Auffangschale unterstellen. Die Ribs nach ca. 30 Minuten wenden. Deckel wieder schließen und weitere 25 Minuten grillen. Nun die Spareribs großzügig überall mit der Marinade bepinseln und nochmals einige Minuten grillen. Die Sauce sollte auf den Rippchen etwas karamellisiert sein. Dann die Spareribs direkt servieren.

TIPP Die Vorbereitung geht relativ schnell, beim Grillen benötigt man jedoch etwas Geduld. Die Spareribs während des Grillvorgangs unbedingt wenden, dann bekommt der echte BBQ-Klassiker eine schöne Bräune. Schmeckt am besten ohne Besteck!

SMOKY SPARERIBS

Für 4 Personen

BBQ-RUB

2 EL Senfkörner
1 EL Koriander
2 EL schwarzer Malabarpfeffer
1 EL weißer Muntokpfeffer
1 EL Kreuzkümmel
2 EL Meersalz
1 EL getrockneter Oregano
1 EL gemahlene Chili
2 EL edelsüßes Paprikapulver
1 EL gemahlener Knoblauch

SPARERIBS

2,8 kg Schälrippchen
1 ½ TL Salz
6 TL BBQ-Rub pro Rippchen

Die Senf-, Koriander- und Pfefferkörner sowie den Kreuzkümmel in einer Pfanne ohne Fett rösten, bis die Gewürze anfangen zu duften. Dann die Mischung in einem Mörser zerstoßen und mit den restlichen Gewürzen mischen. Die Gewürzmischung etwas auskühlen lassen und in einem sauberen Gefäß luftdicht aufbewahren.

Die Rippchen mit einem Küchenpapier trocken tupfen und die Silberhaut entfernen. Das Fleisch salzen, den Rub gleichmäßig auf den Rippchen verteilen (etwa 2–3 TL pro Seite) und gut andrücken. Für eine schöne Kruste sollte der Rub in ausreichender Menge die Rippchen bedecken. Einige Zeit abgedeckt ruhen lassen.

In der Zwischenzeit den Smoker oder Grill vorbereiten. Die Rippchen auf den Smoker geben und bei gleichbleibender Temperatur bei indirekter Hitze (ca. 110–130 °C) smoken. Nach etwa 5 Stunden kann der Gargrad getestet werden. Dazu mit einer Grillzange die Rippchen an einer Seite anheben. Sobald das Fleisch beginnt zu reißen, sind die Rippchen durch. Falls nichts passiert, einfach wieder auf den Smoker legen und nach einer halben Stunde erneut versuchen.

71

TIPP Für ein besonderes Aroma sorgen Holzstücke eines Apfelbaums. Ist der Smoker damit bestückt, wird's noch mal so lecker.

BABYBACK-RIBS
MIT BBQ-SAUCE

Für 4 Personen

BBQ-SAUCE

2 TL Cayennepfeffer
1 TL gemahlener schwarzer
Pfeffer
1 TL Meersalz
200 g Rohrohrzucker
300 g Tomatenmark
100 g Senf
100 ml Balsamico
80 ml Worcestersauce
50 ml Limettensaft
50 ml Melasse
70 g Honig
1 TL Chilisauce
3 TL Speiseöl
1 rote Zwiebel
2 Knoblauchzehen

BABYBACK-RUB

160 g Rohrohrzucker
1 EL rosenscharfes Paprika-
pulver
1 EL Knoblauchpulver
2 TL Pfeffer
2 TL Ingwerpulver
2 TL Zwiebelpulver
2 TL getrockneter Rosmarin

BABYBACK-RIBS

1,5 kg Schälrippchen
½ TL Salz
4 TL Babyback-Rub
pro Rippchen
300 ml Apfelwein

Für die BBQ-Sauce alle trockenen Zutaten in einer Schüssel miteinander vermischen, in einer zweiten Schüssel die restlichen Zutaten bis auf Öl, Zwiebel und Knoblauch verrühren. Die Zwiebel schälen und in kleine Würfel schneiden. Die Knoblauchzehen schälen und mit dem Messerrücken andrücken. In einer Pfanne das Öl erhitzen, die Zwiebelwürfel glasig dünsten, die Knoblauchzehen zugeben und anbraten. Dann Trockengewürze zugeben und kurz anrösten. Zum Schluss die restlichen Zutaten zugeben und bei geringer Hitze etwa 20 Minuten köcheln lassen, dabei gelegentlich umrühren. Die Sauce über Nacht im Kühlschrank ziehen lassen, luftdicht verschlossen hält sie sich auch mindestens eine Woche im Kühlschrank. Für den Babyback-Rub alle Gewürze miteinander vermischen und in einem sauberen Glas luftdicht verschließen. Die Rippchen mit einem Küchenpapier trocken tupfen und die Silberhaut entfernen. Das Fleisch salzen, den Rub gleichmäßig auf den Rippchen verteilen und andrücken. Der Rub muss hier nicht dick auf der Oberfläche liegen, da die Rippchen noch mit BBQ-Sauce bepinselt werden. Einige Zeit abgedeckt ziehen lassen.

In der Zwischenzeit den Smoker oder Grill vorbereiten. Die Rippchen auf den Smoker bei indirekter Hitze (ca. 110–120 °C) geben und etwa 3 Stunden bei gleichbleibender Temperatur smoken. Die Rippchen mit Apfelwein in Alufolie wickeln und weitere 2 Stunden garen. Danach die Rippchen auspacken und für 1 weitere Stunde garen. Kurz vor Ende der Garzeit mit der BBQ-Sauce bepinseln und nochmals wenige Minuten über direkter Hitze karamellisieren lassen.

> TIPP Für ein besonderes Aroma sorgen 200 g Whiskeychips. Ist der Smoker damit bestückt, wird's noch mal so lecker.

74

SPANFERKELROLL-BRATEN MIT EIN-GELEGTER PAPRIKA

Für 4 Personen

2 kg Spanferkelrollbraten
Salz, Pfeffer
Piment d'Espelette
gemahlener Kreuzkümmel
2 gegrillte und eingelegte
Paprika ohne Haut
200 g Feta
6 Zweige Thymian
Ajvar nach Belieben

Den Spanferkelrollbraten ausbreiten und die Innenseite mit Salz, Pfeffer, Piment d' Espelette und Kreuzkümmel würzen. Eingelegte Paprika auf dem Fleisch verteilen, Feta in Scheiben schneiden, auf die Paprika legen und die abgezupften Thymianblätter über den Feta streuen. Dann das Fleisch aufrollen und mit Küchengarn zusammenbinden.

Den Smoker oder Grill vorbereiten. Den Rollbraten 6 Stunden bei indirekter Hitze (ca. 90 – 110 °C) garen, dabei alle 30 Minuten wenden, damit er eine gleichmäßig krosse Kruste bekommt. Dann das Küchengarn entfernen, den Rollbraten in Scheiben schneiden und mit
Ajvar servieren.

GEWÜRZTE WILD-SCHWEINKEULE
MIT ANIS, KARDAMOM UND KUBEBENPFEFFER

Für 4 Personen

2 EL Anissamen
2 EL Kardamomsamen
2 EL Kreuzkümmelsamen
4 EL Kubebenpfeffer
2 EL Rohrohrzucker
2 EL schwäbisches Rauchsalz
2 EL Meersalz
3 EL getrockneter Majoran
3,5 kg Wildschweinkeule mit Knochen

Anissamen, Kardamom, Kreuzkümmel und Pfeffer in einer Pfanne ohne Fett rösten, bis die Gewürze anfangen zu duften. Etwas abkühlen lassen und in einem Mörser fein reiben. Anschließend mit Zucker, Rauchsalz, Meersalz und Majoran vermischen.

Den Smoker oder Grill vorbereiten. Die Wildschweinkeule mit der Gewürz-mischung einreiben und bei indirekter Hitze (ca. 110 – 130 °C) in den Smoker oder Grill geben. Nach einer Garzeit von 10 Stunden die Keule noch ca. 1 Stunde an einem warmen Ort ruhen lassen, dann in Scheiben schnei-den und servieren.

76

SCHASCHLIKSPIESSE
MIT ROTE-BETE-SALAT UND MEERRETTICH-SCHMAND

Für 4 Personen
(Standzeit 2 Stunden)

ROTE-BETE-SALAT

400 g Rote-Bete-Kugeln
(aus dem Glas)
1 Zwiebel
4 EL Olivenöl
2 EL heller Balsamico
1 TL körniger Senf
1 TL Honig
Salz, Pfeffer

MEERRETTICH-SCHMAND

etwa 30 g Meerrettich
200 g Schmand
Saft von 1 Limette
Salz

SCHASCHLIK-SPIESSE

1 kg Schweinekamm
500 ml Kefir
1 EL Meersalz
2 EL edelsüßes Paprikapulver
3 Lorbeerblätter
8 kleine Zwiebeln

Für den Rote-Bete-Salat die Rote-Bete-Kugeln halbieren, Zwiebel schälen und in kleine Würfel schneiden. Für die Vinaigrette Olivenöl, Balsamico, Senf, Honig und Zwiebelwürfel verrühren und mit Salz und Pfeffer abschmecken. Vinaigrette über die Rote Bete geben und mindestens 2 Stunden ziehen lassen.

Für den Meerrettich-Schmand den Meerrettich schälen und auf einer Küchenreibe raspeln. Schmand mit Limettensaft verrühren und mit Salz würzen. Meerrettich nach und nach unterrühren. Zwischendurch immer wieder abschmecken und den Schärfegrad an den individuellen Geschmack anpassen.

Schweinekamm in 4 cm große Würfel schneiden. Kefir mit Salz und Paprikapulver würzen, Lorbeerblätter zugeben und das Fleisch 24 Stunden darin einlegen.

Den Grill auf direkte Hitze vorbereiten. Zwiebeln schälen und halbieren. Fleisch aus der Marinade nehmen und abwechselnd mit den Zwiebeln auf 4 Spieße stecken. Bei direkter Hitze kurz von allen Seiten grillen, dann bei indirekter Hitze (140–160 °C) ca. 12–15 Minuten fertig grillen. Die Spieße mit dem Rote-Bete-Salat und dem Meerrettich-Schmand servieren.

77

SCHWEINEBAUCH-ROLLBRATEN MIT SAUERKRAUTSALAT

Für 4 Personen

SCHWEINE-BAUCHROLL-BRATEN

2 kg küchenfertiger Schweine-bauch ohne Knochen und Schwarte
Salz, Pfeffer
200 g Chorizo
400 g Zwiebeln
1 EL Kümmel

SAUERKRAUT-SALAT

850 g Sauerkraut aus der Dose
½ Bund Frühlingszwiebeln
200 g Schmand
Salz, Pfeffer

78

Den Smoker oder Grill vorbereiten.

Den Schweinebauch von beiden Seiten mit Salz und Pfeffer würzen. Chorizo in Würfel schneiden. Zwiebeln schälen und in Ringe schneiden. Zwiebeln und Kümmel auf dem Schweinebauch verteilen, den Bauch auf-rollen und mit Küchengarn zusammenbinden.

Den Rollbraten bei indirekter Hitze (ca. 90–110 °C) ca. 10 Stunden garen, danach das Küchengarn entfernen, das Fleisch in Scheiben schneiden und mit dem Sauerkrautsalat servieren.

Für den Sauerkrautsalat das Sauerkraut in ein Sieb geben und unter flie-ßendem Wasser gut durchspülen. Frühlingszwiebeln putzen und in Ringe schneiden. Schmand und Sauerkraut in einer Schüssel vermischen und mit Salz und Pfeffer abschmecken.

GEGRILLTES KALBSBRIES MIT THAISPARGEL

Für 2 Personen

80

1 Tomate
2 Stängel Thaibasilikum
4 EL Olivenöl
Saft von 1 Limette
Salz, Pfeffer
100 g Thaispargel
1 Kalbsbries
Weizenmehl zum Wenden
Fleur de Sel

Für die Tomatenvinaigrette die Tomate vierteln, entkernen und in Würfel schneiden. Basilikum von den Stängeln zupfen und fein schneiden. Olivenöl, Limettensaft, Salz, Pfeffer verrühren und Basilikum sowie die Tomatenwürfel dazugeben.

Den Grill auf direkte Hitze (ca. 175 – 230 °C) vorbereiten. Den Spargel putzen, blanchieren und abschrecken. Das Kalbsbries im Mehl wenden, abklopfen und von beiden Seiten ca. 2 Minuten auf einer Grillplatte braten, anschließend kurz ruhen lassen. Spargel auf der Grillplatte ca. 1 Minute von beiden Seiten anbraten, herunternehmen und mit der Vinaigrette beträufeln. Das Bries halbieren, mit Fleur de Sel bestreuen und mit dem Spargel servieren.

IM EIGENEN FETT GEBRATENE KALBS- NIERE MIT BASILIKUM- SENF-SAUCE

Für 2 Personen

BASILIKUM- SENF-SAUCE

4 Tomaten
12 Basilikumblätter
500 ml Kalbsfond
4 EL grobkörniger Senf

KALBSNIERE

1 Knoblauchknolle
1 Kalbsniere im Fettmantel
Salz, Pfeffer
4 Zweige Thymian
2 Zweige Rosmarin
2 Zweige Majoran
1 Stängel Basilikum

Für die Baslikum-Senf-Sauce die Tomaten kreuzförmig einschneiden, mit kochendem Wasser übergießen, dann mit kaltem Wasser abschrecken, die Haut abziehen, Strünke entfernen, Fruchtfleisch vierteln, entkernen und in grobe Würfel schneiden. Die Basilikumblätter fein hacken. Den Kalbsfond erwärmen, den Senf und die gehackten Basilikumblätter einrühren und zum Schluss die Tomatenwürfel unterheben.

Die Knoblauchknolle quer halbieren. Niere gut mit Salz sowie Pfeffer würzen und mit den Knoblauchhälften in einer Gusspfanne ohne Zugabe von Fett bräunen. Die Kräuter waschen und trocken schütteln. Sobald etwas Fett austritt, die Kräuter zugeben. Bei Bedarf das überschüssige Fett abgießen. Dann die Niere bei indirekter Hitze (ca. 200 °C) mit geschlossenem Deckel ca. 20 Minuten garen. Währenddessen regelmäßig wenden. Anschließend die Niere herausnehmen, mit Aluminiumfolie abdecken und noch etwa 5 Minuten nachziehen lassen. Die Niere halbieren und zusammen mit der Sauce anrichten.

KALBSHACHSEN MIT MALZSIRUP-MARINADE

Für 4 Personen

1 unbehandelte Orange
50 ml Malzsirup
2 EL Sojasauce
2 Zweige Rosmarin
1 EL Korianderkörner
1 EL Tellicherry-Pfefferkörner
1 Kalbshachse (ca. 1,8 kg)

Für die Marinade die Orange heiß abwaschen und gut abtrocken. Die Schale abreiben und den Saft auspressen. Malzsirup, Sojasauce, Orangensaft und -schale verrühren. Rosmarinnadeln abzupfen und hacken. In einem Mörser Koriander und Pfeffer zerreiben. Mit dem Rosmarin vermischen und in die Sauce rühren.

Den Smoker oder Grill vorbereiten. Die Kalbshachsen mit 5 EL der Marinade einpinseln, in den Smoker oder Grill geben und bei indirekter Hitze (ca. 90–110 °C) 4 Stunden garen. Dann die restliche Marinade über die Hachsen verteilen und weitere 4 Stunden garen.

KALBSLEBERSPIESSE
MIT KARTOFFEL-APFEL-RÖSTI

Für 4 Personen

KARTOFFEL-APFEL-RÖSTI

600 g Kartoffeln
300 g Äpfel
2 EL Weizenmehl
Salz, Pfeffer
Sonnenblumenöl zum Braten

KALBSLEBER-SPIESSE

600 g Kalbsleber
Salz
Mehl zum Wenden
geklärte Butter zum Beträufeln

KRÄUTERBUTTER

siehe S. 366

Den Grill auf direkte Hitze (ca. 175–230 °C) vorbereiten.

Für die Rösti die Kartoffeln schälen, waschen und auf einer Reibe grob raspeln. Äpfel schälen und ebenfalls grob raspeln. Kartoffel- und Apfelraspel mischen, Flüssigkeit ausdrücken, das Mehl unterheben und mit Salz sowie Pfeffer würzen. Die Röstimasse in gleich große Portionen teilen, flach drücken und auf der Grillplatte gleichmäßig von beiden Seiten braten.

Den Grill auf direkte Hitze vorbereiten, Holzspieße wässern. Die Kalbsleber häuten, waschen, trocken tupfen und in lange Streifen schneiden. Die Streifen in regelmäßigen Abständen einschneiden, wellenförmig auf die Spieße stecken, salzen und im Mehl wenden. Die Spieße auf dem Grill rosa grillen, mit der Butter beträufeln und mit Rösti und Kräuterbutter servieren.

84

KALBSTAFELSPITZ
MIT ASIATISCHEM BUCH-WEIZEN-NUDELSALAT

85

Für 4 Personen

BUCHWEIZEN-NUDELSALAT

200 g Buchweizennudeln
4 EL Sesamöl
Saft von 2 Limetten
2 EL Sojasauce
½ Bund Frühlingszwiebeln
1 Bund Koriander
2 Karotten
2 Stangen Staudensellerie
80 g Sojasprossen
2 TL Sesamsamen

KALBSTAFEL-SPITZ

2 Kalbstafelspitz (à 600 g)
1 EL grüne Currypaste
3 EL Sonnenblumenöl

Die Nudeln nach Packungsanleitung kochen. Sesamöl, Limettensaft und Sojasauce in einer Schüssel verrühren. Frühlingszwiebeln in Ringe schneiden, Koriander mit den Stängeln fein hacken. Karotten schälen, in dünne Streifen schneiden, Staudensellerie putzen, schälen und in dünne Scheiben schneiden. Die Sojasprossen in einem Sieb kurz unter fließendem Wasser abspülen und abtropfen lassen. Alle Zutaten mit den Nudeln und der Vinaigrette vermengen und mit Sesam bestreuen.

Das Fleisch parieren, dabei Sehnen und Silberhaut entfernen. Grüne Currypaste mit Sonnenblumenöl verrühren und das Fleisch damit einreiben, in einen Gefrierbeutel geben und über Nacht im Kühlschrank ziehen lassen.

Den Grill auf indirekte Hitze (ca. 150 °C) vorbereiten. Das Fleisch auf den Grill legen und bei indirekter Hitze auf eine Kerntemperatur von 58 °C garen. Danach das Kalbfleisch noch ca. 30 Minuten ruhen lassen, in Scheiben schneiden und mit dem Nudelsalat servieren.

86

KALBSKOTELETTS
MIT RUCOLA-AVOCADO-ORANGENSALAT

Für 4 Personen

½ Knoblauchzehe
1 EL Kapern
4 Stängel glatte Petersilie
2 EL heller Balsamico
½ EL Dijonsenf
1 TL Honig
Salz, Pfeffer
5 EL Olivenöl
1 Bund Rucola
150 g Kirschtomaten
1 rote Zwiebel
12 schwarze Oliven ohne Stein
1 Orange
30 g Pecorino
30 g Pinienkerne
1 reife Avocado
4 Kalbskoteletts (à 500 g)
Salz

Für das Dressing den Knoblauch fein hacken. Die Kapern abtropfen lassen und klein hacken. Petersilie waschen, trocken schütteln und mit den Stängeln fein hacken. Den Balsamico mit Senf und Honig verrühren. Knoblauch, Kapern und Petersilie zufügen, mit Salz und Pfeffer würzen. Zum Schluss das Olivenöl einrühren und noch einmal abschmecken.

Für den Salat Rucola putzen, waschen und trocken schleudern. Die Kirschtomaten vierteln. Zwiebel schälen und in feine Streifen schneiden, Oliven halbieren. Die Orange schälen, sodass die weiße Haut komplett entfernt ist. Die Filets auslösen, dabei den Saft auffangen.

Den Pecorino auf einer Küchenreibe reiben. Die Pinienkerne in einer Pfanne ohne Fett rösten, herausnehmen und beiseitestellen. Avocado halbieren, Stein entfernen, das Fruchtfleisch auslösen und in Würfel schneiden. Zwiebelstreifen, Orangenfilets, Oliven und Orangensaft in eine Schüssel geben. Mit dem Kapern-Dressing vermengen, dann die Tomaten- und Avocadostücke vorsichtig unterheben. Den Grill vorbereiten. Die Koteletts ca. 30 Minuten vor dem Grillen aus der Kühlung nehmen, salzen, von beiden Seiten bei direkter Hitze (ca. 230–300 °C) grillen und kurz ruhen lassen. Rucola unter den Salat mischen, mit dem Pecorino und den Pinienkernen bestreuen und mit den Kalbskoteletts servieren.

87

MOINK BALLS MIT PFLAUMENSAUCE

Für 12 Moink Balls

PFLAUMEN-SAUCE

300 g rote Zwiebeln
1 Knoblauchzehe
1 Stange Zitronengras
1 Stück Ingwer
2 EL Sonnenblumenöl
70 g Rohrrohrzucker
150 ml Orangensaft
30 ml Rübensirup
30 g Honig
40 ml Sherryessig
15 g Dijonsenf
4 g Worcestersauce
200 g Ketchup (siehe S. 351)
300 g Tomaten in Stücken
Salz
200 g Pflaumenmus

MOINK BALLS

½ Bund glatte Petersilie
600 g Rinderhackfleisch
6 cl Cognac
1 TL edelsüßes Paprika-pulver
Salz, Pfeffer
12 entsteinte grüne Oliven
12 geschälte Mandeln
12 Scheiben Bauchspeck
Pflaumensauce zum Bestreichen

Für die Pflaumensauce die Zwiebeln schälen und in grobe Stücke schneiden. Knoblauch schälen und mit dem Messerrücken andrücken. Zitronengras und Ingwer andrücken und in grobe Stücke schneiden. Sonnenblumenöl in einem großen Topf erhitzen, die Zwiebeln darin glasig dünsten. Den Knoblauch zugeben und kurz anbraten. Zucker, Orangensaft und Sirup einrühren und etwa 3 Minuten bei mittlerer Hitze köcheln lassen. Dann Honig, Ingwer, Zitronengras, Essig, Senf, Worcestersauce und Ketchup zugeben und unterrühren.

Zum Schluss die Tomaten zugeben und alles bei mittlerer Hitze etwa 30 Minuten köcheln lassen, dabei ab und zu umrühren. Die Sauce mit Salz würzen, durch ein feines Sieb streichen und abkühlen lassen. 400 ml der BBQ-Sauce mit dem Pflaumenmus verrühren, die restliche Sauce in ein Glas mit Schraubverschluss füllen. Die Sauce hält sich ca. 1 Woche im Kühlschrank.

Für die Moink Balls Petersilie waschen, trocken schütteln und mit den Stängeln hacken. Das Hackfleisch mit Cognac, Paprikapulver, Salz und Pfeffer vermischen. Aus der Hackmasse 12 Portionen abstechen und zu Kugeln rollen. In die Oliven je eine ganze Mandel stecken. Die Hackfleischkugeln jeweils mit einer Olive füllen und mit Bacon umwickeln. Den Grill vorbereiten. Eine Aluminiumschale auf den Rost stellen, die Moink Balls darin platzieren und bei indirekter Hitze (ca. 160 °C) so lange gleichmäßig von allen Seiten garen, bis der Speck kross ist.

Moink Balls mit der Pflaumensauce servieren.

BEEF BRISKET

Für 2,7 kg Rinderbrust
(Standzeit 9 Stunden)

2,7 kg Rinderbrust
4 EL schwarze Pfeffer-
körner
2 EL Meersalz
2 EL rosenscharfes
Paprikapulver
2 EL Knoblauchpulver
3 TL Zwiebelpulver

Die Rinderbrust parieren, dabei die aufliegende Fettschicht nichtvollständig entfernen, so bleibt das Fleisch beim Garen saftig. Das Fleisch mit einem Küchenpapiertrocken tupfen. Die Pfefferkörner im Mörser zerdrücken, mit den restlichen Gewürzen vermischen, auf dem Fleisch gleichmäßig verteilen und andrücken. Das Fleisch abgedeckt, am besten über Nacht, in den Kühlschrank stellen.

Den Smoker oder Grill auf indirekte Hitze (ca. 110–120 °C) vorbereiten. Das Fleisch in Alufolie wickeln und in den Smoker oder Grill geben. Sobald eine Kerntemperatur von etwa 75 °C erreicht ist, das Fleisch aus der Alufolie nehmen, den Saft auffangen und das Brisket bis auf eine Kerntemperatur von 85 °C weitergaren. Danach noch etwa
1 Stunde ruhen lassen, dünn aufschneiden und mit dem Bratensaft servieren, oder den Bratensaft mit einer BBQ-Sauce vermischen (siehe S. 350) und als Sauce zum Fleisch servieren.

TIPP Das Fleisch lässt sich natürlich auch ohne Alufolie garen, nimmt dann aber etwa 1–2 Stunden mehr Garzeit in Anspruch.

ENTRECÔTES MIT CRANBERRY-JUS

Für 4 Personen

1 Schalotte
100 ml Rotwein
100 ml Portwein
2 EL Balsamico
4 EL Cranberrysaft
400 ml Rinderbrühe
1 EL Rohrrohrzucker
4 Entrecôtes (z. B. irisches Angus)
Meersalz
40 g gehackte Cranberrys

Für die Jus die Schalotte schälen und würfeln. Rotwein und Portwein mit Essig, Cranberrysaft, Rinderbrühe und Zucker aufsetzen und aufkochen. Die Zwiebelwürfel zugeben und alles bei mittlerer Temperatur um die Hälfte einkochen.

Die Steaks ca. 30 Minuten vor dem Grillen aus der Kühlung nehmen und salzen. Von beiden Seiten jeweils 1 Minute in der Infrarotzone grillen, dann bei indirekter Hitze auf eine Kerntemperatur von etwa 54 °C garen und kurz ruhen lassen. Den Saucenansatz passieren, die Cranberrys dazugeben, die Sauce über das Fleisch geben und servieren.

COWBOYSTEAK
VOM ANZÜNDKAMIN

Für 2 Personen

1 Cowboysteak
Maldon Sea Salt
Kräuterbutter (siehe S. 366)

Das Steak ca. 30 Minuten vor dem Grillen aus der Kühlung nehmen und salzen.

Nach dem Grillen das Steak kurz ruhen lassen und mit der Kräuterbutter servieren.

METHODE 1

Den Anzündkamin bis zur Hälfte mit eher kleineren Stücken Kohle füllen und entzünden. Die Kohlen im Anzündkamin durchglühen lassen. Steak auf einem Rost platzieren, den durchgeglühten Anzündkamin über das Steak stellen und etwa 2 Minuten von oben grillen, das Steak wenden und für die zweite Seite wiederholen.

METHODE 2

Die Kohlen im Anzündkamin durchglühen lassen. Eine Gusseisenpfanne auf dem Anzündkamin platzieren, heiß werden lassen und das Steak von beiden Seiten gleichmäßig braten.

ENTRECÔTES
MIT ZUCCHINI-BLÜTEN

Für 4 Personen

4 Entrecôtes (z. B. australisches Wagyu)
Meersalz
8 Zucchiniblüten
1 Bund Basilikum
50 g Parmesan
250 g Ricotta
1 EL Limettensaft
Salz, Pfeffer

Die Steaks ca. 30 Minuten vor dem Grillen aus der Kühlung nehmen und salzen. Die Kelchblätter der Zucchiniblüten entfernen, die Blüten vorsichtig öffnen und die Stempel entfernen. Basilikumblätter von den Stängeln zupfen und in feine Streifen schneiden. Den Parmesan auf einer Küchenreibe fein reiben. Ricotta mit Limettensaft verrühren und mit Salz und Pfeffer abschmecken. Die Zucchiniblüten vorsichtig mit der Ricottamasse füllen und in Alufolie wickeln. Die Päckchen insgesamt 4 Minuten bei direkter Hitze auf dem Grill grillen, dabei mehrfach wenden. Die Steaks von beiden Seiten jeweils 1 Minute in der Infrarotzone grillen, dann bei indirekter Hitze auf eine Kerntemperatur von ca. 54 °C garen, kurz ruhen lassen, mit Pfeffer würzen und mit den Zucchiniblüten servieren.

94

RUMPSTEAKS
MIT ALGENSALZ UND GURKENSALAT

Für 4 Personen

1 Salatgurke
Meersalz
100 g Crème fraîche
50 g Quark
1 EL gehackter Koriander
50 ml heller Balsamico
Pfeffer
200 g Rumpsteak (z. B. Kobe-Wagyu)
4 TL Algensalz

Für den Gurkensalat die Gurke schälen, in Scheiben schneiden, in einer Schüssel mit ½ TL Salz vermischen und 30 Minuten ziehen lassen. Anschließend die Gurken ausdrücken und die Flüssigkeit abschütten. Crème fraîche, Quark, Koriander und Essig zugeben, alles vermischen und mit Salz und Pfeffer abschmecken.

Das Steak ca. 30 Minuten vor dem Grillen aus der Kühlung nehmen. Von beiden Seiten jeweils 1 Minute in der Infrarotzone grillen, dann bei indirekter Hitze auf eine Kerntemperatur von ca. 58 °C garen und kurz ruhen lassen. Das Steak in Streifen schneiden, mit dem Algensalz bestreuen und mit dem Gurkensalat servieren.

FILETSTEAKS MIT FRÜHLINGSGEMÜSE UND SCHALOTTENCONFIT

Für 4 Personen

SCHALOTTEN-CONFIT

5 Schalotten
1 EL Rohrohrzucker
350 ml Portwein
1 Zweig Rosmarin
Salz, Pfeffer

FRÜHLINGS-GEMÜSE

3 Karotten
10 Kaiserschoten
1 Zucchini
8 Kirschtomaten
½ Bund glatte Petersilie
1 Bund Frühlingszwiebeln
1 EL Sonnenblumenöl
Salz, Pfeffer

FILETSTEAKS

4 Filetsteaks (z. B. irisches Angus)
Maldon Sea Salt

Für das Confit die Schalotten schälen und in kleine Würfel schneiden. Den Zucker in einem Topf karamellisieren lassen und die Schalottenwürfel zugeben. Nach und nach mit Portwein auffüllen, den Rosmarin zugeben und mit Salz und Pfeffer würzen. Die Schalotten bei mittlerer Hitze auf eine zähflüssige Konsistenz einkochen, den Rosmarin herausnehmen.

Für das Gemüse die Karotten schälen und in kleine Stifte schneiden. Kaiserschoten putzen und in Rauten schneiden. Die Zucchini putzen, vierteln und ebenfalls in Rauten schneiden. Das Gemüse blanchieren und in Eiswasser abschrecken. Die Kirschtomaten waschen und halbieren. Petersilie waschen, trocken schütteln und mit den Stängeln fein hacken. Frühlingszwiebeln putzen und in feine Ringe schneiden.

Die Steaks ca. 30 Minuten vor dem Grillen aus der Kühlung nehmen und salzen. Von beiden Seiten jeweils 1 Minute in der Infrarotzone grillen, dann bei indirekter Hitze auf eine Kerntemperatur von ca. 54 °C garen und kurz ruhen lassen. Vor dem Servieren das Gemüse, außer den Frühlingszwiebeln, im Öl bei mittlerer Hitze anschwitzen. Mit Salz und Pfeffer würzen, Frühlingszwiebeln und Petersilie unterheben und zu den Steaks und dem Schalottenconfit servieren.

97

RUMPSTEAKS MIT NEW-ORLEANS-JUS UND POLENTASCHNITTEN

Für 4 Personen

POLENTA-SCHNITTEN

250 ml Kalbsfond
100 g feiner Maisgrieß
Meersalz
40 g Parmesan
2 Eigelb
Muskatnuss
Weizenmehl zum Wenden
Sonnenblumenöl zum Braten

NEW-ORLEANS-JUS

2 Stangen Staudensellerie
2 Paprika (rot und grün)
2 EL Sonnenblumenöl
3 Zweige Thymian
100 ml Portwein
400 ml Rinderjus

RUMPSTEAKS

4 Rumpsteaks
Meersalz

Für die Polentaschnitten den Kalbsfond aufkochen, den Grieß einstreuen und unter Rühren ca. 3 Minuten köcheln lassen. Mit Salz würzen, vom Herd nehmen und zugedeckt etwa 5 Minuten ziehen lassen. Parmesan auf einer Küchenreibe reiben. Anschließend die Masse mit Eigelben und Parmesan verrühren und mit Salz und Muskat abschmecken. Die Masse zwischen zwei Blättern Backpapier auf 2 cm Höhe mit einem Nudelholz ausrollen und im Kühlschrank erkalten lassen. Kurz vor dem Anrichten die Polenta in Rauten schneiden, in Mehl wenden und von beiden Seiten in etwas heißem Öl anbraten.

Für die Jus den Sellerie schälen und würfeln. Paprika putzen, Kerne und weiße Innenhäute entfernen, die Paprika in Würfel schneiden. Öl in einem breiten Topf erhitzen. Thymian waschen und trocken schütteln. Die Gemüsewürfel im Öl anbraten, Thymian zugeben und mit Portwein ablöschen. Dann mit der Rinderjus aufgießen und alles bei mittlerer Temperatur um die Hälfte einkochen.

Die Steaks ca. 30 Minuten vor dem Grillen aus der Kühlung nehmen und salzen. Steaks von beiden Seiten jeweils 1 Minute in der Infrarotzone grillen, dann bei indirekter Hitze auf eine Kerntemperatur von ca. 54 °C garen und kurz ruhen lassen. Rumpsteaks mit Jus und Polentaschnitten servieren.

> **TIPP** Auch ohne das Grillen in der Infrarotzone gelingen die Steaks perfekt. Dazu die Steaks bei direkter Hitze von beiden Seiten ca. 2–4 Minuten grillen. Anschließend bei indirekter Hitze auf eine Kerntemperatur von ca. 54 °C garen und kurz ruhen lassen.

FLANKSTEAK-FINGER MIT SALBEI-ZITRONEN-BUTTER

Für 4 Personen

3 Stängel Salbei
Sonnenblumenöl zum Frittieren
250 g weiche Butter
Saft und Schale von
½ unbehandelten Zitrone
25 g Maldon Sea Salt
600 g Flanksteak
Salz

100

Salbeiblätter von den Stängeln zupfen. Das Sonnenblumenöl in einem Topf erhitzen, Salbeiblätter darin kurz frittieren und auf Küchenpapier abtropfen lassen. Die Butter schaumig schlagen. Zitronensaft und -abrieb, Salzflakes und frittierte Salbeiblätter zugeben und gleichmäßig unterrühren. Die Butter auf ein Pergamentpapier streichen und zu einer Rolle formen. Im Kühlschrank ca. 6 Stunden fest werden lassen.

Das Fleisch ca. 30 Minuten vor dem Grillen aus der Kühlung nehmen und salzen. Anschließend von beiden Seiten jeweils ca. 45 Sekunden in der Infrarotzone grillen und kurz ruhen lassen. Dann das Fleisch in Streifen schneiden und mit der Butter servieren.

FLANKSTEAKS
MIT GEMÜSE-
CHIPS UND
LIMETTENSALZ

Für 4 Personen
(Standzeit 48 Stunden)

2 unbehandelte Limetten
250 g Fleur de Sel
4 Flanksteaks (à 180 g)
Maldon Sea Salt
Sonnenblumenöl zum Frittieren
500 g Rote Bete
500 g Pastinaken

Für das Limettensalz die Limetten heiß abspülen, trocken reiben und mit einer Küchenreibe die Schale abhobeln. Abrieb und Fleur de Sel gut vermischen, in einem sauberen Gefäß luftdicht verschließen und für mindestens 48 Stunden ziehen lassen.

Die Steaks ca. 30 Minuten vor dem Grillen aus der Kühlung nehmen und mit Maldon Sea Salt würzen. Den Grill vorbereiten. Einen Topf aufstellen und das Öl darin heiß werden lassen. Das Gemüse schälen und in dünne Scheiben hobeln. Die Scheiben im Öl frittieren, auf Küchenpapier abtropfen lassen und mit Limettensalz würzen. Die Steaks von beiden Seiten bei direkter Hitze (ca. 230–300 °C) grillen, kurz ruhen lassen und mit den Gemüse-Chips servieren.

101

GRATINIERTE RINDERMARKKNOCHEN

Für 4 Personen

80 g Salzbutter
2 Zweige Thymian
2 Stängel Oregano
4 Toastbrotscheiben
4 halbierte Rindermarkknochen

Butter aus dem Kühlschrank nehmen und weich werden lassen. Kräuter waschen, trocken schütten, die Blätter abzupfen und fein hacken. Toastbrotscheiben entrinden und würfeln. Kräuter, Butter und Semmelbrösel vermischen, in Frischhaltefolie wickeln und über Nacht in den Kühlschrank legen. Den Grill auf indirekte Hitze (ca. 200 °C) vorbereiten. Die Würzbutter in Stücke zupfen, auf dem Mark verteilen und die Knochen bei geschlossenem Deckel ca. 15–20 Minuten auf dem Grill überbacken.

> **TIPP** Dazu passen hervorragend Zwiebelbrote aus dem Tontopf (siehe S. 280).

102

HOCHRIPPE IM GANZEN
MIT QUINOASALAT

Für 12–16 Personen

QUINOASALAT

500 g rote Quinoa
Salz
je 2 gelbe, rote und grüne
Paprikaschoten
400 g Mais aus der Dose
500 g Kirschtomaten
2 Bund gemischte Kräuter
(z. B. Schnittlauch, Petersilie, Basilikum)
120 ml Olivenöl
6 EL heller Balsamico
2 TL Honig
2 TL scharfer Senf
Pfeffer

HOCHRIPPE

1 EL Langer Pfeffer
4,7 kg Hochrippe am Knochen
2 EL Rauchsalz
Maldon Sea Salt

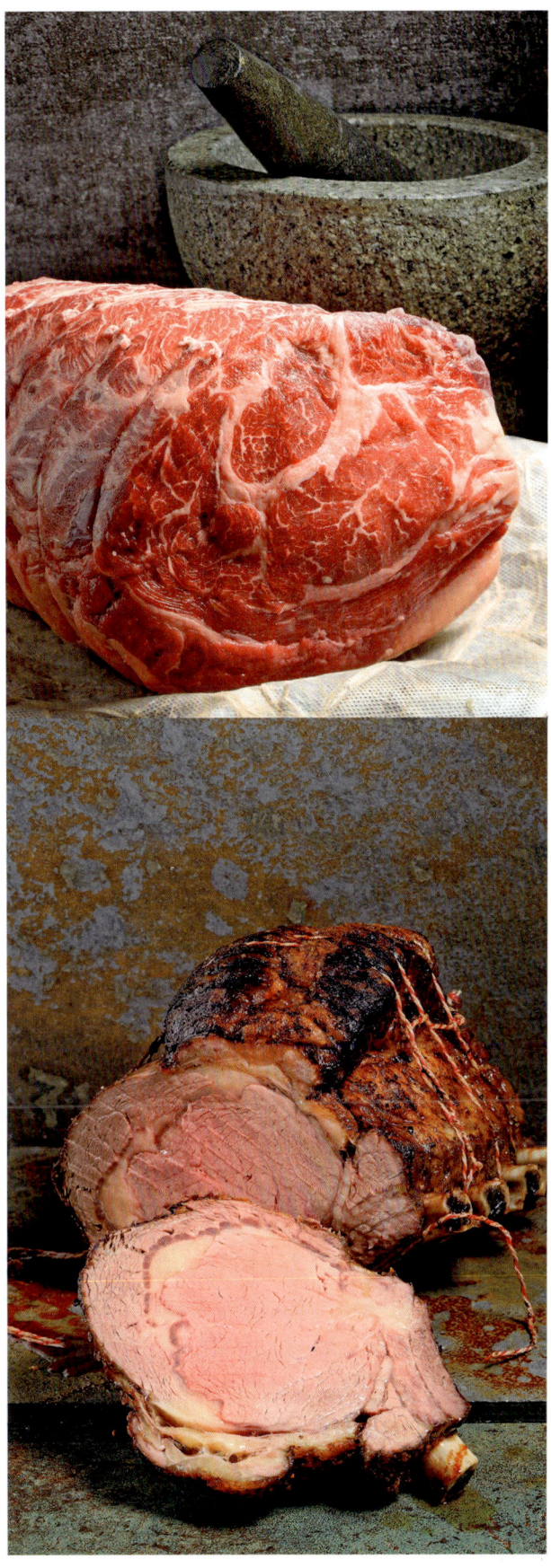

Für den Quinoasalat die Quinoa nach Packungsanleitung in reichlich kochendem Salzwasser bissfest garen. Dann abgießen, abschrecken und abtropfen lassen. Bei den Paprika Kerne und weiße Innenhäute entfernen und in kleine Würfel schneiden. Mais in einem Sieb abtropfen lassen. Kirschtomaten halbieren. Kräuter waschen, trocken schütteln und hacken, Schnittlauch in Röllchen schneiden. Olivenöl, Essig, Honig, Senf und Kräuter zu einem Dressing verrühren und mit Salz und Pfeffer abschmecken. Alle Zutaten mit dem Dressing vermischen. Den Quinoasalat ca. 1 Stunde im Kühlschrank durchziehen lassen, danach nochmals abschmecken.

Für die Hochrippe Pfeffer im Mörser zerstoßen. Die Hochrippe mit Küchengarn in Form binden, von allen Seiten scharf anbraten, anschließend mit Rauchsalz und Pfeffer würzen und bei indirekter Hitze (ca. 140 °C) auf eine Kerntemperatur von 55 °C garen. Dann die Hochrippe an einem warmen Ort nochmals 15 Minuten ruhen lassen. Die Hochrippe in Scheiben schneiden, mit dem Salz bestreuen und mit dem Quinoasalat servieren.

PASTRAMI GRUNDREZEPT

Für 2,6 kg Rinderbrust
(Standzeit 5 ½ Tage)

PASTRAMI-PÖKELLAKE

1,5 l Wasser
100 g Meersalz
15 g Nitritpökelsalz
100 g Rohrohrzucker
5 TL Pastrami-Gewürz-mischung (siehe S. 343)
½ Knoblauchzehe
ca. 2,6 kg Rinderbrust

PASTRAMI-RUB

4 TL schwarze Pfefferkörner
2 TL gemahlener Koriander
1 TL gemahlene Senfkörner
1 TL Rohrohrzucker
1 TL rosenscharfes Paprika-pulver
2 TL Knoblauchpulver
2 TL Zwiebelpulver

Das Wasser erhitzen, Salz und Zucker im kochenden Wasser auflösen, von der Kochstelle nehmen und die restlichen Zutaten, außer der Rinderbrust, zugeben und kurz ziehen lassen.

Die Rinderbrust parieren, dabei die Fettauflage nur grob entfernen, sie gibt dem Pastrami beim Smoken die Saftigkeit. Das Fleisch in einen Vakuumbeutel geben. Mit der Pökellake auffüllen, vakuumieren und mindestens 5 Tage pökeln. Anschließend das Fleischstück herausnehmen, gründlich abwaschen und wässern.

Für den Rub die Pfefferkörner in einem Mörser zerstoßen und mit den anderen Gewürzen gut vermischen. Das gepökelte Fleisch trocken tupfen, den Rub darauf verteilen, festdrücken und über Nacht abgedeckt im Kühlschrank ruhen lassen.

Smoker oder Grill vorbereiten und das Fleisch bei indirekter Hitze (ca. 110 °C) auf eine Kerntemperatur von 85 °C garen. Nach dem Smoken das Pastrami abkühlen lassen, in Folie wickeln und für mindestens 12 Stunden im Kühlschrank ruhen lassen.

PASTRAMI-RÖSTI
MIT SOUR CREAM UND
MIXED PICKLES

Für 4 Personen

MIXED PICKLES

400 g Blumenkohl
Salz
300 g Einmachgurken
150 g Perlzwiebeln
150 g Kirschtomaten
500 ml Weißweinessig
250 ml Wasser
100 g Zucker
30 g Pastrami-Gewürzmischung
(siehe S. 343)

SOUR CREAM

200 g Schmand
200 g Magerquark
100 g Saure Sahne
½ Bund Petersilie
Salz, Pfeffer
2 EL Weißweinessig

PASTRAMI-RÖSTI

1 kleine Zwiebel
1 EL Sonnenblumenöl
450 g Kartoffeln
150 g Pastrami (siehe S. 104)
Salz, Pfeffer

Für die Mixed Pickles den Blumenkohl putzen, den ganzen Kopf in kochendem Salzwasser blanchieren, abschrecken und in kleine Röschen zerteilen. Die Einmachgurken halbieren, in Stücke schneiden, die Perlzwiebeln putzen und beides ebenfalls blanchieren. Die Kirschtomaten waschen.

Backofen auf 175 °C Ober- und Unterhitze vorheizen. Essig und Wasser mit Zucker und Gewürzmischung in einen Topf geben und aufkochen. Anschließend gleichmäßig auf Einmachgläser verteilen, den Sud darübergeben, sodass das Gemüse vollständig bedeckt ist und die Deckel fest verschließen. Ein tiefes Backblech in die unterste Schiene des Backofens schieben, die Gläser daraufstellen, ohne dass sie sich berühren, und das Blech ca. 2 cm hoch mit heißem Wasser füllen. Die Backofentür schließen. Sobald in den Gläsern Luftbläschen aufsteigen, die Temperatur auf 150 °C reduzieren und das Gemüse ca. 90 Minuten einkochen. Anschließend den Backofen ausschalten und die Einmachgläser weitere 30 Minuten darin stehen lassen. Dann die Gläser herausnehmen und vollständig abkühlen lassen.

Schmand, Quark und saure Sahne verrühren. Petersilie waschen, trocken schütteln, mit Stängeln hacken und unterheben. Zum Schluss alles mit Salz, Pfeffer und Weißweinessig abschmecken.

105

Den Grill vorbereiten. Die Zwiebel schälen und in kleine Würfel schneiden. Auf einer Grillplatte etwas Öl erhitzen und die Zwiebelwürfel darin glasig dünsten. Kartoffeln schälen, auf einer Reibe grob raspeln und mit den Zwiebeln vermischen. In kleine Würfel geschnittene Pastrami untermengen. Mit Salz und Pfeffer abschmecken. Die Röstimasse in gleich große Portionen teilen, jeweils eine Portion flach drücken und auf der Grillplatte anbraten. Rösti mit Sour Cream und Mixed Pickles servieren.

106

PASTRAMI-SANDWICH MIT GEGRILLTER PAPRIKA

Für 4 Personen

600 g Pastrami (siehe S. 104)
2 Paprika
8 Scheiben Maisbrot
4 EL Mayonnaise (siehe S. 353)
8 Scheiben Cheddarkäse

Pastrami nach dem Grundrezept zubereiten und nach der Ruhezeit in möglichst dünne Scheiben schneiden. Paprika halbieren, das Kerngehäuse entfernen und bei direkter Hitze von beiden Seiten grillen, bis sie schwarz werden. Die heißen Paprikahälften abdecken oder in einen Gefrierbeutel legen und verschließen. Nachdem die Paprika etwas abgekühlt ist, die Haut ablösen und die Paprika in Streifen schneiden. Maisbrot über direkter Hitze rösten und etwas abkühlen lassen. Mit der Mayonnaise bestreichen, mit Pastrami, Paprika und Käse belegen. In indirekter Hitze so lange erwärmen, bis der Käse zerlaufen ist.

PORTERHOUSE-STEAKS MIT PASSIONS-FRUCHT-GIN-BUTTER UND SALZ-POPCORN

Für 4 Personen
(Standzeit 6 Stunden)

PASSIONSFRUCHT-GIN-BUTTER

4 Passionsfrüchte
15 g roter Kampotpfeffer
2 Blatt Gelatine
1 cl Gin
250 g weiche Butter
20 g Fleur de Sel

PORTERHOUSE-STEAKS MIT SALZ-POPCORN

4 Porterhouse-Steaks
Meersalz
Sonnenblumenöl
200 g Popcornmais
Grünes Hawaiisalz

Für die Passionsfrucht-Gin-Butter die Passionsfrüchte halbieren, mit einem Löffel Kerne und Fruchtfleisch herausnehmen und durch ein Sieb streichen. Pfeffer in einem Mörser grob zerstoßen. Gelatine in kaltem Wasser einweichen. Gin und Passionsfruchtmark erwärmen und die Gelatine darin auflösen. Butter in einer Küchenmaschine aufschlagen, die Gelatine unterrühren und mit Salz und Pfeffer würzen. Die Butter auf Pergamentpapier streichen, zu einer Rolle formen und für ca. 6 Stunden im Kühlschrank festwerden lassen. Den Grill vorbereiten. Die Steaks ca. 30 Minuten vor dem Grillen aus der Kühlung nehmen und salzen.

Einen Topf aufstellen, den Topfboden mit Öl bedecken, erhitzen, die Maiskörner zugeben und den Deckel aufsetzen. Nachdem die Hälfte der Körner aufgepoppt sind, den Topf mit Deckel vom Grill nehmen und kurz stehen lassen. Die Steaks bei direkter Hitze (ca. 230–300 °C) von beiden Seiten grillen und kurz ruhen lassen. Das Popcorn mit dem Hawaiisalz würzen und mit den Steaks und der Butter servieren.

STRAMMES PASTRAMI

Für 4 Personen

600 g Pastrami (siehe S. 104)
½ Bund Schnittlauch
4 Scheiben Sauerteigbrot
Salzbutter
4 Essiggurken
1 EL Rapsöl
8 Eier
Salz, Pfeffer

Pastrami nach dem Grundrezept zubereiten und nach der Ruhezeit in möglichst dünne Scheiben schneiden. Schnittlauch in Röllchen schneiden. Sauerteigbrot über direkter Hitze toasten und etwas abkühlen lassen. Die Scheiben großzügig mit Salzbutter bestreichen und mit Pastrami belegen. Die Essiggurken längs in dünne Scheiben schneiden. In einer Pfanne oder auf der Grillplatte das Öl erhitzen und Spiegeleier braten. Die Pastramibrote mit Essiggurken belegen, Spiegeleier darauf verteilen und mit Schnittlauch bestreuen. Mit Salz und Pfeffer würzen und servieren.

TOMAHAWK-STEAKS
MIT KARTOFFEL-TOMATEN-RAGOUT

Für 4 Personen

4 Tomahawksteaks (à 1 kg)
Salz
4 Knoblauchzehen
3 Schalotten
400 g kleine gekochte La-Ratte-Kartoffeln
300 g Kirschtomaten
800 g Roma-Tomaten
3 Zweige Thymian
2 Zweige Rosmarin
2 EL Olivenöl
Fleur de Sel
1 EL gehackte, gemischte Kräuter

Die Steaks ca. 30 Minuten vor dem Grillen aus der Kühlung nehmen und salzen. Knoblauch schälen und halbieren. Schalotten schälen und in Stücke schneiden. Die Kartoffeln putzen und mit Schale halbieren. Tomaten waschen, Strünke entfernen, die Kirschtomaten halbieren, die Roma-Tomaten in Spalten schneiden. Die Kräuter waschen und trocken schütteln. In einer Grillschale die Kartoffeln mit Knoblauch, Schalotten, Kräutern, Salz und Öl vermischen und auf dem Grill bei indirekter Hitze 15 Minuten braten. Dann die Tomatenspalten und Kirschtomaten dazugeben und noch weitere 15 Minuten auf dem Grill braten. Die Steaks bei direkter Hitze (ca. 230–300 °C) von beiden Seiten grillen und kurz ruhen lassen. Vor dem Servieren das Kartoffel-Tomatenragout mit Fleur de Sel und den gehackten Kräutern bestreuen und mit den Steaks servieren.

109

110

TIPP Beim direkten Grillen von Steaks sollte das Fleisch idealerweise erst Umgebungstemperatur angenommen haben, bevor man es auf den Rost legt. Das sorgt nämlich für eine krosse Kruste und einen gleichmäßig gegarten Kern.

T-BONE-STEAKS MIT CHIMICHURRI-SAUCE UND AVOCADO-MAIS-SALAT

Für 4 Portionen

CHIMICHURRI-SAUCE

1 Schalotte
2 kleine Knoblauchzehen
1 Bund glatte Petersilie
1 rote Chilischote
1 Limette
6 EL Olivenöl
2 Zweige Thymian
Salz, Pfeffer

AVOCADO-MAIS-SALAT

200 g Mais aus der Dose
1 große Tomate
1 rote Zwiebel
1 Orange
1 mittelreife Avocado
3 EL Limettensaft
Salz, Pfeffer
1 EL gehackter Koriander, nach Belieben
5 EL Olivenöl

T-BONE STEAKS

2 T-Bone-Steaks (à ca. 800 g)
Salz, Pfeffer

Für die Sauce Schalotte und Knoblauch schälen, beides fein würfeln. Petersilie waschen, trocken schütteln und die Blättchen fein hacken. Chilischote waschen, putzen, längs halbieren, entkernen und fein hacken.

Petersilie, Knoblauch, Schalotte und Chili in einen Mörser geben. Die Limette halbieren, den Saft darüber auspressen und alles zusammen mit dem Stößel mörsern, bis eine Art Paste entsteht. Alternativ hierfür einen Blitzhacker benutzen.

Das Olivenöl nach und nach zugießen und weiter verrühren, bis eine dickflüssige Masse entstanden ist. Thymian waschen, trocken schütteln, Blättchen abzupfen und hacken. Thymian zufügen und mit Salz und Pfeffer pikant abschmecken.

Für den Avocado-Mais-Salat den Mais abtropfen lassen. Die Tomate mit kochendem Wasser überbrühen, Schale, Kerne sowie den Strunk entfernen und das Fruchtfleisch in Streifen schneiden. Zwiebel schälen und in feine Streifen schneiden. Orange gut schälen, sodass die weiße Haut vollständig entfernt ist, und in Scheiben schneiden. Avocado halbieren, den Stein entfernen, schälen und in feine Würfel schneiden. Alles vorsichtig vermengen. Limettensaft mit Salz, Pfeffer und nach Belieben dem Koriander verrühren. Zum Schluss das Olivenöl unterrühren und das Dressing vorsichtig mit dem Salat vermengen.

Die Steaks ca. 30 Minuten vor dem Grillen aus dem Kühlschrank nehmen. Auf dem vorgeheizten Grill von beiden Seiten ca. 2 Minuten grillen. Einen Kerntemperaturfühler quer in das Fleisch stecken, die Temperatur auf 52 °C stellen und das Fleisch in die indirekte Grillzone legen oder im Backofen bei 90 °C Ober- und Unterhitze fertig garen. Vor dem Aufschneiden ca. 5 Minuten ruhen lassen, mit Salz und Pfeffer würzen und mit der Chimichurri-Sauce und dem Avocado-Mais-Salat servieren.

111

T-BONE-STEAKS „CAVEMAN-STYLE" MIT KOHLEKARTOFFELN

Für 4 Personen

KRÄUTERQUARK

1 Bund Frühlingszwiebeln
2 Zweige Thymian
2 Stängel Majoran
½ Bund Petersilie
½ TL grüner Pfeffer
500 g Magerquark
200 ml Milch
Salz

T-BONE-STEAKS MIT KOHLE-KARTOFFELN

4 große Backkartoffeln
Salz
4 T-Bone-Steaks
(mindestens 3 cm Dicke)

112

Für den Kräuterquark die Frühlingszwiebeln putzen und in dünne Ringe schneiden. Die Kräuter waschen und trocken schütteln. Thymian- und Majoranblätter abzupfen und hacken, Petersilie mit den Stängeln ebenfalls hacken. Pfeffer in einem Mörser zerstoßen. Quark mit der Milch glatt rühren und mit Salz und Pfeffer würzen. Dann die Frühlingszwiebeln und Kräuter unterheben, den Quark mit Klarsichtfolie abdecken und etwa 30 Minuten ziehen lassen. Vor dem Servieren gut umrühren und bei Bedarf mit Salz nachwürzen.

Die Glut vorbereiten. Die Kartoffeln auf Alufolie legen, salzen, einwickeln und die Päckchen für mindestens 20 Minuten in die Glut legen. Die Steaks etwa 30 Minuten vor dem Grillen aus der Kühlung nehmen und salzen. Die Dicke der Steaks bestimmt hier den Gargrad, je dicker die Steaks, desto roher ist nach dem Grillen der Kern. Bei den hohen Temperaturen ist allerdings eine gewisse Dicke Voraussetzung, um später noch saftige Steaks aus den Kohlen zu holen. Nachdem sich eine Glut gebildet hat, die Steaks direkt mit einer Grillzange auf die Kohlen legen, von beiden Seiten grillen, abklopfen und kurz ruhen lassen. Anschließend eventuell verbrannte Stellen abschneiden und mit den Back-kartoffeln und dem Kräuterquark servieren.

INFO Methode „Black & Blue": Außen schwarz, innen noch fast roh – so nennt sich dieser Gargrad, der in den USA auch als „Pittsburgh rare" bezeichnet wird.

113

114

ENTE VOM GRILL
MIT CHINESISCHEM WEISSKOHLSALAT

Für 4 Personen
(Standzeit 3 ½ Tage)

CAFÉ-DE-PARIS-BUTTER

½ Bund glatte Petersilie
3 Stängel Estragon
1 Zweig Thymian
1 großer Zweig Rosmarin
250 g Butter
5 EL Pflanzenöl
1 TL Dijon-Senf
1 TL Ketchup (siehe S. 351)
1 Msp. Currypulver
je 1 TL unbehandelter Orangen-
und Zitronenabrieb
Salz, Pfeffer
Zitronensaft

ENTE MIT WEISS-KOHLSALAT

500 g Weißkohl
1 mittelgroße Karotte
2 TL Kurkuma
2 EL Salz
50 g Rohrohrzucker
100 ml heller Balsamico
½ EL Currypulver
100 ml Wasser
1,5 kg küchenfertige
weibliche Barbarie-Ente

Die Kräuter waschen, trocken schütteln, Blätter bzw. Nadeln abzupfen und alles sehr fein hacken.

Die zimmerwarme Butter mit dem Handrührgerät schaumig schlagen. Das dauert ca. 5 Minuten. Nach und nach das Öl einrühren. Kräuter waschen und trocken schütteln. Petersilie, Estragon, Thymian, Rosmarin, Senf, Ketchup, Currypulver und Zitrusschalen vermischen und in mehreren Schritten unter die Öl-Butter rühren. Mit Salz, Pfeffer und etwas Zitronensaft abschmecken. Die Butter in ein passendes Gefäß füllen, glatt streichen und im Kühlschrank fest werden lassen. Weißkohl putzen, vierteln, den Strunk herausschneiden und die Viertel in dünne Streifen schneiden. Die Karotte putzen, schälen, ebenfalls in dünne Streifen schneiden und unter den Kohl mischen. 1 gestrichenen TL Kurkuma und Salz mischen, unter den Salat heben und bei Zimmertemperatur über Nacht ziehen lassen.

Dann in ein Sieb geben und abtropfen lassen. Zucker, Essig, Currypulver und restliches Kurkuma mit dem Wasser verrühren, mit dem Kohl mischen und abgedeckt etwa 3 Tage im Kühlschrank ziehen lassen, dabei gelegentlich durchmischen. Den Grill auf indirekte Hitze vorbereiten. Die Ente mit der Café-de-Paris-Butter einreiben und bei indirekter Hitze bei 140 °C ca. 2 Stunden garen.

115

ENTENBRUST-SATAY
MIT KUMQUAT-SHERRY-SALSA

Für 4 Personen
(Standzeit 1 Tag)

KUMQUAT-SHERRY-SALSA

250 g Kumquats
4 EL Rohrohrzucker
2 EL Zitronensaft
100 ml Sherry
1 TL Szechuanpfeffer
250 ml Weißwein
Meersalz

ENTENBRUST-SATAY

2 Entenbrüste von der weiblichen Barbarie-Ente (à 180 g)
4 lange Rosmarinzweige als Spieße
1 TL Ras el-Hanout
½ TL Meersalz
2 EL Olivenöl

116

Für die Salsa die Kumquats in Scheiben schneiden und die Kerne entfernen. Zucker in einer Pfanne karamellisieren, Zitronensaft und Kumquats zugeben, 2 Minuten köcheln lassen, mit Sherry ablöschen und sirupartig einkochen. Szechuanpfeffer und Weißwein dazugeben, noch mal kurz aufkochen lassen und mit Meersalz abschmecken. Die Salsa in ein Glas mit Schraubverschluss füllen, fest zudrehen und für einige Minuten auf den Kopf stellen. Die Salsa mindestens 24 Stunden ziehen lassen und im Kühlschrank lagern.

Den Grill vorbereiten. Die Entenbrüste trocken tupfen, die Innenfilets entfernen und die Brüste längs halbieren. Von den Rosmarinzweigen die Nadeln fast vollständig abzupfen, am dünneren Ende einige stehen lassen. Aus Ras el-Hanout, Meersalz und Olivenöl eine Marinade anrühren. Das Fleisch in regelmäßigen Abständen einschneiden, wellenförmig auf die Rosmarinzweige stecken und mit der Marinade einpinseln. Die Entenspieße mit der Fettseite zuerst bei direkter Hitze (ca. 175–230 °C) auf den Grill legen, damit sie schön kross werden, anschließend die andere Seite weitere 2 Minuten grillen. Die Entenbrust-Satays nach dem Grillen mit der restlichen Marinade beträufeln und mit der Salsa servieren.

118

FISCH-KEBAP MIT MANGO-PASSIONS-FRUCHT-MAYONNAISE

Für 4 Personen

MANGO-PASSIONS-FRUCHT-MAYONNAISE

1 Ei
2 TL Dijonsenf
1 Spritzer Zitronensaft
200 ml Sonnenblumenöl
Salz
1 Mango
4 Passionsfrüchte
Tandoori Masala

FISCH-KEBAP

1 Romanasalat
2 Tomaten
1 Knoblauchzehe
10 g Ingwer
1 rote Zwiebel
400 g küchenfertiges Seelachs-filet
1 Bund Schnittlauch
Salz, Pfeffer
4 Stangen Zitronengras
4 Fladenbrote

Das zimmerwarme Ei zusammen mit Senf und Zitronensaft in einen Mixbecher geben. Mit dem Stabmixer mixen, dabei das Öl langsam einlaufen lassen. Die Mayonnaise mit Salz würzen. Mango schälen und den Kern entfernen. Die Hälfte der Mango in kleine Würfel schneiden, den Rest aufmixen. Passionsfrüchte durch ein Sieb streichen, mit dem Mangopüree, den -würfeln und der Mayonnaise verrühren und mit Tandoori Masala abschmecken.

Romanasalat putzen, waschen und trocken schleudern. Tomaten putzen und in Spalten schneiden. Knoblauch, Ingwer und Zwiebel schälen und hacken. Mit dem Fischfilet in einem Blitzhacker zerkleinern. Schnittlauch in kleine Ringe schneiden und unter die Fischmasse heben. Mit Salz und Pfeffer würzen, aus der Masse mehrere Rollen formen und auf die Zitronengrasstangen stecken.

Den Grill vorbereiten. Die Kebaps von allen Seiten bei indirekter Hitze (ca. 140 °C) gleichmäßig garen. Die Fladenbrote kurz auf dem Grill rösten, aufschneiden, mit der Mayonnaise bestreichen und mit Salatblättern und Tomatenspalten belegen. Fischkebap in die Fladenbrote geben, die Zitronengrasstangen entfernen und servieren.

119

Die Makrele war jahrelang ein völlig zu Unrecht unterschätzter Fisch und wurde vor allem nur in geräucherter Variante verarbeitet. Wegen Ihres hohen Fettanteils eignet sich die Makrele sehr gut zum Grillen und schmeckt wunderbar, wenn die Haut kross ist und das Fleisch weich und aromatisch. Nur frisch muss sie sein!

BBQ-MAKRELEN

Für 4 Personen

4 kleine Makrelen (à 250 g), küchenfertig gesäubert
1 Zweig Rosmarin
1 Zweig Zitronenthymian
Salz, Pfeffer
2 EL Olivenöl
Saft von 1 Zitrone

Die Makrelen unter fließendem, kaltem Wasser gründlich waschen und innen und außen trocken tupfen. Die Kräuterzweige waschen, trocken schütteln und in grobe Teile hacken.

Die Fische innen salzen und pfeffern. Die gehackten Kräuter in die Bauchhöhle und auch in die Kiemen der Fische stecken. Die Fische mit Olivenöl einreiben.

Die Makrelen auf einem feinmaschigen Extra-Grillrost oder in Fischrosten auf den heißen Grill legen. Die Haut der Fische darf ruhig recht dunkel werden. Die Fische sind dann gar, wenn sich die Rückenflosse ganz einfach aus dem Fisch ziehen lässt.

Die ganzen gegrillten Fische servieren, die Haut zur Seite schieben und nach Geschmack mit Zitronensaft beträufeln.

120

TIPP Kaufen Sie Fisch nur, wenn Sie sicher sein können, dass er richtig frisch ist. Achten Sie auf die Augen des Fisches. Sie sind bei fangfrischem Fisch klar, sie dürfen nicht milchig-trüb sein. Auch die Farbe der Kiemen verrät etwas über die Frische. Sie sollten rosa-rot leuchten. Sind sie gräulich oder verklebt, liegt der Fisch schon zu lange aus. Vor allem zeigt Ihnen der Geruch den richtigen Weg: Riecht ein Fisch zu intensiv und unangenehm, lassen Sie die Finger davon.

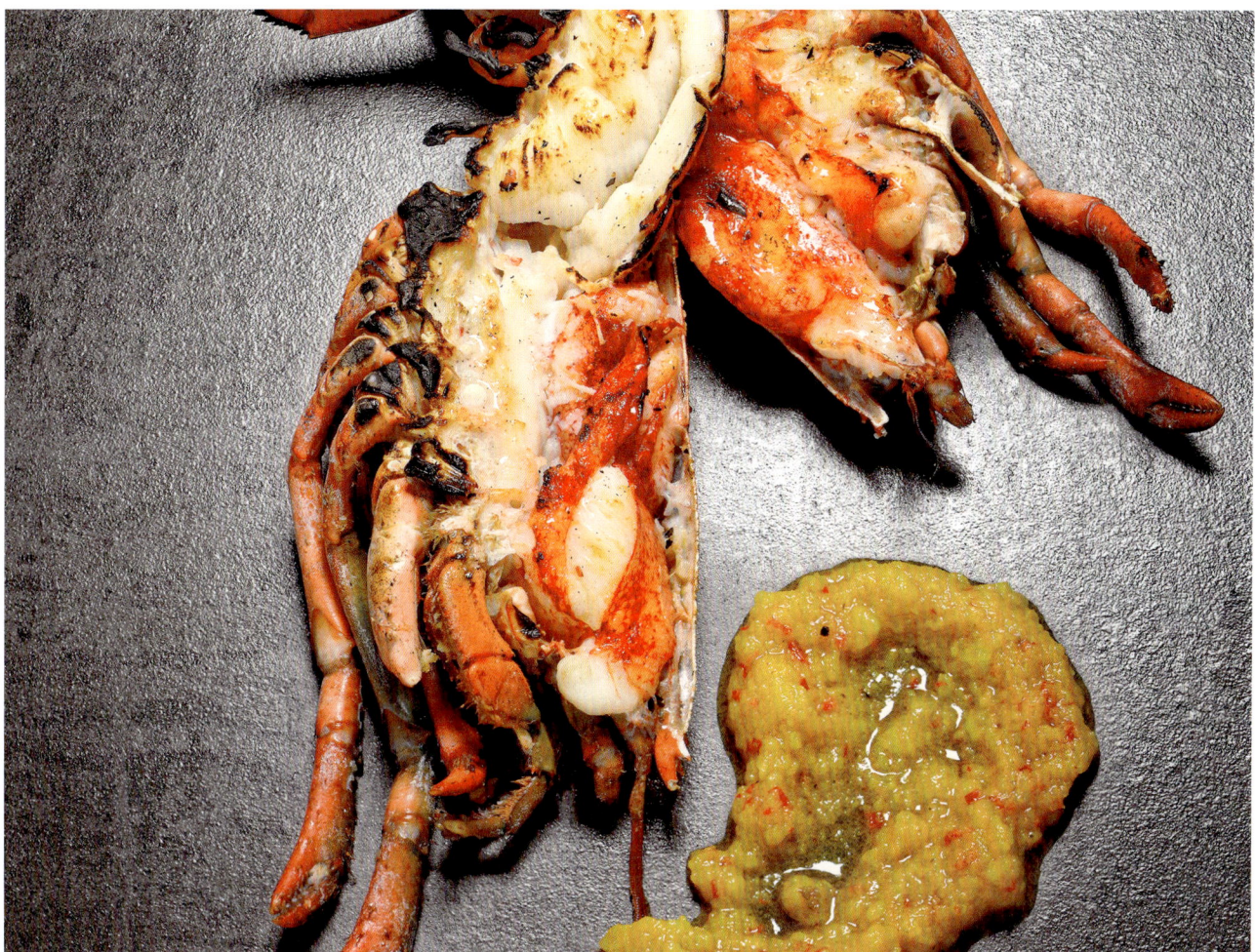

GEGRILLTER HUMMER MIT ROUILLE

Für 4 Personen

3 Knoblauchzehen
1 Chilischote
1 Pellkartoffel
8–10 Safranfäden
100 ml Olivenöl
evtl. 1 EL Fischfond
Salz, Pfeffer
4 TK- Hummerhälften

Für die Sauce die Knoblauchzehen schälen und fein hacken. Die Chilischote längs aufschneiden, Kerne und weiße Innenhäute entfernen und fein hacken. Die Kartoffel pellen, auf einer Küchenreibe reiben und zusammen mit Safran, Knoblauch und Chili vermengen. Nach und nach das Olivenöl unterrühren, bis eine geschmeidige Sauce entstanden ist. Für eine flüssigere Konsistenz kann noch etwas Brühe zugefügt werden. Mit Salz und Pfeffer abschmecken.

Die aufgetauten Hummer im Panzer ca. 1 Minute in der Infrarotzone grillen und mit der Sauce servieren.

FORELLE IN ZEITUNGSPAPIER MIT KARTOFFELCHIPS

Für 2 Personen

KARTOFFEL-CHIPS

500 g Kartoffeln
3 EL Meersalz
Sonnenblumenöl zum Frittieren

122

FORELLE

2 küchenfertige Forellen
Meersalz
2 Zitronen
5 Stängel Dill

Für die Kartoffelchips die Kartoffeln schälen, in dünne Scheiben schneiden, in Salzwasser blanchieren, gut abtropfen und auskühlen lassen. In einem Topf reichlich Öl erhitzen, die Kartoffeln darin portionsweise frittieren und auf Küchenpapier abtropfen lassen. Die Chips in eine Schüssel geben und mit Meersalz würzen.

Forellen waschen, trocken tupfen und von innen und außen salzen. Zitronen in Spalten schneiden, die Forellen mit Zitronenspalten und Dill füllen, jede Forelle in 3 Lagen Zeitungspapier fest einwickeln und die Zeitungspäckchen gut verschnüren. Die Forellen ca. 1 Stunde in kaltes Wasser einlegen, bis sich das Zeitungspapier mit Wasser vollgesaugt hat. Den Grill vorbereiten. Die eingewickelten Forellen auf den Grill geben und ca. 30 Minuten bei indirekter Hitze (ca. 160 °C) mit geschlossenem Deckel grillen. Dann die Forellen aus dem Zeitungspapier wickeln. Die Druckerschwärze verbleibt an der Fischhaut, daher die Fische ohne Haut mit den Kartoffelchips servieren.

GANZES LACHSFILET

Für 6–8 Personen

1 ganze Lachsseite mit Haut, ohne Gräten
2 Stängel glatte Petersilie
10 Basilikumblätter
1 unbehandelte Zitrone
1 rote Chilischote
Salz, Pfeffer
4 EL Olivenöl

Lachs waschen und trocken tupfen. Petersilie waschen und trocken schütteln. Basilikumblätter waschen und trocken tupfen. Petersilie mit Stängel und Basilikumblätter fein hacken. Die Zitrone heiß abwaschen, trocknen und mit einem Zestenreißer einige Zesten abziehen. Dann den Saft auspressen. Chilischote waschen, entkernen und fein hacken.

Zitronensaft mit den Zesten, den gehackten Kräutern, der Chili, Salz und Pfeffer verrühren und dann langsam und unter Rühren das Olivenöl dazugeben. Diese Marinade überall auf der Lachsseite verteilen und einziehen lassen. Auch die Hautseite mit etwas Olivenöl einpinseln, salzen und pfeffern.

Das marinierte Lachsfilet bei mittlerer Hitze auf einem länglichen feinmaschigen Grillrost oder großen Fischrost auf der Hautseite grillen. Dann vorsichtig wenden oder bei geschlossenem Deckel des Kugelgrills langsam zu Ende garen.

Bitte denken Sie daran, eine Aluschale zum Auffangen des Fettes und der austretenden Säfte unter den Rost zu stellen.

124

GEGRILLTE CALAMARI

Für 4 Personen

500 g küchenfertige Calamari (Tintenfischtuben)
Saft von ½ Zitrone
2 Knoblauchzehen
1 kleiner Bund glatte Petersilie
1 Zweig Rosmarin
Salz
4 EL Olivenöl

Lassen Sie sich die Calamari im Fischladen Ihres Vertrauens komplett küchenfertig vorbereiten. Dann die Tintenfischtuben und Tentakel waschen und trocken tupfen.

Den Zitronensaft in eine Schüssel füllen. Die Knoblauchzehen schälen und durch eine Knoblauchpresse zum Zitronensaft drücken. Kräuter waschen, trocken schütteln, Blätter und Nadeln abzupfen und hacken.

Die gehackten Kräuter mit etwas Salz und dem Olivenöl zu Zitronensaft und Knoblauch geben und alles gut verrühren. In dieser Marinade die Calamari-Stücke mindestens 2 Stunden gekühlt marinieren lassen.

Eine Grillschale auf dem Rost möglichst heiß werden lassen. Calamari aus der Marinade nehmen, abtropfen lassen und in der Schale bei direkter Hitze grillen. Die Tintenfischstücke brauchen nur wenige Minuten, dann müssen sie schnell gewendet werden.

TIPP Wenn Sie keine frischen Calamari bekommen sollten, können Sie auch gefrorene Tintenfischtuben nehmen. Die brauchen aber etwas länger auf dem Grill. Die gleiche Marinade können Sie auch nehmen, um Scampi oder Shrimps einzulegen.

GEGRILLTE RIESENGARNELEN

Für 4 Personen

12 Gambas (6/8)
Meersalz, Pfeffer
2 Stängel glatte Petersilie
1 Stängel Bohnenkraut
1 Zweig Thymian
1 Zweig Rosmarin
1 Schalotte
2 Knoblauchzehen
60 ml Olivenöl
1 EL Schnittlauchröllchen
Saft von ½ Zitrone

ANRICHTEN

4 gegrillte Zitronenhälften
Aioli oder Rouille (siehe S. 121)

Die Gambas waschen, den Darm entfernen und die Gambas längs halbieren. Mit Salz und Pfeffer würzen.

Die Kräuter waschen, trocken schütteln, Blättchen und Nadeln abzupfen und hacken. Die Schalotte und Knoblauchzehen schälen und fein hacken.

In einer Pfanne das Olivenöl erhitzen und die gehackten Zutaten und Kräuter darin anschwitzen und mit Zitronensaft ablöschen.

Die Gambas auf einem heißen Lavastein oder einer Grillplatte grillen.

Zum Anrichten je 2 Gambas pro Portion mit Sud anrichten. Mit Zitronenhälfte und Aioli oder Rouille sofort servieren.

THUNFISCHSTEAKS
MIT GRÜNKERNSALAT

Für 4 Personen

100 g Grünkern
180 ml Wasser
5 Tomaten
2–3 Frühlingszwiebeln
1 großer Bund Petersilie
3 Stängel Minze
5 EL Olivenöl
Meersalz
Pfeffer
Saft von 1 Zitrone
3 EL Paradieskörner
4 Thunfischsteaks (à 250 g)
Fleur de Sel

Den Grünkern abspülen und im Wasser aufkochen. Bei mittlerer Hitze ca. 15 Minuten garen, bis er bissfest ist. Den Strunk und die Kerne der Tomaten entfernen, das Fruchtfleisch in Würfel schneiden. Frühlingszwiebeln putzen und in Ringe schneiden. Die Kräuter waschen und trocken schütteln. Petersilie mit den Stängeln fein hacken, Minzblätter abzupfen und ebenfalls fein hacken. Alles mit dem Grünkern und etwas Olivenöl vermengen, mit Salz, Pfeffer und Zitronensaft abschmecken. Den Grill vorbereiten. Die Paradieskörner in einem Mörser zerstoßen, auf die Arbeitsfläche streuen und die Thunfischsteaks darin wenden. Die Steaks von beiden Seiten bei direkter Hitze (ca. 175–230 °C) grillen, kurz ruhen lassen, mit Fleur de Sel bestreuen und mit dem Grünkern-Minzesalat servieren.

MUSCHELN VOM GRILL

Für 2 Personen

1 kg Miesmuscheln
1 rote Zwiebel
2 Knoblauchzehen
1 rote Chilischote
1 Bund glatte Petersilie
3 Stangen Zitronengras
1 EL Zucker
Salz
Saft von 1 Limette
3 EL Olivenöl

Die Miesmuscheln in einer großen Schüssel mit kaltem Wasser gründlich reinigen und ihre Bärte entfernen. Mehrfach die Muscheln in der Schüssel mit frischem kaltem Wasser spülen. Die Muscheln aus der Wasserschüssel nehmen und in einem Sieb abtropfen lassen. Offene Muscheln aussortieren und entsorgen.

Zwiebel und Knoblauch schälen. Die Chilischote waschen, entkernen und in dünne Streifen schneiden. Petersilie waschen, trocken schütteln und die Blätter abzupfen. Das Zitronengras von den äußeren, harten Schichten befreien, erst die unteren Reststücke in dünne Ringe schneiden. Dann mit Knoblauch, roter Zwiebel, Petersilie, Zucker und 1 Prise Salz in einer Küchenmaschine oder im Blitzhacker fein hacken. Den Saft der Limette zugeben und zusammen mit dem Olivenöl zu einer Marinade verrühren.

Miesmuscheln in der Marinade wälzen und in einem feuerfesten Topf oder einer Grillschale auf den Grill stellen. Deckel des Kugelgrills schließen. Nach ca. 8 Minuten öffnen und die Muscheln in dem Sud wenden. Nun sollten alle Muscheln aufgegangen sein. Die Muscheln, die nach dem Grillen geschlossen bleiben, entsorgen.

127

THUNFISCHFILETS VOM GRILL

Für 4 Personen

4 Thunfischfilets
2 Frühlingszwiebeln
1 rote Chilischote
2 Knoblauchzehen
3 Stängel Minze
6 Stängel Koriander
Saft von 1 Zitrone
3 EL Olivenöl
Salz, Pfeffer

Die Thunfischfilets waschen und trocken tupfen. Die Frühlingszwiebeln putzen, waschen, trocken schütteln und in feine Ringe schneiden. Die Chilischote waschen, entkernen und ebenfalls in feine Ringe schneiden. Die Knoblauchzehen schälen und in sehr dünne Scheiben schneiden. Minze und Koriander waschen, trocken schütteln, Blätter abzupfen und fein hacken.

Vier Bögen Alufolie abreißen und jeweils ein Fischfilet auf einen Bogen setzen. Die Ränder der Alufoliebögen zusammendrücken, sodass ein oben offenes Päckchen entsteht.

Frühlingszwiebeln, Chili, Knoblauch und Kräuter mischen und dann auf die Fischfilets streuen. Mit etwas Zitronensaft und Olivenöl beträufeln, salzen und pfeffern. Die Päckchen bei indirekter Hitze auf den Rost setzen und grillen.

PULPO IN PIMENT D'ESPELETTE

Für 4 Personen

4 Knoblauchzehen
1 küchenfertiger Pulpo (ca. 1 kg)
1 Lorbeerblatt
4 EL Olivenöl
3 dünne Scheiben Ingwer
1 EL Piment d'Espelette-Öl
Salz, Pfeffer

Knoblauchzehen schälen und mit dem Messer-rücken andrücken. Den Pulpo waschen, Augen und Schnabel entfernen. Mit dem Lorbeerblatt, den angedrückten Knoblauchzehen, 2 EL Olivenöl und den Ingwerscheiben in einen großen Topf geben. Erst bei geschlossenem Deckel und mittlerer Temperatur aufkochen, dann bei niedriger Temperatur ca. 1–1 ½ Stunden weich köcheln. Den Pulpo aus dem Sud nehmen, in Eiswasser abschrecken, kurz abtropfen lassen und im noch heißen Zustand die Haut abziehen (dabei die Hände am besten immer wieder im Eiswasser kühlen). Den Pulpo in grobe Stücke schneiden, sehr fest in Folie wickeln und tiefkühlen.

Vor dem Grillen die Rolle nur kurz antauen lassen, in Scheiben schneiden, das Öl über die Scheiben träufeln und ca. 30 Sekunden in der Infrarotzone grillen. Zum Schluss mit Salz und Pfeffer würzen.

128

SEETEUFEL
IN GRÜNEM SPECK MIT WILD-KRÄUTERSALAT

Für 4 Personen

WILDKRÄUTERSALAT

160 g Wildkräutermischung
1 TL körniger Senf
1 TL Honig
Salz , Pfeffer
2 EL heller Balsamico
4 EL Olivenöl

SEETEUFEL

1 Stängel Salbei
2 Zweige Thymian
1 Zweig Rosmarin
20 Scheiben grüner Speck
800 g küchenfertiges Schwanzstück vom Seeteufel
Meersalz

129

Für den Wildkräutersalat die Kräuter verlesen, waschen und trocken schleudern. Senf, Honig, Salz und Pfeffer verrühren, Essig zugeben und unter ständigem Rühren das Öl einlaufen lassen.

Den Grill vorbereiten. Salzkachel auf den Grill legen und heiß werden lassen. Die Kräuter waschen und trocken schütteln. Salbei- und Thymianblätter sowie Rosmarinnadeln abzupfen und klein hacken. Die Speckscheiben überlappend auf der Arbeitsfläche auslegen, den Fisch daraufsetzen, mit der Kräutermischung bestreuen, salzen und im Speck einwickeln. Den Fisch auf die heiße Salzkachel geben und bei indirekter Hitze (ca. 160 °C) ca. 25 Minuten anbraten, bis der Speck kross geworden ist. Den Fisch runternehmen, kurz ruhen lassen und in Tranchen schneiden. Den Salat mit dem Dressing anmachen und mit dem Seeteufel servieren.

JAKOBS-MUSCHELN AUF DER SALZKACHEL GEGRILLT MIT PAPAYA UND CASHEWKERNEN

Für 4 Personen

1 Papaya
2 EL Zitronensaft
Cashewkerne nach Belieben
½ Ananas
12 Jakobsmuscheln
Salz, Pfeffer
2 EL Curryöl

Papaya schälen, in Scheiben schneiden und mit dem Zitronensaft beträufeln. Die Cashewnüsse ohne Fett in einer Pfanne rösten und zur Seite stellen. Ananas schälen, halbieren, den Strunk entfernen und in Scheiben schneiden. Den Grill vorbereiten, die Salzkachel auf den Grill geben und erhitzen. Die Jakobsmuscheln abspülen, trocken tupfen und kreuzförmig einschneiden. Mit Salz und Pfeffer würzen und in einer Schüssel mit dem Curryöl vermischen. Die Jakobsmuscheln auf der Salzkachel von beiden Seiten bei direkter Hitze kurz grillen, für zusätzliche Röstaromen anschließend kurz auf den Rost legen. Die Papaya- und die Ananasscheiben ebenfalls kurz von beiden Seiten grillen. Mit Salz und Pfeffer würzen und mit den Jakobsmuscheln anrichten. Die Cashewkerne darüberstreuen und servieren.

HUMMER VOM GRILL
MIT KRÄUTERÖL UND GERÖSTETEM BROT

Für 4 Personen

**1 Packung Frankfurter-
Grüne-Sauce-Kräuter
500 ml Olivenöl
2 TK- Hummer
Fleur de Sel
geröstete Brotscheiben**

Für das Kräuteröl die Kräuter verlesen und grobe Stängel entfernen. Anschließend waschen, trocken schütteln und grob hacken. Das Öl mit den Kräutern in einem hohen Becher mit einem Stabmixer pürieren.

Hummer auftauen lassen und der Länge nach halbieren. Den Grill auf direkte Hitze vorbereiten. Hummer mit Kräuteröl bestreichen und kurz von beiden Seiten bei direkter Hitze (175–230 °C) grillen, mit Fleur de Sel bestreuen und mit gerösteten Brotscheiben servieren.

131

132

GEGRILLTER OKTOPUS MIT SENF-VINAIGRETTE

Für 4 Personen

OKTOPUS

1 küchenfertiger Oktopus
(ca. 1,5–2 kg)
1 Zweig Rosmarin
1 Zweig Thymian
2 Knoblauchzehen
3 EL Olivenöl

VINAIGRETTE

4 EL körniger Dijonsenf
1 EL helle Sojasauce
2 EL Champagneressig
2 EL flüssiger Honig
3 EL Wasser
100 ml Olivenöl
Salz, Pfeffer
Tabasco
Zitronensaft

Den Oktopus waschen, trocknen, den Kopf und die einzelnen Arme abschneiden. Die Kräuter waschen, trocken schütteln, Nadeln und Blättchen abzupfen und fein hacken. Die Knoblauchzehen schälen und hacken.

Das Olivenöl in einem Topf erhitzen, Knoblauch und Kräuter darin anschwitzen. Die Oktopusarme zugeben und mitschmoren. Mit einem Deckel abdecken und bei sanfter Hitze weich schmoren. Den Fond abgießen, die Arme auskühlen lassen.

Einen Grill oder Grillplatten vorheizen.

Für die Vinaigrette Senf, Sojasauce, Essig, Honig sowie Wasser verrühren und langsam das Öl einrühren. Mit Salz, Pfeffer, einigen Tropfen Tabasco und einem Spritzer Zitronensaft abschmecken.

Kurz vor dem Anrichten die Oktopusarme auf dem heißen Grill rundherum knusprig grillen. In dünne Scheiben schneiden und mit der Vinaigrette servieren.

GEBEEFTE AVOCADOHÄLFTEN MIT THUNFISCHTATAR

Für 6 Stück

AVOCADO-HÄLFTEN

3 reife Avocados
Salz

THUNFISCH-TATAR

40 g Staudensellerie
2 cm Ingwerwurzel
2 Frühlingszwiebeln
150 g Thunfisch
1 TL Wasabipaste
Maldon Sea Salt
2 EL Limettensaft

Den Beefer auf niedrige Leistung vorheizen. Die Avocados halbieren und die Kerne jeweils entfernen, ggf. die Rundung etwas begradigen, damit die Avocados fest aufliegen. Dann mit Salz würzen. Nacheinander je zwei Hälften mit der Schnittfläche nach oben auf die unterste Einschubhöhe in den Beefer schieben und bis zur gewünschten Bräunung beefen.

Staudensellerie putzen, waschen und in kleine Würfel schneiden. Den Ingwer schälen und fein reiben. Frühlingszwiebeln putzen, waschen und in feine Ringe schneiden. Den Thunfisch mit einem scharfen Messer fein hacken. Alles mit der Wasabipaste mischen und mit Salz sowie Limettensaft abschmecken.

TIPP Ohne Beefer die Avocados bei direkter Hitze von beiden Seiten bis zur gewünschten Bräunung grillen.

133

ZANDERFILET IN ALUFOLIE MIT MOZZARELLA

Für 4 Personen

1 Zucchini
1 Aubergine
2 Schalotten
2 Knoblauchzehen
3 Zweige Thymian
1 Zweig Rosmarin
1 Stängel Oregano
4 Zanderfilets (à 150 g)
ohne Haut
4 EL Zitronensaft
Salz
125 g Mozzarella
1 EL Olivenöl
1 EL Tomatenmark
250 g passierte Tomaten
Pfeffer

134

Zucchini und Aubergine putzen, waschen und grob würfeln. Schalotten und Knoblauch schälen, Schalotten grob und Knoblauch fein würfeln. Kräuter waschen, trocken schütteln und Blättchen bzw. Nadeln hacken.

Zanderfilets waschen, trocken tupfen, mit Zitronensaft beträufeln und salzen. Mozzarella abtropfen lassen, in Scheiben schneiden.

Den Grill vorbereiten.

In einer Pfanne Öl erhitzen. Schalotten und Knoblauch darin glasig dünsten. Zucchini, Aubergine, Kräuter und Tomatenmark zugeben, kurz anbraten. Mit passierten Tomaten ablöschen, ca. 5 Minuten kochen. Mit Salz und Pfeffer abschmecken.

Gemüse in die Mitte von vier Alufolienstreifen geben, Zanderfilet darauf platzieren und Mozzarellascheiben obenauf geben. Alufolie zu Päckchen verschließen. Auf dem Grill bei direkter Hitze (ca. 175–230 °C) ca. 15–20 Minuten garen.

WOLFSBARSCH
MIT KRÄUTER-AIOLI

Für 2 Personen

4 Knoblauchzehen
2 Eigelb
1 EL Dijonsenf
1 EL Estragonessig
250 ml Rapsöl
Salz, Pfeffer
½ Bund Kräuter (z. B. Petersilie, Estragon,
Kerbel, Schnittlauch)
2 Zitronen
2 küchenfertige
Wolfsbarsche (à 500 g)
4 Zweige Thymian
Weizenmehl zum Wenden

Den Grill vorbereiten. Für die Kräuter-Aioli den Knoblauch schälen und würfeln. Knoblauch mit Eigelben,
Senf und Essig in einen hohen Becher geben. Die
Zutaten mit dem Stabmixer mixen, dabei langsam
das Öl einlaufen lassen, bis die gewünschte Konsistenz erreicht ist. Die Mayonnaise mit Salz und Pfeffer
würzen. Die Kräuter waschen und trocken schütteln,
die Blätter von den Stängeln zupfen und fein hacken,
den Schnittlauch in Röllchen schneiden und alles
unter die Mayonnaise heben. Die Zitronen in Spalten
schneiden.

Die Fische gut abspülen, trocken tupfen, außen
und innen mit Meersalz bestreuen und Thymian in
den Bauch geben. Vor dem Grillen in Mehl wenden,
abklopfen, die Fische von beiden Seiten bei direkter
Hitze (ca. 175–230 °C) grillen und mit den Zitronenspalten und der Kräuter-Aioli servieren.

135

SPARGEL-FISCH-PÄCKCHEN MIT SAUCE CHORON

Für 4 Personen

SPARGEL-FISCH-PÄCKCHEN

500 g weißer Spargel
250 g grüner Spargel
4 festfleischige Fischfilets
(à ca. 150 g, z. B. Tilapia-
oder Viktoriabarschfilets)
2 EL Zitronensaft
Salz, Pfeffer
40 g weiche Butter
4 EL Weißwein

SAUCE CHORON

½ Bund Estragon
200 g Butter
3 Eigelb
50 ml Weißweinessig
50 ml Wasser
1 EL Tomatenmark
Salz, Pfeffer
1 EL Zitronensaft

136

Den Grill vorbereiten.

Den weißen Spargel vollständig, beim grünen nur das untere Drittel schälen und die holzigen Enden abschneiden. Die Fischfilets waschen, trocken tupfen, mit Zitronensaft beträufeln, salzen und pfeffern.

Alufolie in 4 Rechtecke (ca. 30 x 35 cm) schneiden und mit Butter bestreichen. Den weißen und grünen Spargel gleichmäßig darauf verteilen, kräftig mit Salz und Pfeffer würzen. Die Stangen jeweils mit einem Fischfilet belegen und 1 EL Weißwein beträufeln. Die Päckchen gut verschließen, auf den Grill legen und mit geschlossenem Deckel bei indirekter Hitze (ca. 200 °C) je nach Dicke der Spargelstangen ca. 20 Minuten grillen.

Für die Sauce Choron den Estragon waschen, trocken schütteln, die Blättchen von den Stängeln zupfen und fein schneiden. Die Butter in einem Topf schmelzen und leicht abkühlen lassen. Die Eigelbe mit dem Weißweinessig und dem Wasser in einer Schüssel in einem heißen Wasserbad mit dem Schneebesen cremig schlagen. Die Butter langsam unterrühren und die Sauce mit Estragon und Tomatenmark verfeinern. Mit Salz, Pfeffer und Zitronensaft abschmecken.

138

FISCH IM STRUDELBLATT MIT TOMATEN-SALSA

Für 4 Personen

TOMATEN-SALSA

5 reife Tomaten
½ Salatgurke
2 Schalotten
1 Knoblauchzehe
1 getrockneter Peperoncino
5 EL Kapern
3 Stängel Petersilie
2–3 EL Balsamico
6–8 EL Olivenöl
Salz, Pfeffer

FISCH

2 Bund Basilikum (ca. 150 g)
3 Knoblauchzehen
50 g Parmesan
200 ml Olivenöl
2 EL geröstete Pinienkerne
Salz, Pfeffer
50 g Butter
8 Blatt Filo- oder Strudelteig
4 dicke Kabeljaufilets
(à ca. 150 g)

Für die Salsa die Tomaten mit kochendem Wasser überbrühen, häuten, Strünke entfernen, entkernen und das Fruchtfleisch in kleine Würfel schneiden. Die Salatgurke schälen, längs halbieren, mit einem Esslöffel entkernen und das Fruchtfleisch fein würfeln. Die Schalotten und den Knoblauch schälen und fein hacken. Peperoncino und Kapern fein hacken. Petersilie waschen, trocken schütteln, Blättchen abzupfen und auch fein hacken. Alle Zutaten in einer Schüssel gut vermischen, Balsamico und das Olivenöl zugeben und mit Salz und Pfeffer abschmecken.

Für den Fisch zunächst das Pesto zubereiten. Dazu Basilikum waschen, trocken schütteln, Blätter von den Stängeln zupfen und klein schneiden. Knoblauchzehen schälen und grob zerteilen. Parmesan reiben.

Die vorbereiteten Zutaten in einen Mixer geben. Olivenöl und Pinienkerne zufügen und pürieren. Mit Salz und Pfeffer abschmecken.

Die Butter zerlassen. Die Teigblätter damit einstreichen. Die Kabeljaufilets mit Salz und Pfeffer würzen. Dann dick mit Pesto einstreichen und auf zwei übereinandergelegte Teigblätter setzen. Die Blätter darüberlegen und so zusammenfalten, dass ein Päckchen entsteht. Die Päckchen gut mit zerlassener Butter bestreichen und auf dem heißen Grill von beiden Seiten ca. 8–10 Minuten knusprig grillen.

Die Fischpäckchen zusammen mit der Tomaten-Salsa servieren.

139

TIPP Durch das Einstreichen der Strudelblätter mit Butter verbrennen sie nicht so schnell, jedoch immer ein Auge darauf haben.

Den besten Burger der Welt gibt es nicht zu kaufen. Das ist nämlich der Burger, den Sie nach Ihrem Geschmack zusammenstellen und damit selber für sich finden. Zur Orientierung ein Grundrezept, das Sie nach Wahl selber „pimpen" können.

BURGER-PATTY

Für 4 Pesonen

**750 g Rinderhackfleisch
Salz, Pfeffer**

Der ideale Burger-Patty ist nach dem Grillen außen knusprig und innen saftig. Dafür ist die Fleischqualität und die Größe der Patties entscheidend. BBQ-Profis nennen eine Dicke von 2 cm und einem Durchmesser von ca. 10 cm als Richtwerte. Für das Formen der Patties gibt es Patty-Pressen im Fachhandel zu kaufen. Sie können sich aber auch einfach mit der Hand ihr Fleisch-Patty in die gewünschte Form bringen. Nach dem Formen der Patties lassen Sie sie noch einmal im Kühlschrank ziehen, dann lassen sie sich einfacher grillen.

Vor dem Grillen auf eine Seite der Patties mit einem Esslöffel eine Mulde drücken, damit sie sich auf dem Rost nicht wölben und sich die Burger später einfacher belegen lassen.

Die Burger-Patties bei direkter Hitze (ca. 175–230 °C), genau über den glühenden Kohlen, bis zum gewünschten Gargrad grillen. Es bildet sich eine Kruste, die Fleischaromen werden erhalten. Die Patties nur einmal wenden, sobald sie sich einfach vom Rost anheben lassen.

Erst nach dem Grillen die Patties mit Salz und Pfeffer würzen.

141

TIPP Mehr und mehr BBQ-Fans garen Ihre Burger-Patties „rückwärts". Dafür kommen die Patties zunächst bei 180 °C Ober-und Unterhitze in den Backofen und werden dann auf dem Grill nur noch kurz auf dem Rost zu Ende gegart, bis die Patties Farbe und Geschmack angenommen haben.

INFO Am besten wird das Rindfleisch frisch durchgelassen. Fragen Sie Ihren Metzger des Vertrauens nach Rindfleisch mit einem Fettgehalt von etwa 20 %, z. B. aus Nacken oder Hüfte.

BURGER MIT AVOCADO UND BACON

Für 4 Burger

4 Blätter Römersalat
1 Strauchtomate
1 große Avocado
Saft von ½ Limette
Salz, Pfeffer
3 EL Crème fraîche
1 EL Estragonsenf
8 Scheiben Bacon
4 Burger-Patties (siehe S. 141)
4 Hamburger-Brötchen

142

Den Römersalat waschen und trocken schleudern. Die Tomate waschen, Strunk entfernen und in Scheiben schneiden. Avocado halbieren, Kern herauslösen, Schale entfernen und das Fruchtfleisch in Scheiben schneiden. Die Scheiben mit dem Limettensaft beträufeln, damit sie nicht braun werden, salzen und pfeffern. Die Crème fraîche und den Senf zu einer Sauce verrühren.

Die Baconscheiben auf dem Grill von beiden Seiten knusprig braten, herausnehmen, auf Küchenpapier abtropfen lassen und warm halten. Die Rinderpatties auf dem Grill von beiden Seiten bei direkter Hitze (ca. 175–230 °C) bis zum gewünschten Gargrad grillen. Die Brötchen beidseitig anrösten.

Die Brötchen halbieren und die Schnittflächen mit Estragonsenfcreme bestreichen. Auf die unteren Brötchenhälften den Römersalat verteilen. Patties mit Bacon-, Avocado- und Tomatenscheiben belegen. Zum Schluss die obere Brötchenhälfte aufsetzen.

BURGER MIT CAMEMBERT UND BIRNE

Für 4 Burger

4 Blätter Römersalat
2 Birnen
Saft von ½ Limette
Salz, Pfeffer
3 EL Crème fraîche
1 EL Estragonsenf
200 g Camembert
4 Scheiben Bacon
4 Burger-Patties (siehe S. 141)
4 Hamburger-Brötchen

Den Römersalat waschen und trocken schleudern. Die Birnen schälen, vierteln, Kerngehäuse entfernen und in 16 Scheiben schneiden. Die Scheiben mit dem Limettensaft beträufeln, damit sie nicht braun werden, salzen und pfeffern. Die Crème fraîche und den Senf zu einer Sauce verrühren. Den Camembert in 8 Scheiben schneiden.

Die Baconscheiben halbieren und auf dem Grill von beiden Seiten knusprig grillen, anschließend warm halten. Die Rinderpatties auf dem Grill von beiden Seiten bei direkter Hitze (ca. 175–230 °C) bis zum gewünschten Gargrad grillen.

Die Brötchen halbieren und die Schnittflächen rösten. Die Schnittflächen mit Estragonsenfcreme bestreichen. Den Römersalat auf die unteren Brötchenhälften verteilen. Patties mit Camembert, Birne und Baconscheiben belegen.

Zum Schluss die obere Brötchenhälfte aufsetzen.

145

146

BBQ-BURGER

Für 4 Burger

4 Blätter Römersalat
2 Rispentomaten
50 g Salatgurke
1 rote Zwiebel
3 EL Ketchup (siehe S. 351)
1 EL mittelscharfer Senf
2 EL Pflanzenöl
4 Burger-Patties (siehe S. 141)
4 Brioche- oder Hamburger-Brötchen
4 Scheiben Cheddarkäse

Den Römersalat waschen und trocken schleudern. Die Tomaten waschen, Strunk entfernen und in Scheiben schneiden. Die Gurke putzen, waschen und ebenfalls in Scheiben schneiden. Die Zwiebel schälen und in dünne Scheiben schneiden. Ketchup und Senf zu einer Sauce verrühren.

Die Patties darin auf dem Grill von beiden Seiten bei direkter Hitze (175–230 °C) bis zum gewünschten Gargrad grillen. Die Burger-Brötchen halbieren und auf den Schnittflächen rösten.

Den Römersalat auf den unteren Brötchenhälften verteilen. Patties mit Cheddarkäse belegen, darauf Tomaten-, Gurken- und Zwiebelscheiben legen. Die Burgersauce darauf verteilen und zum Schluss die oberen Brötchenhälften auflegen.

LACHS-BURGER

Für 2 Burger

100 g Salatmayonnaise
50 g Sweet-Chili-Sauce
Salz, Pfeffer
1 Schuss Sojasauce
2 Lachspatties
2 Hamburger-Brötchen
2 große Blätter Lollo Bionda
1 Tomate
50 g Salatgurke
1 kleine rote Zwiebel

Zunächst die Salatmayonnaise mit Sweet-Chili-Sauce, Salz, Pfeffer und Sojasauce verrühren.

Lachspatties auf dem Grill von beiden Seiten bei direkter Hitze (175–230 °C) bis zum gewünschten Gargrad grillen. Burger-Brötchen halbieren und auf den Schnittflächen anrösten.

Die unteren Brötchenhälften mit dem gewaschenen Lollo Bionda belegen. Lachspatties auflegen, mit etwas Sauce beträufeln. Die Tomate waschen, Strunk entfernen und in Scheiben schneiden. Die Gurke putzen, waschen und ebenfalls in Scheiben schneiden. Die Zwiebel schälen und in dünne Scheiben schneiden. Tomate-, Gurken- und Zwiebelscheiben auflegen. Noch etwas Sauce daraufgeben und die oberen Brötchenhälften auflegen.

LAMM-BURGER MIT PORTWEINZWIEBELN

Für 4 Burger

1 Knoblauchzehe
1 kg Lammfleisch
20 g Salz
3 g gemahlener Pfeffer
1 g Korianderpulver
1 g geriebene Muskatnuss
1 Prise Kümmelpulver
3 g getrockneter Majoran
Abrieb von 1 unbehandelten Zitrone
½ Bund Rucola
je 1 Stängel gemischte Kräuter (z. B. Petersilie, Estragon, Rosmarin)
150 g Ajvar
4 Scheiben Cheddar
5 rote Zwiebeln
1 EL Olivenöl
200 ml roter Portwein
4 Burger-Brötchen (siehe S. 275)

Knoblauch schälen und hacken. Das Lammfleisch durch einen Fleischwolf lassen und das Hack mit Knoblauch sowie den Gewürzen vermischen. Gut durchkneten und zu 4 Patties formen, die mindestens 2 cm dick sind.

Den Rucola waschen und trocken schleudern. Die Kräuter waschen, trocken schütteln, Blätter bzw. Nadeln abzupfen und fein hacken, dann mit dem Ajvar verrühren.

Die Patties bei direkter Hitze (175–230 °C) von beiden Seiten bis zum gewünschten Gargrad grillen. Dann den Käse auflegen und kurz schmelzen lassen.

Die Zwiebeln schälen, in dünne Ringe schneiden und mit dem Öl in einem Topf glasig dünsten. Mit dem Portwein ablöschen und so lange köcheln, bis die Flüssigkeit verkocht ist. Dann auskühlen lassen.

Die Brötchen halbieren und kurz rösten. Die Hälften mit Ajvar bestreichen, Rucola auf der unteren Hälfte verteilen und die Lamm-Patties daraufsetzen. Dann die Portweinzwiebeln auf den Käse legen, die obere Hälfte auflegen und den Lamm-Burger genießen.

RÖSTI-BURGER

Für 4 Burger

RÖSTI

4 festkochende Kartoffeln (ca. 500 g)
1 Ei
2 EL Weizenmehl
Salz, Pfeffer

BELAG

4 EL Mayonnaise (siehe S. 353)
1 gehäufter TL Senf
Salz, Pfeffer
4 Scheiben Bacon
2 EL Pflanzenöl
4 Burger-Patties (siehe S. 141)
4 Scheiben Sandwichkäse
4 Hamburger-Brötchen (ohne Sesam)
4 TL geriebener Emmentaler
2 TL Speckwürfel

Für die Rösti die Kartoffeln schälen, fein reiben und etwas ausdrücken. Mit Ei und Mehl vermengen und kräftig mit Salz und Pfeffer würzen. Beiseitestellen und quellen lassen.

Die Mayonnaise mit dem Senf verrühren. Kräftig mit Salz und Pfeffer abschmecken. Den Bacon in einer Pfanne von beiden Seiten knusprig ausbraten. Auf Küchenpapier abtropfen lassen und warm halten.

Aus der Kartoffelmasse 4 gleich große Rösti formen und von beiden Seiten im Speckfett in der Pfanne knusprig braten. Herausnehmen und warm halten. Die Patties auf dem Grill von beiden Seiten bei direkter Hitze (175–230 °C) bis zum gewünschten Gargrad grillen. Dann die Käsescheiben darauflegen und schmelzen lassen.

Die Burger-Brötchen halbieren und die Schnittflächen rösten. Die Oberseiten mit geriebenen Käse und Speckwürfeln bestreuen und auf dem Grill schmelzen lassen.

Die Unterseiten mit der Hälfte der Mayonnaise bestreichen. Darauf die Patties legen. Mit den Rösti und den halbierten Baconscheiben belegen. Die Oberseite der Brötchen mit der restlichen Mayonnaise bestreichen und als Deckel aufsetzen.

149

PULLED-PORK-BURGER

Für 4 Burger
(Standzeit 14–16 Stunden)

PULLED PORK
siehe S. 65

WEISSKRAUT-SALAT
½ Kopf Weißkohl (ca. 700 g)
1 Zwiebel
150 g Speckwürfel
100 ml Weißweinessig
100 ml Sonnenblumenöl
1 TL Kümmelpulver
Salz, Pfeffer
1 EL Zucker
½ Bund Petersilie

BURGER
120 ml BBQ-Sauce
(siehe S. 350)
4 Hamburger-Brötchen
4 Blätter Römersalat
Röstzwiebeln nach Belieben
60 g Schalottenconfit
(siehe S. 97)

Pulled Pork nach Grundrezept zubereiten.

Das Fleisch mit zwei Gabeln fein zerpflücken. 400 g Fleisch für den Burger abwiegen und das restliche Fleisch kalt stellen oder auf Vorrat einfrieren.

Für den Weißkrautsalat die äußeren Blätter des Weißkohls entfernen, Strunk herausschneiden und die Blätter in feine Streifen schneiden oder hobeln. Zwiebel schälen und klein würfeln.

Eine beschichtete Pfanne erhitzen und die Speckwürfel darin ohne Zugabe von Fett knusprig ausbraten, dann die Zwiebelwürfel zugeben und mitbraten. Anschließend abkühlen lassen.

Essig und Öl verrühren und mit Kümmel, Salz, Pfeffer sowie Zucker würzen. Petersilie waschen, trocken schütteln, Blätter abzupfen und fein hacken. Speck, Zwiebelwürfel, Dressing sowie Petersilie mit dem Kraut mischen, kräftig verkneten und gut durchziehen lassen. Vor dem Essen nochmals abschmecken.

Das fertige Pulled-Pork-Fleisch erwärmen und mit der BBQ-Sauce vermengen.

Brötchen halbieren und die Schnittflächen rösten. Die untere Brötchenhälfte mit dem gewaschenen Römersalat belegen. Den Weißkrautsalat daraufsetzen. Nun das Pulled Pork drauflegen, nach Belieben mit den Röstzwiebeln belegen. Die obere Brötchenhälfte mit dem Schalottenconfit bestreichen und aufsetzen.

DRY-AGED-BURGER MIT TOMATEN-BUTTER

Für 4 Burger

1 Bund Rucola
1 kg Dry-Aged-Beef Abschnitte
Salz, Pfeffer
4 kleine rote Zwiebeln
1 EL Sonnenblumenöl
Burger-Brötchen (siehe S.275)
Tomatenbutter (siehe S. 272)

Rucola waschen und trocken schleudern. Die Abschnitte durch den Fleischwolf lassen, das Hack salzen und pfeffern und zu 4 Bratlingen mit mindestens 2 cm Dicke formen. Die Zwiebeln schälen, in Ringe schneiden und mit etwas Öl in einer Pfanne glasig dünsten. Die Bratlinge anschließend von beiden Seiten jeweils ca. 1 Minute in der Infrarotzone grillen. Die Brötchen halbieren, die Schnittflächen auf dem Grill rösten und jeweils mit der Tomatenbutter bestreichen. Rucola auf der unteren Hälfte verteilen, mit den Bratlingen und Zwiebelringen belegen, die obere Hälfte aufsetzen und servieren.

Für die Abschnitte entweder beim Metzger nachfragen oder beim Zuschnitt der eigenen Steaks die Abschnitte sammeln und einfrieren, bis sich eine ausreichende Menge angesammelt hat.

152

GARNELEN-BURGER MIT MOZZARELLA

Für 6 Burger

500 g rohe TK-Garnelen
250 g Mozzarella
2 EL Sojasauce
1 große Tomate
6 Eisbergsalatblätter
2 Frühlingszwiebeln
3 Stängel Koriander
1 Knoblauchzehe
10 g Ingwer
Salz, Pfeffer
2 EL Sonnenblumenöl
3 EL Crème fraîche
Wasabipaste
Zucker
6 Hamburger-Brötchen

Garnelen nach Packungsanweisung auftauen lassen.

Mozzarella abtropfen lassen, in 12 Scheiben schneiden und mit Sojasauce marinieren. Tomate waschen, Strunk entfernen und in 6 Scheiben schneiden. Salat putzen, waschen, trocken schleudern und in Stücke zupfen.

Frühlingszwiebeln putzen, waschen und in Ringe schneiden. Koriander waschen, trocken schütteln und Blättchen abzupfen. Knoblauch und Ingwer schälen und hacken. Garnelen mit Frühlingszwiebeln, Koriander, Knoblauch und Ingwer in einem Mixer zerkleinern. Mit Salz und Pfeffer abschmecken. 6 Burger daraus formen.

Die Burger bei direkter Hitze (175–230 °C) von beiden Seiten ca. 6–8 Minuten grillen. Crème fraîche je nach gewünschter Schärfe mit Wasabi verrühren und mit Salz und Zucker abschmecken. Brötchen halbieren und die Schnittflächen rösten. Die Unterseite mit der Wasabicreme bestreichen. Mit Salat, Tomate, Patties und Mozzarellascheiben belegen. Mit der oberen Brötchenhälfte abschließen.

153

154

GARNELEN-BURGER
MIT MANGO UND SESAM-GURKENSALAT

Für 4 Burger

SESAM-GURKEN-SALAT

20 g Sesamsamen
Salz
1 Salatgurke
10 Stängel Koriander
3 Stängel Thaibasilikum
1 rote Chilischote
1 Limette
2 EL Sojasauce
½ TL Rohrohrzucker
3 EL Rapsöl
1 EL Sesamöl

BURGER

½ Mango
4 Blätter roter Eichblattsalat
4 Burger-Brötchen (siehe S. 275)

GARNELEN-PATTIES

800 g rohe TK-Garnelen
2 Frühlingszwiebeln
3 Stängel Koriander
1 Knoblauchzehe
10 g Ingwerwurzel
60 g Panko- oder Semmelbrösel
Salz, Pfeffer

Sesam in einer Pfanne ohne Fett goldbraun rösten und abkühlen lassen. Mit etwas Salz in einem Mörser leicht zerstoßen. Die Gurke putzen, schälen und längs halbieren. Mit einem Löffel entkernen, mittig halbieren und in dünne Streifen schneiden oder hobeln. Koriander und Basilikum waschen, trocken schütteln und die Blätter grob hacken. Chilischote waschen, putzen, längs halbieren, entkernen und fein würfeln. Die Limette auspressen und den Saft mit den Kräutern, Chili, Sojasauce und Zucker sowie Raps- und Sesamöl zu einem Dressing verrühren. Gurkenstreifen mit dem Dressing mischen und mit dem gerösteten Sesam bestreuen.

Die Mango schälen, das Fruchtfleisch vom Kern und in Scheiben schneiden. Salatblätter waschen und trocken schütteln. Die Sesambrötchen halbieren.

Die Garnelen in einem Sieb auftauen. Frühlingszwiebeln putzen, waschen und grob klein schneiden. Koriander waschen, trocken schütteln und die Blättchen abzupfen. Knoblauch und Ingwer schälen und grob hacken. Garnelen mit Frühlingszwiebeln, Koriander, Knoblauch, Ingwer und Bröseln in einem Mixer zerkleinern. Mit Salz und Pfeffer würzen und aus der Masse 4 Patties formen, die ca. 2 cm dick sind.

Die Patties bei direkter Hitze (175–230 °C) von beiden Seiten bis zum gewünschten Gargrad grillen.

Brötchen halbieren und die Schnittflächen rösten. Auf die untere Brötchenhälfte die Salatblätter legen, darauf etwas Sesam-Gurkensalat verteilen, jeweils ein Garnelen-Patty und 2 Mangoscheiben auflegen und mit der oberen Brötchenhälfte abschließen.

155

KACHELFLEISCH-BURGER

Für 4 Burger

SPECK-KONFITÜRE

200 g Speck
1 rote Zwiebel
1 TL Hot-Fire-Rub
(siehe S. 344)
3 EL Rohrohrzucker
2 EL Ahornsirup
2 EL Balsamico

GRILLGEMÜSE

1 Zucchini
1 Aubergine
2 TL Meersalz
1 rote Zwiebel
3 Zweige Thymian
3 Zweige Rosmarin
2 Knoblauchzehen
1 EL Rapsöl

KACHELFLEISCH-BURGER

1 kg Kachelfleisch vom Schwein
Meersalz
Hot-Fire-Rub (siehe S. 344)
4 Burger-Brötchen (siehe S. 275)
Speckkonfitüre zum Bestreichen
Grillgemüse zum Belegen

Den Speck in Würfel schneiden, in einer heißen Pfanne auslassen und in einem Sieb abtropfen lassen. Zwiebel schälen, in Würfel schneiden und glasig dünsten. Mit Rub und Zucker bestreuen und karamellisieren. Ahornsirup zugeben und mit Essig ablöschen. Zum Schluss den Speck zugeben und alles zu einer Masse einkochen. Anschließend in einem Mixer glatt pürieren. Speckkonfitüre in ein Gefäß mit Schraubverschluss füllen. Kühl gelagert ist sie mindestens eine Woche haltbar.

Zucchini und Aubergine putzen, in Scheiben schneiden und salzen. Zwiebel schälen, Strunk abschneiden und die Zwiebel in grobe Stücke schneiden. Die Kräuter waschen und trocken schütteln. Abgezupfte Thymianblätter und Rosmarinnadeln in eine Schüssel geben. Knoblauch mit dem Messerrücken andrücken, schälen und mit dem Gemüse und den Kräutern vermengen. Auf einer Grillplatte das Öl erhitzen, das Gemüse einige Minuten grillen und auf Küchenpapier abtropfen lassen.

Den Grill vorbereiten. Das Fleisch salzen, mit dem Rub bestreuen und von beiden Seiten bei direkter Hitze (ca. 230–300 °C) grillen. Anschließend einige Minuten ruhen lassen und in Streifen schneiden. Die Brötchen halbieren, die Schnittflächen auf dem Grill rösten und mit der Speckkonfitüre bestreichen. Grillgemüse und Fleisch auf die untere Hälfte legen, mit der oberen abdecken und servieren.

158

VEGETARISCHER GEMÜSE-BURGER MIT PESTO

Für 4 Burger

1 Zucchini
1 Aubergine
1 gelbe Paprikaschote
1 rote Paprikaschote
1 große Fleischtomate
2 EL Olivenöl
Salz, Pfeffer
1 Prise Zucker
4 TL Basilikumpesto (siehe S. 347)
20 g Rucola
4 Hamburger-Brötchen

Zucchini und Aubergine putzen, waschen und in Scheiben schneiden. Paprikaschoten putzen, waschen, Kerne und weiße Innenhäute entfernen und in große Stücke schneiden. Die Fleischtomate waschen, den Strunk entfernen und in Scheiben schneiden.

Das Gemüse auf dem Grill von beiden Seiten grillen, bis das Gemüse gar ist, und mit Salz, Pfeffer und Zucker würzen.

Hamburger-Brötchen aufschneiden und die Schnittflächen rösten. Die untere Hälfte mit dem Pesto bestreichen. Darauf die Tomatenscheiben, das Grillgemüse und den gewaschenen Rucola verteilen. Die obere Brötchenhälfte aufsetzen.

FALAFEL-PATTIES

Für 4 Burger

400 g Kichererbsen aus der Dose
1 rote Zwiebel
1 Knoblauchzehe
½ Bund glatte Petersilie
2 EL Mehl
1 TL gemahlener Kreuzkümmel
1 TL gemahlener Koriander
½ TL Harissa-Paste (alternativ Chilipulver)
Salz, Pfeffer
Olivenöl zum Beträufeln

Die Kichererbsen abtropfen lassen. Zwiebel und Knoblauch schälen. Petersilie waschen, trocken schütteln und die Blätter abzupfen. Alle vorbereiteten Zutaten mit Mehl und den Gewürzen in einer Küchenmaschine oder im Blitzhacker zu einer geschmeidigen Masse pürieren.

Mit feuchten Händen vier große Falafel-Fladen formen, die die Größe eines Hamburger-Patties haben. Dann mit etwas Öl beträufeln und auf den heißen Grill legen. Vorsichtig wenden und mit Geduld zu Ende grillen. Die Falafel brauchen etwas Zeit und sollten eine knusprige Kruste haben.

159

KICHERERBSEN-QUINOA-PATTIES

Für 6 Burger

100 g Quinoa
Salz
400 g Kichererbsen aus der Dose
60 g Walnüsse
2 Knoblauchzehen
½ Bund Koriander
60 g Panko- oder Semmelbrösel
2 TL Kreuzkümmelpulver
Saft von ½ Zitrone
Pfeffer
rosenscharfes Paprikapulver

Quinoa nach Packungsangabe in Salzwasser weich kochen, anschließend in ein Sieb gießen, abtropfen und abkühlen lassen. Kichererbsen abtropfen lassen. Walnüsse in einer Pfanne ohne Fett rösten und dann fein hacken. Knoblauchzehen schälen und ebenfalls fein hacken. Koriander waschen, trocken schütteln und Blätter abzupfen. Knoblauch und Koriander mit Bröseln, Kreuzkümmel sowie Kichererbsen in einen Standmixer geben. Mit Zitronensaft, Salz, Pfeffer und Paprika würzen. Das Ganze zu einer glatten Masse pürieren. Quinoa zugeben, gut vermischen und 6 Patties in Größe formen, die mindestens 2 cm dick sind.

Mit etwas Öl beträufeln und auf den heißen Grill legen. Vorsichtig wenden und zu Ende grillen. Die Patties anschließend kurz ruhen lassen.

VEGGIE-GEMÜSE-PATTIES

Für 8 Patties

50 g Zucchini
50 g Champignons
50 g Karotten
1 kleine Zwiebel
200 ml Milch
Salz
Ras el-Hanout
100 g Instant-Polenta
8 EL Olivenöl
260 g Kichererbsen aus
der Dose
4 EL Tomatensaft
2 Eier
ca. 100 g Semmelbrösel
Cayennepfeffer
Semmelbrösel
zum Bearbeiten

Zucchini putzen und waschen. Champignons säubern. Karotten und Zwiebel schälen. Das vorbereitete Gemüse sehr fein würfeln. Die Milch aufkochen, mit Salz und 1 TL Ras el-Hanout würzen. Anschließend das gewürfelte Gemüse in der Milch bissfest kochen. Dann die Polenta und 4 EL Olivenöl einrühren. Beiseitestellen und etwas abkühlen lassen.

Die Kichererbsen gut abtropfen lassen, mit Tomatensaft und 1 kräftigen Prise Salz pürieren. Die Gemüse-Polentamasse mit den Eiern mithilfe eines Handrührgeräts mit Knethaken unter die Kichererbsen rühren. So viel Semmelbrösel unterkneten, dass eine feste, formbare Masse entsteht. Diese noch mal mit Salz, Ras el-Hanout und Cayennepfeffer abschmecken. Dann auskühlen
lassen.

Auf der leicht mit Semmelbröseln bestreuten Arbeitsfläche 8 gleich große Burger-Patties (Bratlinge) formen und diese abgedeckt ca. 1 Stunde in den Kühlschrank stellen.

Mit etwas Öl beträufeln und auf den heißen Grill legen. Vorsichtig wenden und zu Ende grillen.

Als Burger servieren (siehe Tipp) oder als Beilage zu Kartoffelspalten aus dem Ofen.

TIPP Toll schmeckt der Patty nicht nur als eine Art „Frikadelle", sondern auch als Burger in Kombination mit Ketchup, Tomaten, Avocado und kräftigem Käse.

162

ASIATISCHER GARNELEN-BURGER MIT WASABI-MAYONNAISE

Für 4 Burger

WASABI-MAYONNAISE

1 Ei
2 TL Dijonsenf
1 Spritzer Zitronensaft
200 ml Sonnenblumenöl
Salz
Cayennepfeffer
Wasabipaste nach Belieben

GARNELENBURGER

500 g TK-Garnelen
40 g Erbsen-Spargel-Sprossen
100 g Thaispargel
1 Fleischtomate
2 Frühlingszwiebeln
3 Stängel Koriander
1 Knoblauchzehe
10 g Ingwer
Salz, Pfeffer
Weizenmehl zum Bearbeiten
4 Burger-Brötchen
(siehe S. 275)

Das zimmerwarme Ei zusammen mit Senf und Zitronensaft in einen Mixbecher geben. Mit dem Stabmixer mixen, dabei das Öl langsam einlaufen lassen. Ist die gewünschte Konsistenz erreicht, mit Salz und Cayennepfeffer würzen und nach Belieben mit Wasabi abschmecken.

Den Grill vorbereiten. Garnelen in einem Sieb auftauen. Sprossen abspülen und abtropfen lassen. Thaispargel putzen, kurz in Salzwasser blanchieren und abschrecken. Von der Tomate den Strunk entfernen und in Scheiben schneiden. Frühlingszwiebeln putzen und grob klein schneiden. Korianderblätter abzupfen. Knoblauch und Ingwer schälen und hacken. Garnelen mit Frühlingszwiebeln, Koriander, Knoblauch und Ingwer in einem Mixer zerkleinern. Die Masse mit Salz und Pfeffer abschmecken und 4 Bratlinge daraus formen. Die Bratlinge in Mehl wenden und auf dem Grill bei direkter Hitze (175–230 °C) von beiden Seiten gleichmäßig anbraten.

Die Brötchen halbieren, kurz auf dem Grill anrösten, die Hälften mit der Wasabi-Mayonnaise bestreichen, die unteren Hälften mit Spargel, Bratlingen, Tomatenscheiben und Sprossen belegen, den Deckel aufsetzen und servieren.

163

PULLED-PORK-SANDWICH

Für 12 Sandwiches
(Standzeit 14–16 Stunden)

PULLED PORK

siehe S. 65

KRAUTSALAT

½ Weißkohlkopf (ca. 500 g)
100 ml Weißweinessig
100 ml Sonnenblumenöl
1 TL Kümmelpulver
Salz, Pfeffer
1 EL Zucker

FERTIG-STELLUNG

1 Flasche BBQ-Sauce (425 ml)
12 Burger-Brötchen
(siehe S. 275)

Pulled Pork nach der Grundzubereitung zubereiten.

Für den Krautsalat vom Weißkohlkopf die äußeren Blätter entfernen, Strunk herausschneiden und den Kohl in feine Streifen schneiden oder hobeln. Weißweinessig und Sonnenblumenöl verrühren und mit Kümmel, Salz, Pfeffer sowie Zucker würzen. Dressing mit dem Kraut mischen, kräftig mit den Händen verkneten und mindestens 2 Stunden gut durchziehen lassen. Vor dem Essen nochmals abschmecken.

Pulled Pork mit BBQ-Sauce vermengen. Burgerbrötchen aufschneiden, toasten und mit Krautsalat und Pulled Pork belegen. Sofort servieren.

165

TIPP Wer bei der BBQ-Sauce nicht auf eine Fertigsauce zurückgreifen möchte, kann sie auch ganz einfach selbst zubereiten (siehe S. 350).

166

PULLED-PORK-BURGER MIT KRAUT-SALAT ROT-WEISS

Für 4 Burger

4 Blätter Kopfsalat
500 g Weißkohl
500 g Rotkohl
Salz, Pfeffer
2 EL Rohrohrzucker
200 ml heller Balsamico
400 ml Sonnenblumenöl
800 g Pulled Pork (siehe S. 65)
Sweet-BBQ-Sauce nach
Belieben (siehe S. 350)
4 Burger-Brötchen
(siehe S. 275)

Salatblätter waschen und trocken schleudern. Kohl putzen, Strunk entfernen und den Kohl in feine Streifen schneiden. In einer Schüssel mit Salz, Pfeffer und Zucker sowie Essig und Öl mit den Händen oder einem Stößel kräftig verkneten bzw. stampfen. Den Krautsalat für mindestens 2 Stunden ziehen lassen, danach nochmals mit Salz und Pfeffer abschmecken.

Pulled Pork mit der Sauce vermischen. Brötchen halbieren und mit Salatblättern, Pulled Pork und Krautsalat belegen und servieren.

TANDOORI-BURGER

Für 6 Burger

1 kleine Aubergine
Salz
1 mittlere Zwiebel
1 Knoblauchzehe
1 cm Ingwerwurzel
2 Stängel Koriander
3 Stängel Petersilie
125 g Mozzarella
6 Hamburger-Brötchen
4 EL Olivenöl
1 EL flüssiger Honig
600 g gemischtes Hackfleisch
1 EL Tandoori-Paste
oder 1 TL Tandoori-Pulver
Pfeffer
6 TL Mangochutney

Aubergine putzen, waschen und in Scheiben schneiden. Salzen, ca. 15 Minuten ziehen lassen und trocken tupfen.

Zwiebel, Knoblauch und Ingwer schälen und würfeln. Kräuter waschen, trocken schütteln, Blättchen hacken. Mozzarellal abtropfen lassen und in Scheiben schneiden.

Brötchen halbieren und die Schnittflächen auf dem Grill kurz rösten. Zwiebelwürfel in 1 EL heißem Olivenöl glasig dünsten, Honig zugeben, karamellisieren und anschließend abkühlen lassen. Hackfleisch mit Tandoori, Zwiebel, Knoblauch, Ingwer und den Kräutern vermischen. Mit Salz und Pfeffer abschmecken, in 6 Portionen teilen und zu Burgern formen.

Auberginenscheiben auf dem Grill von beiden Seiten braten, bis sie gar sind und anschließend warm stellen. Die Patties bei direkter Hitze (175–230 °C) von beiden Seiten bis zum gewünschten Gargrad grillen. Untere Brötchenhälfte jeweils mit einem Patty sowie einer Auberginen- und Mozzarellascheibe belegen. Oberseiten mit Mangochutney bestreichen und auflegen.

167

GRIECHISCHER BURGER

Für 4 Burger

1 Tomate
1 Zwiebel
4 Salatblätter
100 g Feta
8 entsteinte schwarze Oliven
125 g Mozzarella
250 g gemischtes Hackfleisch
1 Ei
Salz, Pfeffer
2 EL Olivenöl
4 Ciabatta-Brötchen
8 TL Zaziki (siehe S. 361)

168

Tomate waschen, Strunk entfernen und in Scheiben schneiden. Zwiebel schälen und würfeln. Salatblätter waschen und trocken tupfen. Feta zerbröseln, Oliven klein schneiden. Mozzarellal abtropfen lassen und in Scheiben schneiden.

Hackfleisch mit Zwiebel, Feta, Oliven und Ei vermischen, mit Salz und Pfeffer würzen. In 4 Portionen teilen und zu Burgern formen.

Die Patties bei direkter Hitze (175–230 °C) von beiden Seiten bis zum gewünschten Gargrad grillen. Mozzarellascheiben darauf verteilen und schmelzen lassen.

Brötchen halbieren und auf dem Grill ca. 1–2 Minuten rösten. Beide Hälften mit Zaziki bestreichen. Die Unterseite mit Salatblatt, Burger und Tomate belegen. Mit der zweiten Brötchenhälfte abschließen.

WAGYU-BEEF-BURGER

Für 4 Burger

4 Blätter Römersalat
2 Rispentomaten
2 große Gewürzgurken
1 rote Zwiebel
3 EL Ketchup (siehe S. 351)
1 EL mittelscharfer Senf
2 EL Pflanzenöl
4 Wagyu-Beef-Patties (à ca. 150 g)
4 Brioche- oder Hamburger-Brötchen
4 EL Mayonnaise (siehe S. 353)
4 Scheiben Cheddarkäse

Den Römersalat waschen und trocken schleudern. Die Tomaten waschen, Strunk entfernen und in Scheiben schneiden. Die Gurken putzen, waschen und ebenfalls in Scheiben schneiden. Die Zwiebel schälen und in dünne Scheiben schneiden. Ketchup und Senf zu einer Sauce verrühren.

Die Patties bei direkter Hitze (175–230 °C) von beiden Seiten bis zum gewünschten Gargrad grillen. Die Burger-Brötchen halbieren und die Schnittflächen rösten.

Auf den unteren Brötchenhälften die Mayonnaise, den Römersalat und die Tomaten verteilen. Patties mit Cheddarkäse belegen, darauf Gurken- und Zwiebelscheiben legen. Die oberen Brötchenhälften mit der Burgersauce bestreichen und auflegen.

169

FITNESS-BURGER

Für 4 Burger

1 Tomate
½ Zwiebel
20 g Rucola
125 g Mozzarella
2 kleine Hähnchenbrustfilets
(à 125 g)
Salz, Pfeffer
1–2 EL Sonnenblumenöl
4 Roggentoastbrötchen
2 EL Naturfrischkäse

Tomate waschen, Strunk entfernen und in Scheiben schneiden. Zwiebel schälen und in Streifen schneiden. Rucola putzen, waschen und trocken tupfen. Mozzarella abtropfen lassen und in Scheiben schneiden. Hähnchenbrustfilets waschen, trocken tupfen, längs halbieren, salzen und pfeffern.

Das Fleisch bei direkter Hitze (175–230 °C) von beiden Seiten bis zum gewünschten Gargrad grillen. Brötchen kurz grillen und halbieren. Die untere Hälfte mit Frischkäse bestreichen, mit Zwiebeln und Hähnchenbrust belegen. Mozzarellascheiben, Tomate und Rucola daraufgeben und mit der oberen Seite des Roggenbrötchens abschließen.

CHORIZO-BURGER

Für 4 Burger

BURGERPATTIES

1 Zwiebel
1 Knoblauchzehe
200 g Chorizo
4 EL Pflanzenöl
4 Zweige Thymian
600 g Rinderhackfleisch
1 EL körniger Senf
Salz, Pfeffer

BELAG

2 eingelegte Paprikaschoten (aus dem Glas)
Salz
4 Hamburger-Brötchen
4 EL Ketchup (siehe S. 351)
4 Blatt Lollo Bianco
4 EL saure Sahne
½ TL geräuchertes Paprikapulver
4 Scheiben junger Manchego

Für die Burgerpatties die Zwiebel und den Knoblauch schälen und in feine Würfel schneiden. Chorizo ebenfalls in sehr kleine Würfel schneiden.

In einer Pfanne in 1 EL heißem Öl die Zwiebel-, Knoblauch- und Chorizo-würfel anbraten, anschließend abkühlen lassen. Thymian waschen, trocken schütteln, Blätter abzupfen und hacken.

Das Hackfleisch mit den vorbereiteten Zutaten sowie dem Senf vermischen und mit Salz sowie Pfeffer kräftig würzen. Aus der Hackfleischmasse 4 Burgerpatties formen und bei direkter Hitze (175–230 °C) von beiden Seiten bis zum gewünschten Gargrad grillen

Für den Belag die Paprikaschoten in Streifen schneiden. Leicht salzen. Die Brötchen halbieren und die Schnittflächen auf dem Grill kurz rösten. Die Unterseiten mit Ketchup einstreichen. Die Salatblätter waschen, trocken tupfen und auf die Unterseiten legen. Saure Sahne mit Paprikapulver ver-rühren und auf die Oberseiten streichen. Die noch heißen Burgerpatties auf die Salatblätter legen. Mit Manchego und Paprikastreifen belegen. Die obere Seite auflegen und servieren.

171

TIPP Das Raucharoma des Paprikapulvers unterstreicht die würzige Note der Chorizo. Wer keins greifbar hat, kann auch edelsüßes oder rosenscharfes Paprikapulver verwenden.

BURGER
MIT BÜFFEL-MOZZARELLA UND AVOCADO

Für 4 Burger

4 Blätter Römersalat
1 Ochsenherztomate
1 Avocado
1 rote Zwiebel
3 EL Ketchup (siehe S. 351)
1 EL mittelscharfer Senf
1 Kugel Büffelmozzarella
2 EL Pflanzenöl
4 Rinderpatties (siehe S. 141)
4 Brioche- oder Hamburger-Brötchen

Den Römersalat waschen und trocken schleudern. Die Tomate waschen, Strunk entfernen und in Scheiben schneiden. Die Avocado halbieren, Kern herauslösen, vierteln, Schale abziehen und die Viertel nochmal dritteln. Die Zwiebel schälen und in Scheiben schneiden. Ketchup und Senf zu einer Sauce verrühren. Den Mozzarella in 8 Scheiben schneiden.

Die Patties bei direkter Hitze (175–230 °C) von beiden Seiten bis zum gewünschten Gargrad grillen. Die Burger-Brötchen halbieren und die Schnittflächen rösten.

Auf den unteren Brötchenhälften den Römersalat und die Avocadoscheiben verteilen. Patties mit Büffelmozzarella belegen, darauf Tomaten- und Zwiebelscheiben legen. Die Burgersauce darauf verteilen und zum Schluss die oberen Brötchenhälften auflegen.

172

CHEESEBURGER

Für 4 Burger

2 Strauchtomaten
1 rote Zwiebel
2 Gewürzgurken
500 g Rinderhackfleisch
Salz, Pfeffer
edelsüßes Paprikapulver
2 EL Pflanzenöl
4 Hamburger-Brötchen
4 EL BBQ-Sauce (siehe S. 350)
3 EL Mayonnaise (siehe S. 353)
1 EL Senf
4 Kopfsalatblätter
4 Scheiben Cheddar

Tomaten waschen, Strünke entfernen und in Scheiben schneiden. Zwiebel schälen und in dünne Scheiben schneiden. Gewürzgurken längs in Scheiben schneiden. Hackfleisch mit Salz, Pfeffer sowie Paprikapulver würzen und aus der Masse 4 flache Burger-Patties formen.

Die Patties bei direkter Hitze (175–230 °C) von beiden Seiten bis zum gewünschten Gargrad grillen. Die Burgerbrötchen aufschneiden und die Schnittflächen auf dem Grill kurz rösten.

Die unteren Brötchenhälften mit der BBQ-Sauce bestreichen. Mayonnaise und Senf verrühren und auf die oberen Brötchenhälften streichen. Salatblätter waschen und trocken schleudern. Die untere Hälfte mit je einem Salatblatt belegen, Burger-Patties daraufsetzen, diese jeweils mit einer Scheibe Cheddar belegen. Tomaten-, Zwiebel- und Gurkenscheiben darüber verteilen und die oberen Brötchenhälften auflegen.

173

TIPP Wer keinen Cheddar mag, kann auch anderen Käse verwenden oder sich den Hamburger pur ganz ohne schmecken lassen.

PIZZATEIG GRUNDREZEPT

Für 2 Pizzen (Ø 32 cm)

400 g Weizenmehl (Type 550)
1 Pck. Trockenhefe
1 Prise Zucker
ca. 250 ml lauwarmes Wasser
3 EL Olivenöl
½ TL Salz

Für den Pizzateig das Mehl in eine Schüssel geben und mit Hefe sowie Zucker vermischen. Wasser, Olivenöl und Salz zufügen und mit den Knethaken eines Handrührgeräts mindestens 5 Minuten kneten. Aus der Masse 2 Teigballen formen, mit einem Küchenhandtuch abdecken und an einem warmen Ort ca. 30–45 Minuten gehen lassen, bis sich das Teigvolumen deutlich vergrößert hat.

PIZZA MIT CHORIZO UND HEUMILCHKÄSE

Für 2 Pizzen (Ø 32 cm)

PIZZATEIG

siehe S. 176
Weizenmehl zum Bearbeiten

BELAG

200 g Chorizo
1 kleine rote Paprikaschote
1 Handvoll Bärlauch
200 g passierte Tomaten
2 TL Pizzagewürz
Salz, Pfeffer
200 g geriebener
Heumilchkäse
1 EL Olivenöl

Den Grill mit Pizzastein und geschlossenem Deckel über direkter Hitze mit voller Leistung 20–30 Minuten aufheizen.

Den Pizzateig wie im Grundrezept beschrieben zubereiten. Den Teig auf einer leicht bemehlten Arbeitsfläche ausrollen.

Für den Belag die Chorizo ggf. häuten und in Scheiben schneiden. Paprikaschote waschen, Kerne und weiße Innenhäute entfernen und das Fruchtfleisch in feine Streifen schneiden. Den Bärlauch waschen, trocken schleudern und in Streifen schneiden. Für die Sauce die passierten Tomaten mit Pizzagewürz, Salz und Pfeffer verrühren. Die Tomatensauce gleichmäßig auf den Pizzen verteilen und mit Heumilchkäse bestreuen. Gleichmäßig mit Paprika und Chorizo belegen.

Den Pizzaschieber leicht mit Mehl bestäuben, je eine Pizza damit aufnehmen und auf den Pizzastein gleiten lassen. Die direkte Hitze unter dem Stein ausschalten und die Pizza bei indirekter Hitze mit geschlossenem Deckel ca. 5–7 Minuten knusprig backen.

Anschließend mit Bärlauch bestreuen, mit Olivenöl beträufeln und sofort servieren.

PIZZA MIT ANTIPASTI

Für 1 Pizza (Ø 32 cm)

PIZZATEIG

siehe S. 176
Weizenmehl zum Bearbeiten

BELAG

100 g passierte Tomaten
1 TL Pizzagewürz
Salz, Pfeffer
1 Prise Zucker
100 g geriebener Mozzarella
50 g rote und gelbe Paprikaschoten
50 g Zucchini
20 g rote Zwiebel
40 g Cocktailtomaten

Den Grill mit Pizzastein und geschlossenem Deckel über direkter Hitze mit voller Leistung 20–30 Minuten aufheizen.

Den Pizzateig wie im Grundrezept beschrieben zubereiten. Den Teig auf einer leicht bemehlten Arbeitsfläche rund ausrollen. Die passierten Tomaten mit dem Pizzagewürz, Salz, Pfeffer und Zucker kräftig würzen. Die Tomatensauce gleichmäßig auf dem Pizzateig verteilen und mit Käse bestreuen.

Paprika waschen, Kerne und weiße Innenhäute entfernen und in feine Streifen schneiden. Zucchini putzen, waschen und in dünne Scheiben schneiden. Zwiebel schälen und in feine Ringe schneiden. Die Cocktailtomaten waschen und halbieren. Die Pizza gleichmäßig mit den Zutaten belegen.

Den Pizzaschieber leicht mit Mehl bestäuben, die Pizza damit aufnehmen und auf den Pizzastein gleiten lassen.

Die direkte Hitze unter dem Stein ausschalten und die Pizza bei indirekter Hitze mit geschlossenem Deckel ca. 5–7 Minuten knusprig backen.

175

PIZZA
MIT BACON
UND PEPERONI

Für 2 Pizzen (Ø 32 cm)

PIZZATEIG

siehe S. 174
Weizenmehl zum Bearbeiten

BELAG

200 g passierte Tomaten
2 TL Pizzagewürz
Salz, Pfeffer
1 Prise Zucker
100 g Speck in Scheiben
1 rote Peperonischote
1 grüne Peperonischote

Den Grill mit Pizzastein und geschlossenem Deckel über direkter Hitze mit voller Leistung 20–30 Minuten aufheizen.

Den Pizzateig wie auf S. 174 beschrieben zubereiten. Den Teig auf einer leicht bemehlten Arbeitsfläche rund ausrollen.

Die passierten Tomaten mit Pizzagewürz, Salz, Pfeffer und Zucker würzen. Dann auf den Pizzen verstreichen. Speckscheiben halbieren und die Pizzen damit belegen. Peperoni putzen, waschen, in Ringe schneiden und ebenfalls verteilen.

Den Pizzaschieber leicht mit Mehl bestäuben, je eine Pizza damit aufnehmen und auf den Pizzastein gleiten lassen. Die direkte Hitze unter dem Stein ausschalten und die Pizza bei indirekter Hitze mit geschlossenem Deckel ca. 5–7 Minuten knusprig backen.

PIZZA MIT CHAMPIGNONS

Für 2 Pizzen (Ø 32 cm)

PIZZATEIG

siehe S. 174
Weizenmehl zum Bearbeiten

BELAG

120 g braune Champignons
200 g passierte Tomaten
2 TL Pizzagewürz
Salz, Peffer
150 g geriebener Mozzarella

Den Grill mit Pizzastein und geschlossenem Deckel über direkter Hitze mit voller Leistung 20–30 Minuten aufheizen.

Den Pizzateig wie auf S. 174 beschrieben zubereiten. Den Teig auf einer leicht bemehlten Arbeitsfläche rund ausrollen.

Die Champignons säubern und in Scheiben schneiden.

Passierte Tomaten mit Pizzagewürz, Salz und Pfeffer würzen. Die Tomatensauce gleichmäßig darauf verteilen, mit dem Mozzarella bestreuen und mit den Champignons belegen.

Den Pizzaschieber leicht mit Mehl bestäuben, je eine Pizza damit aufnehmen und auf den Pizzastein gleiten lassen. Die direkte Hitze unter dem Stein ausschalten und die Pizza bei indirekter Hitze mit geschlossenem Deckel ca. 5–7 Minuten knusprig backen.

177

PIZZA MIT GORGONZOLA UND KIRSCH- TOMATEN

Für 2 Pizzen (Ø 32 cm)

PIZZATEIG

siehe S. 174
Weizenmehl zum Bearbeiten

BELAG

200 g passierte Tomaten
2 TL Pizzagewürz
Salz, Pfeffer
125 g Gorgonzola
200 g Cocktailtomaten
2 Stängel Basilikum

178

Den Grill mit Pizzastein und geschlossenem Deckel über direkter Hitze mit voller Leistung 20–30 Minuten aufheizen.

Den Pizzateig wie auf S. 174 beschrieben zubereiten. Den Teig auf einer leicht bemehlten Arbeitsfläche rund ausrollen.

Passierte Tomaten mit Pizzagewürz, Salz und Pfeffer würzen. Dann auf den Pizzen verstreichen. Gorgonzola und halbierte, gewaschene Cocktailtomaten darauf verteilen.

Den Pizzaschieber leicht mit Mehl bestäuben, je eine Pizza damit aufnehmen und auf den Pizzastein gleiten lassen. Die direkte Hitze unter dem Stein ausschalten und die Pizza bei indirekter Hitze mit geschlossenem Deckel ca. 5–7 Minuten knusprig backen.

PIZZA MARGHERITA

Für 1 Pizza (Ø 32 cm)

PIZZATEIG
siehe S. 174
Weizenmehl zum Bearbeiten

BELAG
100 g passierte Tomaten
1 TL Pizzagewürz
Salz, Pfeffer
1 Prise Zucker
100 g geriebener Mozzarella

Den Grill mit Pizzastein und geschlossenem Deckel über direkter Hitze mit voller Leistung 20–30 Minuten aufheizen.

Den Pizzateig wie im Grundrezept beschrieben zubereiten. Den Teig auf einer leicht bemehlten Arbeitsfläche und rund ausrollen.

Die passierten Tomaten mit dem Pizzagewürz, Salz, Pfeffer und Zucker kräftig würzen. Tomatensauce und Mozzarella gleichmäßig auf der Pizza verteilen. Den Pizzaschieber leicht mit Mehl bestäuben, die Pizza damit aufnehmen und auf den Pizzastein gleiten lassen. Die direkte Hitze unter dem Stein ausschalten und die Pizza bei indirekter Hitze mit geschlossenem Deckel ca. 5–7 Minuten knusprig backen.

PIZZA MEXIKO

Für 1 Pizza (Ø 32 cm)

PIZZATEIG

siehe S. 174
Weizenmehl zum Bearbeiten

BELAG

35 g rote Zwiebel
100 g passierte Tomaten
1 TL Pizzagewürz
Salz, Pfeffer
1 Prise Zucker
150 g geriebener Mozzarella
140 g angebratene Hähn-
chenwürfel
50 g Mais
50 g Kidneybohnen

Den Grill mit Pizzastein und geschlossenem Deckel über direkter Hitze mit voller Leistung 20–30 Minuten aufheizen.

Den Pizzateig wie auf S. 174 beschrieben zubereiten. Den Teig auf einer leicht bemehlten Arbeitsfläche rund ausrollen. Zwiebel schälen und in feine Streifen schneiden. Die passierten Tomaten mit dem Pizzagewürz, Salz, Pfeffer und Zucker kräftig würzen. Tomatensauce gleichmäßig auf der Pizza verteilen, mit dem Mozzarella bestreuen und mit Zwiebel, Hähnchen, Mais und Kidneybohnen belegen.

Den Pizzaschieber leicht mit Mehl bestäuben, die Pizza damit aufnehmen und auf den Pizzastein gleiten lassen. Die direkte Hitze unter dem Stein ausschalten und die Pizza bei indirekter Hitze mit geschlossenem Deckel ca. 5–7 Minuten knusprig backen.

180

181

PIZZA MIT WILD-SCHWEINSALAMI

Für 2 Pizzen (Ø 32 cm)

PIZZATEIG

siehe S. 174
Weizenmehl zum Bearbeiten

BELAG

200 g passierte Tomaten
2 TL Pizzagewürz
Salz, Pfeffer
1 Prise Zucker
180 g geriebener Mozzarella
50 g frisch geriebener Parmesan
120 g Wildschweinsalami
50 g gehackte Walnusskerne

Den Grill mit Pizzastein und geschlossenem Deckel über direkter Hitze mit voller Leistung 20–30 Minuten aufheizen.

Den Pizzateig wie auf S. 174 beschrieben zubereiten. Den Teig auf einer leicht bemehlten Arbeitsfläche rund ausrollen.

Die passierten Tomaten mit dem Pizzagewürz, Salz, Pfeffer und Zucker kräftig würzen. Die Tomatensauce gleichmäßig auf beiden Teigen verteilen, mit dem Mozzarella sowie Parmesan bestreuen und mit der Wildschwein-salami belegen.

Den Pizzaschieber leicht mit Mehl bestäuben, je eine Pizza damit auf-nehmen und auf den Pizzastein gleiten lassen. Die direkte Hitze unter dem Stein ausschalten und die Pizza bei indirekter Hitze mit geschlossenem Deckel ca. 5–7 Minuten knusprig backen.

PIZZA MIT GERÄUCHERTER ENTENBRUST, RUCOLA UND FEIGEN

Für 2 Pizzen (Ø 32 cm)

PIZZATEIG

siehe S. 174
Weizenmehl zum Bearbeiten

BELAG

200 g passierte Tomaten
½ TL Fünf-Gewürze-Pulver
Salz, Pfeffer
100 g geräucherte Entenbrust
2 große oder 4 kleine Feigen
50 g Walnusskerne
½ Bund Rucola
2 EL flüssiger Honig

Den Grill mit Pizzastein und geschlossenem Deckel über direkter Hitze mit voller Leistung 20–30 Minuten aufheizen. Den Pizzateig wie auf S. 174 beschrieben zubereiten. Den Teig auf einer leicht bemehlten Arbeitsfläche rund ausrollen.

Die passierten Tomaten mit dem Fünf-Gewürze-Pulver, Salz und Pfeffer würzen. Dann auf den Pizzen verstreichen. Die Entenbrust in dünne Scheiben schneiden. Die Feigen waschen, trocken reiben und in Scheiben schneiden. Walnüsse grob hacken. Rucola putzen, waschen und trocken schleudern. Alle vorbereiteten Zutaten, bis auf den Rucola, auf den Pizzen verteilen.

Den Pizzaschieber leicht mit Mehl bestäuben, je eine Pizza damit aufnehmen und auf den Pizzastein gleiten lassen. Die direkte Hitze unter dem Stein ausschalten und die Pizza bei indirekter Hitze mit geschlossenem Deckel ca. 5–7 Minuten knusprig backen.

182

PIZZA MIT GRÜNEM SPARGEL UND FLUSSKREBSEN

Für 2 Pizzen (Ø 32 cm)

PIZZATEIG

siehe S. 174
Weizenmehl zum Bearbeiten

BELAG

200 g passierte Tomaten
2 TL Pizzagewürz
Salz, Pfeffer
1 Prise Zucker
200 g geriebener Mozzarella
500 g grüner Spargel
300 g Kirschtomaten
200 g Flusskrebsfleisch
60 g frisch gehobelter Parmesan
½ Bund Basilikum

183

Den Grill mit Pizzastein und geschlossenem Deckel über direkter Hitze mit voller Leistung 20–30 Minuten aufheizen.Den Pizzateig wie auf S. 174 beschrieben zubereiten. Den Teig auf einer leicht bemehlten Arbeitsfläche rund ausrollen.

Die passierten Tomaten mit dem Pizzagewürz, Salz, Pfeffer und Zucker kräftig würzen. Tomatensauce und Mozzarella auf den Pizzen verteilen. Die holzigen Enden des grünen Spargels abschneiden, dann in 2 cm große Stücke schneiden. Kirschtomaten waschen und halbieren, mit dem Flusskrebsfleisch gleichmäßig auf den Pizzen verteilen.

Den Pizzaschieber leicht mit Mehl bestäuben, je eine Pizza damit aufnehmen und auf den Pizzastein gleiten lassen. Sofort den Deckel des Grills schließen.

Die direkte Hitze unter dem Stein ausschalten und die Pizza bei indirekter Hitze mit geschlossenem Deckel ca. 5–7 Minuten knusprig backen.

PIZZA MIT SPINAT UND FETA

Für 2 Pizzen (Ø 32 cm)

PIZZATEIG

siehe S. 174
Weizenmehl zum Bearbeiten

BELAG

600 g frischer Blattspinat
2 Zwiebeln
1 Knoblauchzehe
1 EL Rapsöl
150 g Crème fraîche
Salz, Pfeffer
Muskatnuss
300 g Feta
150 g geriebener Mozzarella
300 g Kirschtomaten
40 g Pinienkerne

184

Den Grill mit Pizzastein und geschlossenem Deckel über direkter Hitze mit voller Leistung 20–30 Minuten aufheizen.

Den Pizzateig wie auf S. 174 beschrieben zubereiten. Den Teig auf einer leicht bemehlten Arbeitsfläche rund ausrollen.

Den Spinat putzen, mehrmals gründlich waschen, trocken schleudern und hacken. Die Zwiebeln und den Knoblauch schälen, die Zwiebeln in kleine Würfel schneiden und den Knoblauch fein hacken. Das Rapsöl in einem Topf heiß werden lassen, dann Zwiebelwürfel und gehackten Knoblauch darin andünsten. Den Spinat zugeben, kurz mitdünsten und mit Crème fraîche verfeinern. Mit Salz, Pfeffer sowie frisch geriebener Muskatnuss abschmecken und auskühlen lassen. Den Feta mit einer Gabel zerbröseln.

Den kalten Spinat gleichmäßig auf den Teigen verteilen, mit dem Feta und Mozzarella bestreuen und mit den Kirschtomaten belegen.

Den Pizzaschieber leicht mit Mehl bestäuben, je eine Pizza damit aufnehmen und auf den Pizzastein gleiten lassen. Die direkte Hitze unter dem Stein ausschalten und die Pizza bei indirekter Hitze mit geschlossenem Deckel ca. 5–7 Minuten knusprig backen. Nach 10 Minuten die Pinienkerne auf den Pizzen verteilen und fertig backen. Herausnehmen, vor dem Servieren mit frisch gemahlenem Pfeffer würzen und sofort genießen.

185

PIZZA PARMA

Für 1 Pizza (Ø 32 cm)

PIZZATEIG

siehe S. 174
Weizenmehl zum Bearbeiten

BELAG

100 g passierte Tomaten
1 gehäufter TL Pizzagewürz
Salz, Pfeffer
1 Prise Zucker
100 g geriebener Mozzarella
40 g Parmaschinken
20 g Rucola
30 g frisch geriebener Parmesan

Den Grill mit Pizzastein und geschlossenem Deckel über direkter Hitze mit voller Leistung 20–30 Minuten aufheizen.

Den Pizzateig wie im Grundrezept beschrieben zubereiten. Den Teig auf einer leicht bemehlten Arbeitsfläche rund ausrollen. Die passierten Tomaten mit dem Pizzagewürz, Salz, Pfeffer und Zucker kräftig würzen. Die Tomatensauce gleichmäßig auf der Pizza verteilen und mit dem Mozzarella bestreuen.

Den Pizzaschieber leicht mit Mehl bestäuben, je eine Pizza damit aufnehmen und auf den Pizzastein gleiten lassen. Die direkte Hitze unter dem Stein ausschalten und die Pizza bei indirekter Hitze mit geschlossenem Deckel ca. 5–7 Minuten knusprig backen. Mit Parmaschinken, gewaschenem Rucola und Parmesan bestreut servieren.

186

PIZZA PULLED PORK

Für 2 Pizzen (Ø 32 cm)

PIZZATEIG

siehe S. 174
Weizenmehl zum Bearbeiten

BELAG

200 g passierte Tomaten
2 TL Pizzagewürz
Salz, Pfeffer
1 Prise Zucker
200 g geriebener Mozzarella
150–200 g Pulled Pork (siehe S. 65)
100 ml BBQ-Sauce (siehe S. 350)

Den Grill mit Pizzastein und geschlossenem Deckel über direkter Hitze mit voller Leistung 20–30 Minuten aufheizen.

Den Pizzateig wie auf S. 174 beschrieben zubereiten. Den Teig auf einer leicht bemehlten Arbeitsfläche rundausrollen.

Die passierten Tomaten mit dem Pizzagewürz, Salz, Pfeffer und Zucker kräftig würzen. Die Tomaten-sauce gleichmäßig auf beiden Teigen verteilen, mit dem Mozzarella bestreuen und mit dem Pulled Pork belegen.

Den Pizzaschieber leicht mit Mehl bestäuben, je eine Pizza damit aufnehmen und auf den Pizzastein gleiten lassen. Die direkte Hitze unter dem Stein ausschalten und die Pizza bei indirekter Hitze mit geschlossenem Deckel ca. 5–7 Minuten knusprig backen. Mit der BBQ-Sauce beträufeln und sofort genießen.

PIZZA MIT SALAMI

Für 1 Pizza (Ø 32 cm)

PIZZATEIG

siehe S. 174
Weizenmehl zum
Bearbeiten

BELAG

100 g passierte Tomaten
1 TL Pizzagewürz
Salz, Pfeffer
1 Prise Zucker
60 g Salami
100 g geriebener Mozzarella

Den Grill mit Pizzastein und geschlossenem Deckel über direkter Hitze mit voller Leistung 20–30 Minuten aufheizen.

Den Pizzateig wie auf S.174 beschrieben zubereiten. Den Teig auf einer leicht bemehlten Arbeitsfläche rund ausrollen.

Die passierten Tomaten mit dem Pizzagewürz, Salz, Pfeffer und Zucker kräftig würzen. Pizzasauce gleichmäßig darauf verteilen, mit der Salami belegen und mit dem Mozzarella bestreuen.

Den Pizzaschieber leicht mit Mehl bestäuben, die Pizza damit aufnehmen und auf den Pizzastein gleiten lassen. Die direkte Hitze unter dem Stein ausschalten und die Pizza bei indirekter Hitze mit geschlossenem Deckel ca. 5–7 Minuten knusprig backen.

187

PIZZA MIT SCHINKEN UND ANANAS

Für 1 Pizza (Ø 32 cm)

PIZZATEIG

siehe S. 174
Weizenmehl zum Bearbeiten

BELAG

100 g passierte Tomaten
1 TL Pizzagewürz
Salz, Pfeffer
1 Prise Zucker
60 g Kochschinken
100 g geriebener Mozzarella
60 g Ananasfruchtfleisch

Den Grill mit Pizzastein und geschlossenem Deckel über direkter Hitze mit voller Leistung 20–30 Minuten aufheizen.

Den Pizzateig wie auf S. 174 beschrieben zubereiten. Den Teig auf einer leicht bemehlten Arbeitsfläche rund ausrollen.

Die passierten Tomaten mit dem Pizzagewürz, Salz, Pfeffer und Zucker kräftig würzen. Die Tomatensauce gleichmäßig darauf verteilen. Kochschinken klein schneiden. Ananas ebenfalls klein schneiden. Die Pizza mit Mozzarella, Kochschinken und Ananas belegen.

Den Pizzaschieber leicht mit Mehl bestäuben, die Pizza damit aufnehmen und auf den Pizzastein gleiten lassen. Die direkte Hitze unter dem Stein ausschalten und die Pizza bei indirekter Hitze mit geschlossenem Deckel ca. 5–7 Minuten knusprig backen.

PIZZA MIT SHRIMPS

Für 1 Pizza (Ø 32 cm)

PIZZATEIG

siehe S. 174
Weizenmehl zum Bearbeiten

BELAG

130 g Shrimps
Abrieb von 1 unbehandelten
Limette
6 Cherrytomaten
100 g passierte Tomaten
1 TL Pizzagewürz
Salz, Pfeffer
1 Prise Zucker
100 g geriebener Mozzarella

Den Grill mit Pizzastein und geschlossenem Deckel über direkter Hitze mit voller Leistung 20–30 Minuten aufheizen.

Den Pizzateig wie auf S. 174 beschrieben zubereiten. Den Teig auf einer leicht bemehlten Arbeitsfläche rund ausrollen.

Die Shrimps mit dem Limettenabrieb marinieren. Die Cherrytomaten waschen und halbieren. Die passierten Tomaten mit dem Pizzagewürz, Salz, Pfeffer und Zucker kräftig würzen. Die Tomatensauce gleichmäßig auf der Pizza verteilen und mit dem Mozzarella bestreuen. Mit den Shrimps und den Cherrytomaten belegen.

Den Pizzaschieber leicht mit Mehl bestäuben, die Pizza damit aufnehmen und auf den Pizzastein gleiten lassen. Die direkte Hitze unter dem Stein ausschalten und die Pizza bei indirekter Hitze mit geschlossenem Deckel ca. 5–7 Minuten knusprig backen.

189

PIZZA MIT THUNFISCH

Für 1 Pizza (Ø 32 cm)

PIZZATEIG

siehe S. 174
Weizenmehl zum Bearbeiten

BELAG

100 g passierte Tomaten
1 gehäufter TL Pizzagewürz
Salz, Pfeffer
1 Prise Zucker
100 g geriebener Mozzarella
80 g Thunfisch

Den Grill mit Pizzastein und geschlossenem Deckel über direkter Hitze mit voller Leistung 20–30 Minuten aufheizen.

Den Pizzateig wie auf S. 174 beschrieben zubereiten. Den Teig auf einer leicht bemehlten Arbeitsfläche rund ausrollen.

Die passierten Tomaten mit dem Pizzagewürz, Salz, Pfeffer und Zucker kräftig würzen. Die Tomatensauce gleichmäßig auf der ausgerollten Pizza verteilen und mit dem Mozzarella bestreuen. Den Thunfisch mit einer Gabel zerpflücken und auf der Pizza verteilen.

Den Pizzaschieber leicht mit Mehl bestäuben, die Pizza damit aufnehmen und auf den Pizzastein gleiten lassen. Die direkte Hitze unter dem Stein ausschalten und die Pizza bei indirekter Hitze mit geschlossenem Deckel ca. 5–7 Minuten knusprig backen.

190

PIZZA MIT TOMATE-MOZZARELLA

Für 1 Pizza (Ø 32 cm)

PIZZATEIG

siehe S. 174
Weizenmehl zum Bearbeiten

BELAG

100 g passierte Tomaten
1 TL Pizzagewürz
Salz, Pfeffer
1 Prise Zucker
100 g Cocktailtomaten
100 g Mini-Mozzarella-Kugeln
3 TL Basilikumpesto (siehe S. 347)

Den Grill mit Pizzastein und geschlossenem Deckel über direkter Hitze mit voller Leistung 20–30 Minuten aufheizen.

Den Pizzateig wie auf S. 174 beschrieben zubereiten. Den Teig auf einer leicht bemehlten Arbeitsfläche rund ausrollen.

Die passierten Tomaten mit dem Pizzagewürz, Salz, Pfeffer und Zucker kräftig würzen. Die Tomatensauce gleichmäßig auf der Pizza verteilen.

Cocktailtomaten waschen und halbieren. Mini-Mozzarella ebenfalls halbieren. Die Pizza gleichmäßig damit belegen.

Den Pizzaschieber leicht mit Mehl bestäuben, die Pizza damit aufnehmen und auf den Pizzastein gleiten lassen. Die direkte Hitze unter dem Stein ausschalten und die Pizza bei indirekter Hitze mit geschlossenem Deckel ca. 5–7 Minuten knusprig backen.

191

192

PIZZA MIT MIESMUSCHELN

Für 1 Pizza (Ø 32 cm)

PIZZATEIG

siehe S. 174
Weizenmehl zum Bearbeiten

BELAG

50 g Zucchini
50 g Aubergine
1 Tomate
1 Frühlingszwiebel
1 EL Olivenöl
Salz, Pfeffer
2 Prisen Zucker
100 g passierte Tomaten
1 TL Pizzagewürz
60 g Miesmuschelfleisch
150 g geriebener Mozzarella
Knoblauchöl nach Belieben

Den Grill mit Pizzastein und geschlossenem Deckel über direkter Hitze mit voller Leistung 20–30 Minuten aufheizen.

Den Pizzateig wie auf S. 174 beschrieben zubereiten. Den Teig auf einer leicht bemehlten Arbeitsfläche rund ausrollen.

Zucchini und Aubergine putzen, waschen und in feine Würfel schneiden. Tomate waschen, Strunk entfernen und in feine Würfel schneiden. Frühlingszwiebel putzen, waschen, trocken schütteln, in Ringe schneiden und beiseitestellen. Die Zucchini- und Auberginenwürfel in einer Pfanne im heißen Olivenöl kurz bissfest braten. Mit Salz, Pfeffer und 1 Prise Zucker würzen.Die passierten Tomaten mit dem Pizzagewürz, Salz, Pfeffer und 1 Prise Zucker kräftig würzen. Die Tomatensauce gleichmäßig auf der Pizza verteilen und mit Gemüse- und Tomatenwürfeln sowie dem Miesmuschelfleisch belegen. Zum Schluss mit dem Käse bestreuen.

Den Pizzaschieber leicht mit Mehl bestäuben, die Pizza damit aufnehmen und auf den Pizzastein gleiten lassen. Die direkte Hitze unter dem Stein ausschalten und die Pizza bei indirekter Hitze mit geschlossenem Deckel ca. 5–7 Minuten knusprig backen. Mit Frühlingszwiebeln bestreuen, nach Belieben mit Knoblauchöl beträufeln und sofort genießen.

193

PIZZABRÖTCHEN

Für 12 Stück

1 rote Paprikaschote
2 Frühlingszwiebeln
1/2 Bund Schnittlauch
5 Stängel Petersilie
125 g gekochter Schinken
125 g Salami
250 g Mozzarella
200 ml Sahne
Salz, Pfeffer
2 TL Pizzagewürz
6 Brötchen

Den Grill vorbereiten.

Paprika waschen, halbieren, Kerne und weiße Innenhäute entfernen und die Hälften würfeln. Frühlingszwiebeln putzen, waschen und in Ringe schneiden. Schnittlauch und Petersilie waschen, trocken schütteln und Halme in Röllchen schneiden, Blätter hacken. Schinken und Salami würfeln. Mozzarella abtropfen lassen und ebenfalls würfeln. Alles mit Sahne vermischen, mit Salz, Pfeffer und Pizzagewürz pikant würzen.

Brötchen halbieren und die Hälften mit der Mozzarella-Masse bestreichen. Auf den Grill legen und bei indirekter Hitze und geschlossenem Deckel ca. 6–10 Minuten grillen.

WEISSE PIZZA MIT RICOTTA UND KARAMELLISIERTEN ZWIEBELN

Für 2 Pizzen (Ø 32 cm)

PIZZATEIG

siehe S. 174
Weizenmehl zum Bearbeiten

BELAG

150 g Ricotta
60 g Crème fraîche
Salz, Pfeffer
6 Zwiebeln
2 EL Pflanzenöl
1 EL Zucker
30 g Rucola
1 TL rosa Pfefferbeeren
Balsamico

Den Grill mit Pizzastein und geschlossenem Deckel über direkter Hitze mit voller Leistung 20–30 Minuten aufheizen.

Den Pizzateig wie auf S. 174 beschrieben zubereiten. Den Teig auf einer leicht bemehlten Arbeitsfläche rund ausrollen.

Für den Belag den Ricotta mit der Crème fraîche cremig verrühren, mit Salz sowie Pfeffer würzen und auf die Pizzen streichen. Den Pizzaschieber leicht mit Mehl bestäuben, je eine Pizza damit aufnehmen und auf den Pizzastein gleiten lassen. Die direkte Hitze unter dem Stein ausschalten und die Pizza bei indirekter Hitze mit geschlossenem Deckel ca. 5–7 Minuten knusprig backen.

Die Zwiebeln schälen, halbieren und in Streifen schneiden. Das Öl in einer Pfanne erhitzen und die Zwiebeln darin glasig dünsten. Mit dem Zucker bestreuen und karamellisieren. Den Rucola putzen, waschen und trocken schleudern. Zuerst die Zwiebeln, dann den Rucola auf den Pizzen verteilen. Mit gemörserten rosa Pfefferbeeren bestreuen, mit Balsamico beträufeln und sofort genießen.

195

FLAMMKUCHENTEIG GRUNDREZEPT

Für 4 Flammkuchen

500 g Weizenmehl
1 TL Salz
1 TL Zucker
350 ml Mineralwasser
Weizenmehl zum Bearbeiten

Alle Teigzutaten mit einem Handrührgerät mit Knethaken zu einem glatten Teig verkneten. In vier Portionen teilen, auf einer leicht bemehlten Arbeitsfläche jeweils zu dünnen Fladen in Größe eines Pizzasteins ausrollen.

FLAMMKUCHEN CHORIZO

Für 4 Flammkuchen

FLAMMKUCHEN-TEIG
siehe oben

196

BELAG

200 g Chorizo
1 kleine rote Paprikaschote
400 g passierte Tomaten
2 TL Pizzagewürz
Salz, Pfeffer
200 g geriebener Käse

Den Grill mit Pizzastein und geschlossenem Deckel über direkter Hitze mit voller Leistung 20–30 Minuten aufheizen. Den Flammkuchenteig wie im Grundrezept beschrieben zubereiten.

Chorizo ggf. enthäuten und in Scheiben schneiden. Paprika waschen, Kerne und weiße Innenhäute entfernen und in feine Streifen schneiden.

Für die Sauce die passierten Tomaten mit dem Pizzagewürz, Salz und Pfeffer verrühren, dünn auf den Teigfladen verstreichen und mit Käse bestreuen. Gleichmäßig mit Paprika und Chorizo belegen.

Den Pizzaschieber leicht mit Mehl bestäuben, je einen Flammkuchen damit aufnehmen und auf den Pizzastein gleiten lassen. Die direkte Hitze unter dem Stein ausschalten und den Flammkuchen bei indirekter Hitze mit geschlossenem Deckel ca. 4–5 Minuten knusprig backen. Die restlichen Flammkuchen auf die gleiche Weise zubereiten

FLAMM-KUCHEN ELSÄSSER ART

Für 4 Flammkuchen

FLAMMKUCHENTEIG

siehe Grundrezept

FLAMMKUCHENCREME

200 g Crème fraîche
100 g Schmand
½ TL Salz
1 Prise Pfeffer
1 TL Zitronensaft
2 Tropfen Worcestersauce

BELAG

2 rote Zwiebeln
100 g Speckwürfel

Den Grill mit Pizzastein und geschlossenem Deckel über direkter Hitze mit voller Leistung 20–30 Minuten aufheizen.

Den Flammkuchenteig wie im Grundrezept beschrieben zubereiten. Für die Creme alle Zutaten miteinander verrühren und dünn auf dem Teig verteilen. Zwiebeln schälen, halbieren und in dünne Streifen schneiden. Zwiebelstreifen und Speckwürfel gleichmäßig darauf verteilen.

Den Pizzaschieber leicht mit Mehl bestäuben, je einen Flammkuchen damit aufnehmen und auf den Pizzastein gleiten lassen. Die direkte Hitze unter dem Stein ausschalten und den Flammkuchen bei indirekter Hitze mit geschlossenem Deckel ca. 4–5 Minuten knusprig backen. Die restlichen Flammkuchen auf die gleiche Weise zubereiten.

197

FLAMMKUCHEN
MIT GRÜNKOHL
UND METTWURST

Für 4 Flammkuchen

FLAMMKUCHENTEIG
siehe S.196

FLAMMKUCHENCREME
200 g Crème fraîche
100 g Schmand
½ TL Salz
1 Prise Pfeffer
1 TL Zitronensaft
2 Tropfen Worcestersauce

BELAG
150 g aufgetauter TK-Grünkohl
3 Mettwürste
2 rote Zwiebeln

Den Grill mit Pizzastein und geschlossenem Deckel über direkter Hitze mit voller Leistung 20–30 Minuten aufheizen.

Den Flammkuchenteig wie auf S. 196 beschrieben zubereiten. Für die Creme alle Zutaten miteinander verrühren und dünn auf dem Teig verteilen.

Den Grünkohl etwas ausdrücken. Die Mettwürste in Scheiben schneiden. Die Zwiebeln schälen und in feine Scheiben schneiden oder hobeln.

Den Pizzaschieber leicht mit Mehl bestäuben, je einen Flammkuchen damit aufnehmen und auf den Pizzastein gleiten lassen. Die direkte Hitze unter dem Stein ausschalten und den Flammkuchen bei indirekter Hitze mit geschlossenem Deckel ca. 4–5 Minuten knusprig backen. Die restlichen Flammkuchen auf die gleiche Weise zubereiten.

198

FLAMMKUCHEN HIMMEL UND ÄD

Für 4 Flammkuchen

FLAMMKUCHENTEIG

siehe S.196

FLAMMKUCHENCREME

200 g Crème fraîche
100 g Schmand
½ TL Salz
1 Prise Pfeffer
1 TL Zitronensaft
2 Tropfen Worcestersauce
1 EL körniger Senf

BELAG

300 g Pellkartoffeln
250 g Blutwurst
2 mittelgroße Äpfel
1 Zwiebel
4 TL Schnittlauchröllchen

199

Den Grill mit Pizzastein und geschlossenem Deckel über direkter Hitze mit voller Leistung 20–30 Minuten aufheizen.

Den Flammkuchenteig wie auf S. 196 beschrieben zubereiten. Für die Creme alle Zutaten miteinander verrühren und dünn auf dem Teig verteilen.

Pellkartoffeln schälen und in kleine Würfel schneiden. Blutwurst ebenfalls würfeln. Apfel schälen, Kerngehäuse entfernen und in kleine Würfel schneiden. Zwiebel schälen, halbieren und in dünne Streifen schneiden.

Den Pizzaschieber leicht mit Mehl bestäuben, je einen Flammkuchen damit aufnehmen und auf den Pizzastein gleiten lassen. Die direkte Hitze unter dem Stein ausschalten und den Flammkuchen bei indirekter Hitze mit geschlossenem Deckel ca. 4–5 Minuten knusprig backen. Die restlichen Flammkuchen auf die gleiche Weise zubereiten. Mit den Schnittlauchröllchen bestreuen und sofort genießen.

FLAMMKUCHEN MEDITERRAN

Für 4 Flammkuchen

FLAMMKUCHEN-TEIG

siehe S.196

FLAMMKUCHEN-CREME

200 g Crème fraîche
100 g Schmand
½ TL Salz
1 Prise Pfeffer
1 Prise Zucker
1 TL Zitronensaft

BELAG

24 entsteinte schwarze Oliven
1 Zucchini
4 Zweige Thymian
4 EL Olivenöl

Den Grill mit Pizzastein und geschlossenem Deckel über direkter Hitze mit voller Leistung 20–30 Minuten aufheizen.

Den Flammkuchenteig wie auf S. 196 beschrieben zubereiten. Für die Creme alle Zutaten miteinander verrühren und dünn auf dem Teig verteilen.

Die Oliven halbieren, die Zucchini putzen, waschen und in dünne Scheiben hobeln. Thymian waschen, trocken schütteln, Blätter abzupfen und grob hacken. Den Flammkuchen mit den Zucchinischeiben belegen, 12 Olivenhälften darauf verteilen, mit Olivenöl beträufeln und mit Thymian bestreuen.

Den Pizzaschieber leicht mit Mehl bestäuben, je einen Flammkuchen damit aufnehmen und auf den Pizzastein gleiten lassen. Die direkte Hitze unter dem Stein ausschalten und den Flammkuchen bei indirekter Hitze mit geschlossenem Deckel ca. 4–5 Minuten knusprig backen.Die restlichen Flammkuchen auf die gleiche Weise zubereiten. Mit Pfeffer würzen und sofort genießen.

FLAMMKUCHEN MIT APFEL, WALNUSS UND GORGONZOLA

201

Für 4 Flammkuchen

FLAMMKUCHEN-TEIG

siehe S.196

FLAMMKUCHEN-CREME

200 g Crème fraîche
100 g Schmand
½ TL Salz
1 Prise Pfeffer
1 Prise Zucker
1 TL Zitronensaft

BELAG

2 große Äpfel
100 g Walnusskerne
125 g Gorgonzola dolce
1 Kästchen Kresse

Den Grill mit Pizzastein und geschlossenem Deckel über direkter Hitze mit voller Leistung 20–30 Minuten aufheizen.

Den Flammkuchenteig wie auf S. 196 beschrieben zubereiten. Für die Creme alle Zutaten miteinander verrühren und dünn auf dem Teig verteilen.

Die Äpfel waschen, schälen, vierteln, Kerngehäuse entfernen und in dünne Spalten schneiden. Walnusskerne grob hacken, Gorgonzola in Würfel schneiden. Die Zutaten gleichmäßig auf die 4 Flammkuchen verteilen.

Den Pizzaschieber leicht mit Mehl bestäuben, je einen Flammkuchen damit aufnehmen und auf den Pizzastein gleiten lassen. Die direkte Hitze unter dem Stein ausschalten und den Flammkuchen bei indirekter Hitze mit geschlossenem Deckel ca. 4–5 Minuten knusprig backen. Die restlichen Flammkuchen auf die gleiche Weise zubereiten. Mit der Kresse bestreuen und sofort genießen.

FLAMMKUCHEN MIT GEGRILLTEM GEMÜSE

Für 4 Flammkuchen

FLAMMKUCHEN-TEIG

siehe S.196

FLAMMKUCHEN-CREME

200 g Crème fraîche
100 g Schmand
½ TL Salz
1 Prise Pfeffer
1 Prise Zucker
1 TL Zitronensaft

BELAG

1 Zucchini
1 Aubergine
1 rote und gelbe Paprikaschote
4 EL Olivenöl
4 Stängel Oregano
80 g frisch geriebener Parmesan
Pfeffer

Den Grill mit Pizzastein und geschlossenem Deckel über direkter Hitze mit voller Leistung 20–30 Minuten aufheizen.

Den Flammkuchenteig wie auf S. 196 beschrieben zubereiten. Für die Creme alle Zutaten miteinander verrühren und dünn auf dem Teig verteilen.

Die Zucchini und die Aubergine putzen, waschen und in dünne Scheiben hobeln. Paprika waschen, Kerne und weiße Innenhäute entfernen und in grobe Stücke schneiden. Eine Grillpfanne mit Öl ausstreichen, das Gemüse darin nach und nach anbraten. Oregano waschen, trocken schütteln und Blätter abzupfen.

Den Flammkuchen mit dem Gemüse belegen, mit Olivenöl beträufeln und mit Oregano und Parmesan bestreuen.

Den Pizzaschieber leicht mit Mehl bestäuben, je einen Flammkuchen damit aufnehmen und auf den Pizzastein gleiten lassen. Die direkte Hitze unter dem Stein ausschalten und den Flammkuchen bei indirekter Hitze mit geschlossenem Deckel ca. 4–5 Minuten knusprig backen. Die restlichen Flammkuchen auf die gleiche Weise zubereiten. Mit Pfeffer würzen und sofort genießen.

202

FLAMMKUCHEN
MIT KRÄUTER-SEITLINGEN

203

Für 4 Flammkuchen

FLAMMKUCHEN-TEIG

siehe S.196

FLAMMKUCHEN-CREME

200 g Crème fraîche
100 g Schmand
½ TL Salz
1 Prise Pfeffer
1 Prise Zucker
1 TL Zitronensaft
1 TL Majoran

BELAG

300 g Kräuterseitlinge
2 Schalotten
4 EL Olivenöl
edelsüßes Paprikapulver
50 g frisch gehobelter Parmesan

Den Grill mit Pizzastein und geschlossenem Deckel über direkter Hitze mit voller Leistung 20–30 Minuten aufheizen.

Den Flammkuchenteig wie auf S. 196 beschrieben zubereiten. Für die Creme alle Zutaten miteinander verrühren und dünn auf dem Teig verteilen.

Die Kräuterseitlinge in Scheiben schneiden. Die Schalotten schälen und in dünne Scheiben schneiden. Beides auf den Flammkuchen verteilen, mit Olivenöl beträufeln und mit Paprikapulver würzen.

Den Pizzaschieber leicht mit Mehl bestäuben, je einen Flammkuchen damit aufnehmen und auf den Pizzastein gleiten lassen. Die direkte Hitze unter dem Stein ausschalten und den Flammkuchen bei indirekter Hitze mit geschlossenem Deckel ca. 4–5 Minuten knusprig backen. Die restlichen Flammkuchen auf die gleiche Weise zubereiten. Mit Parmesan bestreuen und sofort genießen.

204

FLAMMKUCHEN MIT KÜRBIS UND ZIEGENKÄSE

Für 4 Flammkuchen

FLAMMKUCHEN-TEIG

siehe S.196

FLAMMKUCHEN-CREME

200 g Crème fraîche
100 g Schmand
1 Prise Salz
1 Prise Pfeffer
1 Prise Kreuzkümmel
1 EL Zitronensaft
2 TL gehackte Thymianblätt-chen

BELAG

300 g Butternutkürbis
200 g Ziegenweichkäserolle
50 g Kürbiskerne
4 EL Kürbiskernöl

Den Grill mit Pizzastein und geschlossenem Deckel über direkter Hitze mit voller Leistung 20–30 Minuten aufheizen.

Den Flammkuchenteig wie auf S. 196 beschrieben zubereiten. Für die Creme alle Zutaten miteinander verrühren und dünn auf dem Teig verteilen.

Den Kürbis waschen, halbieren, Kerne entfernen und das Fruchtfleisch auf einer Reibe grob raspeln. Die Zutaten für den Belag, bis auf das Kürbiskernöl, gleichmäßig auf den Flammkuchen verteilen.

Den Pizzaschieber leicht mit Mehl bestäuben, je einen Flammkuchen damit aufnehmen und auf den Pizzastein gleiten lassen. Die direkte Hitze unter dem Stein ausschalten und den Flammkuchen bei indirekter Hitze mit geschlossenem Deckel ca. 4–5 Minuten knusprig backen. Die restlichen Flammkuchen auf die gleiche Weise zubereiten. Mit dem Kürbiskernöl beträufeln und sofort genießen.

FLAMMKUCHEN
MIT RUCOLA UND COCKTAILTOMATEN

Für 4 Flammkuchen

FLAMMKUCHEN-TEIG

siehe S.196

FLAMMKUCHEN-CREME

200 g Crème fraîche
100 g Schmand
½ TL Salz
1 Prise Pfeffer
1 Prise Zucker
1 TL Zitronensaft

BELAG

300 g Cocktailtomaten
40 g Rucola
120 g geriebener Mozzarella
2 EL Olivenöl

Den Grill mit Pizzastein und geschlossenem Deckel über direkter Hitze mit voller Leistung 20–30 Minuten aufheizen.

Den Flammkuchenteig wie auf S. 196 beschrieben zubereiten. Für die Creme alle Zutaten miteinander verrühren und dünn auf dem Teig verteilen.

Cocktailtomaten waschen und halbieren, Rucola putzen, waschen und trocken schleudern. Tomaten auf den Flammkuchen verteilen und mit Mozzarella bestreuen.

Den Pizzaschieber leicht mit Mehl bestäuben, je einen Flammkuchen damit aufnehmen und auf den Pizzastein gleiten lassen. Die direkte Hitze unter dem Stein ausschalten und den Flammkuchen bei indirekter Hitze mit geschlossenem Deckel ca. 4–5 Minuten knusprig backen.Die restlichen Flammkuchen auf die gleiche Weise zubereiten mit Rucola belegen, mit Olivenöl beträufeln und sofort genießen.

205

FLAMMKUCHEN
MIT ZIEGENKÄSE UND FEIGE

Für 4 Flammkuchen

FLAMMKUCHEN-TEIG
siehe S.196

FLAMMKUCHEN-CREME
200 g Crème fraîche
100 g Schmand
½ TL Salz
1 Prise Pfeffer
1 Prise Zucker
1 TL Zitronensaft

BELAG
150 g Ziegenfrischkäse oder Ziegenkäserolle
3 frische oder 5 getrocknete Feigen
Kräuter der Provence
flüssiger Honig zum Beträufeln

206

Den Grill mit Pizzastein und geschlossenem Deckel über direkter Hitze mit voller Leistung 20–30 Minuten aufheizen.

Den Flammkuchenteig wie auf S. 196 beschrieben zubereiten. Für die Creme alle Zutaten miteinander verrühren und dünn auf dem Teig verteilen.

Ziegenfrischkäse in kleinen Portionen oder die Rolle in dünne Scheiben schneiden und darauf verteilen. Die frischen Feigen waschen und in Scheiben schneiden oder die getrockneten Feigen klein schneiden und den Flammkuchen damit belegen.

Den Pizzaschieber leicht mit Mehl bestäuben, je einen Flammkuchen damit aufnehmen und auf den Pizzastein gleiten lassen. Die direkte Hitze unter dem Stein ausschalten und den Flammkuchen bei indirekter Hitze mit geschlossenem Deckel ca. 4–5 Minuten knusprig backen. Die restlichen Flammkuchen auf die gleiche Weise zubereiten. Mit Kräutern der Provence bestreuen, mit Honig beträufeln und sofort genießen.

FLAMMKUCHEN MIT ZIEGENKÄSE UND SPINAT 207

Für 4 Flammkuchen

FLAMMKUCHEN-TEIG

siehe S.196

FLAMMKUCHEN-CREME

200 g Crème fraîche
100 g Schmand
½ TL Salz
1 Prise Pfeffer
1 Prise Zucker
1 TL Zitronensaft

BELAG

250 g frischer Blattspinat
Salz
200 g Ziegenfrischkäse
Pfeffer
Muskatnuss
30 g geröstete Pinienkerne

Den Grill mit Pizzastein und geschlossenem Deckel über direkter Hitze mit voller Leistung 20–30 Minuten aufheizen.

Den Flammkuchenteig wie auf S. 196 beschrieben zubereiten. Für die Creme alle Zutaten miteinander verrühren und dünn auf dem Teig verteilen.

Blattspinat waschen, trocken schleudern und in kochendem Salzwasser ca. 10 Sekunden blanchieren. Kalt abschrecken, gut abtropfen lassen und auf den Flammkuchen verteilen. Ziegenkäse in Stücke bröseln und über den Spinat streuen. Mit Salz, Pfeffer und frisch geriebener Muskatnuss würzen.

Den Pizzaschieber leicht mit Mehl bestäuben, je einen Flammkuchen damit aufnehmen und auf den Pizzastein gleiten lassen. Die direkte Hitze unter dem Stein ausschalten und den Flammkuchen bei indirekter Hitze mit geschlossenem Deckel ca. 4–5 Minuten knusprig backen. Die restlichen Flammkuchen auf die gleiche Weise zubereiten. Mit Pinienkernen bestreuen und sofort genießen.

FLAMMKUCHEN MIT ZUCCHINI UND ROTEN ZWIEBELN

Für 4 Flammkuchen

FLAMM-KUCHENTEIG

siehe S.196

FLAMM-KUCHENCREME

200 g Crème fraîche
100 g Schmand
½ TL Salz
1 Prise Pfeffer
1 Prise Zucker
1 TL Zitronensaft

BELAG

2 mittelgroße Zucchini
2 rote Zwiebeln
6 Zweige Thymian
Pfeffer

Den Grill mit Pizzastein und geschlossenem Deckel über direkter Hitze mit voller Leistung 20–30 Minuten aufheizen.

Den Flammkuchenteig wie auf S. 196 beschrieben zubereiten. Für die Creme alle Zutaten miteinander verrühren und dünn auf dem Teig verteilen.

Zucchini waschen, halbieren und in ½ cm dicke Scheiben schneiden. Zwiebeln schälen, halbieren und in dünne Ringe schneiden. Thymian waschen, trocken schütteln und die Blätter abzupfen.

Den Flammkuchen mit den Zucchinischeiben und Zwiebelringen belegen und mit den Thymianblättern bestreuen.

Den Pizzaschieber leicht mit Mehl bestäuben, je einen Flammkuchen damit aufnehmen und auf den Pizzastein gleiten lassen. Die direkte Hitze unter dem Stein ausschalten und den Flammkuchen bei indirekter Hitze mit geschlossenem Deckel ca. 4–5 Minuten knusprig backen. Die restlichen Flammkuchen auf die gleiche Weise zubereiten. Mit frisch gemahlenem Pfeffer bestreuen und sofort genießen.

FLAMMKUCHEN
MIT PFIFFERLINGEN

Für 4 Flammkuchen

FLAMMKUCHEN-TEIG

siehe S.196

FLAMMKUCHEN-CREME

200 g Crème fraîche
100 g Schmand
½ TL Salz
1 Prise Pfeffer
1 TL Zitronensaft
2 Tropfen Worcestersauce

BELAG

300 g Pfifferlinge
1 große rote Zwiebel
100 g geräucherte Baconwürfel

Den Grill mit Pizzastein und geschlossenem Deckel über direkter Hitze mit voller Leistung 20–30 Minuten aufheizen.

Den Flammkuchenteig wie auf S. 196 beschrieben zubereiten. Für die Creme alle Zutaten miteinander verrühren und dünn auf dem Teig verteilen.

Die Pfifferlinge säubern und große halbieren. Zwiebel schälen, halbieren und in dünne Streifen schneiden.

Pfifferlinge, Zwiebel und Baconwürfel gleichmäßig darauf verteilen. Den Pizzaschieber leicht mit Mehl bestäuben, je einen Flammkuchen damit aufnehmen und auf den Pizzastein gleiten lassen. Die direkte Hitze unter dem Stein ausschalten und den Flammkuchen bei indirekter Hitze mit geschlossenem Deckel ca. 4–5 Minuten knusprig backen. Die restlichen Flammkuchen auf die gleiche Weise zubereiten und sofort genießen.

FLAMMKUCHEN MIT RÄUCHERLACHS, KÄSE UND FRÜHLINGSZWIEBELN

Für 4 Flammkuchen

FLAMMKUCHEN-TEIG

siehe S.196

FLAMMKUCHEN-CREME

200 g Crème fraîche
100 g Schmand
2 TL Sahnemeerrettich
½ TL Salz
1 Prise Pfeffer
1 Prise Zucker
1 TL Zitronensaft

BELAG

3 Frühlingszwiebeln
150 g geriebener Käse
200 g Räucherlachs

Den Grill mit Pizzastein und geschlossenem Deckel über direkter Hitze mit voller Leistung 20–30 Minuten aufheizen.

Den Flammkuchenteig wie auf S. 196 beschrieben zubereiten. Für die Creme alle Zutaten miteinander verrühren und dünn auf dem Teig verteilen.

Frühlingszwiebeln putzen, waschen, trocken schütteln und in Ringe schneiden. Den Flammkuchen mit dem Käse und den Frühlingszwiebeln bestreuen.

Den Pizzaschieber leicht mit Mehl bestäuben, je einen Flammkuchen damit aufnehmen und auf den Pizzastein gleiten lassen. Die direkte Hitze unter dem Stein ausschalten und den Flammkuchen bei indirekter Hitze mit geschlossenem Deckel ca. 4–5 Minuten knusprig backen. Die restlichen Flammkuchen auf die gleiche Weise zubereiten. Mit Lachs belegen und sofort genießen.

FLAMMKUCHEN
MIT GRAVED LACHS UND GRÜNEM SPARGEL

Für 4 Flammkuchen

FLAMMKUCHEN-TEIG
siehe S.196

FLAMMKUCHEN-CREME
200 g Crème fraîche
100 g Schmand
2 TL Sahnemeerrettich
½ TL Salz
1 Prise Pfeffer
1 Prise Zucker
1 TL Zitronensaft

BELAG
3 Frühlingszwiebeln
12 Stangen grüner Spargel
Salz
200 g Graved Lachs

Den Grill mit Pizzastein und geschlossenem Deckel über direkter Hitze mit voller Leistung 20–30 Minuten aufheizen.

Den Flammkuchenteig wie auf S. 196 beschrieben zubereiten. Für die Creme alle Zutaten miteinander verrühren und dünn auf dem Teig verteilen.

Frühlingszwiebeln putzen, waschen, trocken schütteln und in Ringe schneiden. Den grünen Spargel ggf. im unteren Drittel schälen, Enden abschneiden und die Stangen in 5 gleich große Stücke schneiden. Die Spargelstücke in reichlich kochendem Salzwasser ca. 5 Minuten bissfest garen und anschließend in Eiswasser abschrecken.

Den Flammkuchen mit den Spargelstücken und den Frühlingszwiebeln bestreuen. Den Pizzaschieber leicht mit Mehl bestäuben, je einen Flammkuchen damit aufnehmen und auf den Pizzastein gleiten lassen. Die direkte Hitze unter dem Stein ausschalten und den Flammkuchen bei indirekter Hitze mit geschlossenem Deckel ca. 4–5 Minuten knusprig backen. Die restlichen Flammkuchen auf die gleiche Weise zubereiten. Mit Lachs belegen und sofort genießen.

211

FLAMMKUCHEN
MIT THUNFISCH

Für 4 Flammkuchen

FLAMMKUCHEN-TEIG

siehe S.196

FLAMMKUCHEN-CREME

200 g Crème fraîche
100 g Schmand
½ TL Salz
1 Prise Zucker
1 Prise Pfeffer
1 TL Zitronensaft

BELAG

300 g Kirschtomaten
80 g entsteinte schwarze Oliven
1 Dose (185 g) Thunfisch
150 g Feta

Den Grill mit Pizzastein und geschlossenem Deckel über direkter Hitze mit voller Leistung 20–30 Minuten aufheizen.

Den Teig laut Grundrezept zubereiten. In vier Portionen teilen, auf einer bemehlten Arbeitsfläche in der Größe des Pizzasteins die erste Portion sehr dünn ausrollen. Für die Creme alle Zutaten miteinander verrühren und dünn auf dem Teig verteilen. Kirschtomaten waschen und halbieren, Oliven abtropfen lassen und halbieren. Thunfisch abtropfen lassen und zerpflücken. Alle Zutaten dekorativ jeweils auf den Flammkuchen verteilen und den Feta darüberbröseln.

Den Pizzaschieber leicht mit Mehl bestäuben, je einen Flammkuchen damit aufnehmen und auf den Pizzastein gleiten lassen. Die direkte Hitze unter dem Stein ausschalten und den Flammkuchen bei indirekter Hitze mit geschlossenem Deckel ca. 4–5 Minuten knusprig backen. Die restlichen Flammkuchen auf die gleiche Weise zubereiten

FLAMMKUCHEN MIT HÄHNCHEN UND KÄSE

Für 4 Flammkuchen

FLAMMKUCHEN-TEIG

siehe S. 196

FLAMMKUCHEN-CREME

200 g Crème fraîche
100 g Schmand
½ TL Salz
1 Prise Zucker
1 Prise Pfeffer
1 TL Zitronensaft

BELAG

2 rote Zwiebeln
1 rote Paprikaschote
½ Bund glatte Petersilie
400 g gegrilltes Hähnchen
150 g geriebener Käse
(z. B. Emmentaler)

Den Grill mit Pizzastein und geschlossenem Deckel über direkter Hitze mit voller Leistung 20–30 Minuten aufheizen.

Den Teig laut Grundrezept zubereiten. In vier Portionen teilen, auf einer bemehlten Arbeitsfläche in der Größe des Pizzasteins die erste Portion sehr dünn ausrollen.

Für die Creme alle Zutaten miteinander verrühren und dünn auf dem Teig verteilen.

Für den Belag die Zwiebeln schälen und in Ringe schneiden. Paprika in Würfel schneiden. Petersilie waschen, trocken schütteln und mit Stängel fein hacken. Das Hähnchen in Streifen schneiden, auf dem Teig verteilen und den Käse darüberstreuen. Den Pizzaschieber leicht mit Mehl bestäuben, je einen Flammkuchen damit aufnehmen und auf den Pizzastein gleiten lassen. Die direkte Hitze unter dem Stein ausschalten und den Flammkuchen bei indirekter Hitze mit geschlossenem Deckel ca. 4–5 Minuten knusprig backen. Die restlichen Flammkuchen auf die gleiche Weise zubereiten. Flammkuchen mit gehackter Petersilie bestreuen und servieren.

FEUERKARTOFFELN

Für 4 Personen

4 große festkochende
Kartoffeln
Salz
½ TL Kümmelsamen
1 Knoblauchzehe
125 g Mozzarella
½ TL Chiliflocken
1 EL Pesto
Pfeffer

Grill auf ca. 200 °C vorheizen.

Kartoffeln waschen und mit Schale in ausreichend Salzwasser mit Kümmel ca. 25 Minuten bissfest garen. Abgießen, etwas auskühlen lassen, quer halbieren und aushöhlen. Das Innere in eine Schüssel geben.

Knoblauch schälen und fein hacken. Mozzarella abtropfen lassen, in kleine Würfel schneiden und mit Kartoffelinnerem, Knoblauch, Chili und Pesto mischen. Mit Salz und Pfeffer abschmecken.

Füllung auf die Kartoffelhälften verteilen, Hälften zusammensetzen und die Kartoffeln in Alufolie einwickeln. Im Backofen oder auf dem Grill ca. 20 Minuten backen.

Folienkartoffeln brauchen einen Begleiter, der sie von bloßer Beilage zum heimlichen Star eines Grillfests macht. Gleich nach dem Auspacken aus der Glut genießen Sie die Kartoffeln z. B. mit den Topping-Ideen.

FOLIENKARTOFFELN AUS DER GLUT

Für 4 Personen

4 mittelgroße Backkartoffeln

Die Kartoffeln waschen und einzeln wie ein Bonbon fest in Alufolie einpacken. Dann an den Rand der Grillschale neben die glühenden Kohlen legen. Mit einer Grillzange ab und zu wenden, die Folienkartoffeln brauchen eine Garzeit von ca. 50–60 Minuten. Einfach mit einem spitzen Messer hineinstechen, ob sie gar sind.

215

SCHNITTLAUCH-HÜTTENKÄSE

200 g Hüttenkäse
Salz
1 EL Olivenöl
1 Bund Schnittlauch

Hüttenkäse, 1 Prise Salz und das Olivenöl verrühren. Schnittlauch waschen, trocken schütteln, in Röllchen schneiden und unterrühren.

BLUE-CHEESE-CREME

50 g Gorgonzola oder
Blauschimmelkäse
100 ml Milch
1 Knoblauchzehe
Salz, Pfeffer

Alle Zutaten in einem Blitzhacker oder mit einem Pürierstab zu einer Creme verarbeiten. Salzen und pfeffern.

Käse zu grillen, macht unheimlich Spaß und bietet unzählige Variationsmöglichkeiten.
Feta gewinnt enorm durch das Backen auf dem Grill und die Zugabe würziger Aromen.

GEBACKENER FETA VOM GRILL

Für 2 Personen

2 Packungen Feta
1 unbehandelte Zitrone
3 Zweige Thymian
1 rote Zwiebel
2 EL Balsamico
4 EL Olivenöl
Pfeffer

216

Zwei gleich große Bögen Alufolie versetzt nebeneinander auslegen. Die beiden ganzen Stücke Feta-Käse auf die Folie legen und die Seiten zu einem verstärkten Rand zusammendrücken.

Die Zitrone heiß abwaschen, trocknen und mit einem Zestenreißer die Schale von der Zitrone in Zesten abziehen. Thymian waschen, trocken schütteln, Blättchen von den Zweigen zupfen. Die Zwiebel schälen und in feine Ringe schneiden.

Zitronenzesten, Thymianblättchen und Zwiebelringe über den Feta streuen. Balsamico mit Olivenöl und etwas gemahlenem Pfeffer verrühren und damit den Feta übergießen.

Die Päckchen mit dem Fetakäse auf den heißen Grill legen und bei geschlossenem Deckel ca. 15 Minuten backen.

TIPP Beim Kauf von Feta lohnt es sich, genau auf die Zutatenliste zu schauen. Es gibt den Salzlakenkäse aus Kuhmilch und aus Schafsmilch. Der schmackhaftere Feta ist der aus purer Schafsmilch.

GEFÜLLTE CHAMPIGNONS
MIT RAHMSPINAT UND PECORINO

Für 12 Stück

12 große weiße Champignons
Salz
Pfeffer
100 g Babyspinat
1 Schalotte
1 Knoblauch
2 EL Rapsöl
50 g Crème fraîche
Muskatnuss
50 g Pecorino

Den Grill vorbereiten. Die Champignons putzen und die Stiele entfernen. Kräftig mit Salz und Pfeffer würzen.

Babyspinat waschen und trocken schleudern. Schalotte und Knoblauch schälen und in kleine Würfel schneiden. In einer Pfanne das Öl erhitzen, Schalotte und Knoblauch darin anschwitzen, Babyspinat hinzugeben und bei geschlossenem Deckel ca. 2 Minuten garen, bis der Spinat zusammengefallen ist. Crème fraîche unter den Spinat rühren, mit Salz, Pfeffer und frisch geriebener Muskatnuss abschmecken.

Den Rahmspinat in die Champignons füllen. Pecorino fein hobeln und auf den gefüllten Champignons verteilen. Die Champignons auf den Grill legen und und bei indirekter Hitze grillen.

219

Gegrillte Auberginen gehören zu den klassischen Bestandteilen eines mediterranen Antipasti-Tellers. Sie können dieses Rezept noch um Zucchini-Scheiben und kleine Pilze erweitern und alles zusammen grillen.

GEGRILLTE AUBERGINEN MIT MINZE UND BALSAMICO

Für 4 Personen

2 große Auberginen
Salz
1 Knoblauchzehe
4 EL Olivenöl
2 Stängel Minze
2 EL Balsamico
Saft von ½ Zitrone
Pfeffer

220

Die Auberginen putzen, waschen und längs in etwa 0,5 cm dünne Scheiben schneiden. Auf Küchenpapier auslegen, von beiden Seiten kräftig salzen und einige Minuten ziehen lassen.

Die Knoblauchzehe schälen, durch eine Knoblauchpresse drücken und mit dem Olivenöl verrühren. Auberginenscheiben in diesem Knoblauchöl mindestens 30 Minuten marinieren.

Dann die Auberginenscheiben aus dem Öl nehmen, abtropfen lassen und in einer Grillschale auf dem heißen Rost grillen. Mehrmals vorsichtig wenden, dabei darauf achten, dass die Auberginenscheiben nicht zerreißen.

Die Minze waschen, trocken schütteln, Blätter abzupfen und fein hacken. Die fertig gegarten Auberginenscheiben in der Grillschale in ihrem Öl und Saft ruhen lassen, dann mit der gehackten Minze, Balsamico und Zitronensaft vermengen, pfeffern und lauwarm servieren.

TIPP Alternativ können Sie die Auberginenscheiben vor dem Marinieren noch mit kleinen Stückchen von Schafskäse füllen und diese dann als kleine Röllchen grillen.

Die wahren Anhänger eines American BBQs können sich nicht vorstellen, auf gegrillte Maiskolben als Beilage zu verzichten. Das Knabbern an den Kolben und der besondere Geschmack gehören einfach dazu. Unser Rezept für Maiskolben ist auch besonders für Vegetarier ein Highlight eines jeden Grillfests.

GEGRILLTE MAISKOLBEN
MIT CHILI-BUTTER

Für 4 Stück

**4 frische Maiskolben,
am besten mit Blättern
2 Stängel Minze
100 g weiche Butter
Saft von 1 Limette
1 TL getrocknete Chiliflocken
Salz, Pfeffer**

Die noch geschlossenen Maiskolben in einer Schüssel ca. 10 Minuten wässern, damit die Blätter auf dem Grill nicht verbrennen. Dann auf den heißen Grill legen und regelmäßig wenden. Etwas abkühlen lassen, dann die Blätter umklappen, das Maishaar entfernen und weitere 10 Minuten grillen, bis sie leicht bräunlich werden. Wundern Sie sich nicht, es dauert relativ lange, bis die Maiskolben schön gegrillt aussehen und richtig Farbe annehmen.

Wenn Sie frische Maiskolben ohne Blätter verwenden, garen Sie diese in sprudelnd kochendem Wasser für ca. 20 Minuten vor und lassen Sie sie dann in einem Sieb abtropfen, bevor Sie sie wie oben beschrieben grillen.

Für die Chili-Butter die Minze waschen, trocken schütteln, Blättchen abzupfen und fein hacken. Mit allen anderen Zutaten für die Chili-Butter ordentlich vermengen. Die Chili-Butter mithilfe von Frischhaltefolie zu einer Rolle formen und ca. 10 Minuten im Kühlschrank kalt stellen. Die Maiskolben heiß und mit einem großzügigen Stück Butter obendrauf servieren.

221

GEGRILLTE MAISKOLBEN MIT KRÄUTER-BUTTER

Für 4 Stück

KRÄUTERBUTTER

250 g weiche Butter
1 Bund Schnittlauch
1 Knoblauchzehe
Salz

MAISKOLBEN

4 gekochte Maiskolben
4 TL Sonnenblumenöl
Pfeffer

Für die Kräuterbutter die Butter mit einem Handrührgerät verrühren. Schnittlauch waschen, trocken schütteln, in feine Röllchen schneiden und zur Butter geben. Knoblauchzehe schälen und durch eine Presse zur Butter drücken. Alles verrühren und mit 1 TL Salz würzen.

Die Masse auf ein großes Stück Frischhaltefolie geben, zu einer Rolle formen und die beiden Enden fest zudrehen. Dann zusätzlich in einen Bogen Alufolie einrollen und im Kühlschrank fest werden lassen. Vor der Verwendung rechtzeitig aus dem Kühlschrank nehmen.

Die Maiskolben mit dem Öl einpinseln und auf dem vorgeheizten Grill rundherum grillen. Anschließend salzen und pfeffern.

Die gegrillten Maiskolben zusammen mit der Kräuterbutter servieren.

GEGRILLTE PAPRIKAHÄLFTEN

Für 4 Personen

2 rote Paprikaschoten
1 große reife Avocado
2 EL Zitronensaft
150 g Kirschtomaten
1 rote Zwiebel
½ Bund glatte Petersilie
150 g Cheddar
1 gehäufter TL Kräuter der Provence
4 EL Pflanzenöl
Salz, Pfeffer

Paprikaschoten waschen, putzen, halbieren, Kerne und weiße Innenhäute entfernen. Avocado halbieren, den Kern entfernen, das Fruchtfleisch mit einem Esslöffel aus der Schale lösen und in Würfel schneiden. Mit Zitronensaft mischen. Kirschtomaten waschen und halbieren. Zwiebel schälen und in kleine Würfel schneiden. Petersilie waschen, trocken schütteln, Blätter abzupfen und hacken. Cheddar in Würfel schneiden.

Kräuter der Provence mit dem Öl verrühren. Die Paprikahälften außen damit einpinseln. Den Rest mit Avocado, Kirschtomaten, Zwiebel, Cheddar und Petersilie vermischen. Kräftig mit Salz und Pfeffer würzen, in die Paprikahälften füllen und auf dem heißen Grill in einer geeigneten Schale oder auf einem Rost ca. 15 Minuten grillen.

Dazu schmeckt frisches Baguette.

TIPP Schlechtes Wetter – wenn das Grillwetter nicht so mitspielt, die Paprikaschoten im Backofen zubereiten. Bei 200 °C Ober- und Unterhitze ca. 25–30 Minuten backen.

223

GEGRILLTE MANGO
MIT SÜSSKARTOFFELN UND BASILIKUMÖL

Für 4 Personen

BASILIKUMÖL

1 Schalotte
1 kleiner Bund Basilikum
100 ml Olivenöl
Saft von ½ Zitrone
20 g Pinienkerne
Salz, Pfeffer

MANGOS UND SÜSSKARTOFFELN

2 Süßkartoffeln (ca. 500 g)
Salz
1 EL Kokosöl
Pfeffer
3 reife Mangos

Für das Basilikumöl die Schalotte schälen und würfeln. Basilikum waschen, trocken schütteln und Blätter abzupfen. Einige Blätter für die Dekoration beiseitelegen, den Rest in feine Streifen schneiden. Olivenöl mit Zitronensaft, Pinienkernen und Basilikum vermischen. Zum Schluss mit Salz und Pfeffer abschmecken.

Die Süßkartoffeln schälen, der Länge nach halbieren und in Würfel schneiden. In ausreichend Salzwasser bissfest kochen, abschütten und ausdampfen lassen. Eine Pfanne mit etwas Kokosöl erhitzen und die Süßkartoffelwürfel darin kurz anbraten. Mit Salz und Pfeffer würzen. Die Mangos schälen und das Fruchtfleisch in großen Stücken vom Kern schneiden. Auf dem Grill so grillen, dass die Mangos ein schönes Muster erhalten.

Zum Anrichten die gebratenen Süßkartoffeln mittig auf Tellern anrichten und die Mangos daraufgeben. Mit dem Öl beträufeln und mit den Basilikumblättern dekorieren.

225

TIPP Dieses Gericht schmeckt nicht nur mit Mango, sondern auch toll mit Papaya oder Kaki.

GEGRILLTES BLUMENKOHLPÜREE
MIT SEITAN

Für 2 Personen

SEITAN UND GEMÜSE

250 g Seitan
1 rote Paprikaschote
1 Aubergine
3 EL Olivenöl
Salz, Pfeffer

226

BLUMENKOHL-PÜREE

250 g Blumenkohl
1 Knoblauchzehe
1 Zweig Thymian
3 EL Olivenöl
200 ml Gemüsebrühe
Salz, Pfeffer

Den Seitan in Würfel schneiden. Paprika waschen, halbieren, Kerne und weiße Innenhäute entfernen und würfeln. Aubergine putzen, waschen und ebenfalls in Würfel schneiden. Alles zusammen in einer Schüssel vermischen und mit Olivenöl, Salz und Pfeffer ca. 1 Stunde marinieren. Das Ganze auf einer Grillplatte knusprig grillen.

Für das Püree den Blumenkohl putzen und in dünne Scheiben schneiden. Knoblauch schälen und durch eine Presse drücken. Thymian waschen, trocken schütteln und die Blättchen abzupfen. Knoblauch, Thymian und Öl verrühren und die Blumenkohlscheiben darin ca. 1 Stunde marinieren.

Auf dem Grill den Blumenkohl kräftig grillen, damit Röstaromen entstehen. Anschließend in Gemüsebrühe weich garen. Dann herausnehmen und mit einem Stabmixer fein pürieren. Dabei so viel Gemüsebrühe zugießen, dass ein cremiges Püree entsteht. Mit Salz und Pfeffer abschmecken.

Das Püree auf Teller verteilen und den gegrillten Seitan sowie die Gemüsewürfel darauf anrichten.

TIPP Eine Variante in Farbe und Geschmack ergibt sich, wenn der Blumenkohl gegen Brokkoli ausgetauscht bzw. Romanesco verwendet wird.

Quesadillas stammen aus dem Mexikanischen. Übersetzt könnte man sie geklappte Käse-Fladen nennen. Ähnliche Snacks gibt es in Cafés und Bars als gegrillte Toastie-Sandwiches oder Wraps. Gegrillt sind sie eine leckere Vorspeise oder ein schnelles Rezept für hungrige Kids.

GEGRILLTE QUESADILLAS

Für 5 Pesonen

2 Frühlingszwiebeln
5 Tortillafladen
3 TL Tomatenmark
Pfeffer
getrocknete Chiliflocken
5 Scheiben Käse
(am besten Gouda oder
Butterkäse)
5 Scheiben gekochter
Schinken

Frühlingszwiebeln putzen, waschen, trocken schütteln und fein hacken. Die Tortillas dünn mit Tomatenmark bestreichen. Mit den gehackten Frühlingszwiebeln, frisch gemahlenem Pfeffer und Chiliflocken bestreuen.

Je 1 Scheibe Käse und 1 Scheibe Schinken auf die Tortillas legen und auf die Hälfte zusammenklappen. Leicht andrücken, um die Quesadillas möglichst fest zu verschließen.

Dann die Quesadillas bei mittlerer Hitze auf den Grill legen, nach kurzer Zeit wenden und so lange weiterbacken, bis man am Rand den Käse schmelzen sieht.

228

TIPP Mit Tortillafladen lassen sich unzählige Varianten machen. Experimentieren Sie mit unterschiedlichen Füllungen, vielleicht sogar mit süßen Zutaten wie Schokoraspeln, Nougatcreme, Schmand und Obst. Achten Sie beim Grillen nur darauf, die Fladen zusammenzuklappen. Gerollte Wraps lassen sich auf dem Grill nicht gut wenden.

Man könnte jede Art von festem Gemüse, wie auch Spargel, bei mittlerer Hitze direkt auf dem Rost grillen. Leider gehen dann Saftigkeit und Aroma verloren. Das indirekte Grillen in Folienpäckchen führt zu sehr saftigem und wunderbar geschmacksintensivem Spargel.

GRÜNER SPARGEL IN FOLIE GEGRILLT

Für 4 Personen

2 Bund grüner Spargel
Salz
1 EL Zucker
60 g Butter
Saft von 1 Zitrone
½ Bund Schnittlauch
5 EL Olivenöl
Pfeffer

Grüner Spargel muss, im Gegensatz zu weißem, nicht oder nur am unteren Drittel geschält werden. Schneiden Sie mit einem Messer so viel unten ab, bis die Schneide leicht durch die Spargelstangen gleitet.

Die Spargelstangen in vier gleich große Portionen aufteilen. Vier große Bögen Alufolie abreißen und darauf die Spargelstangen legen. Jeweils mit 1 Prise Salz und etwas Zucker bestreuen, mit Butterflocken belegen und mit etwas Zitronensaft beträufeln. Spargelpäckchen gut und fest verschließen und dann für ca. 10 Minuten auf den mittelheißen Grill legen.

Zum Servieren die Spargelpäckchen öffnen. Schnittlauch waschen, trocken schütteln und mit einer Küchenschere zu Röllchen schneiden und über dem Spargel verteilen. Jedes Päckchen mit etwas Olivenöl beträufeln und mit frisch gemahlenem Pfeffer bestreut servieren.

229

TIPP Das Rezept funktioniert auch mit weißem Spargel. Den müssen Sie schälen und die holzigen Enden abschneiden. Weißer Spargel braucht eine etwas längere Garzeit. Bitte achten Sie darauf, möglichst gleich dicke Stangen zu verwenden.

Ganz anders als Fleisch hat Tofu kaum eigenen Geschmack, darum sollte man ihn kräftig würzen und marinieren. Dann schmeckt er unheimlich lecker. Nehmen Sie für dieses Gericht Natur-Tofu und nicht den geräucherten.

MARINIERTER TOFU

Für 2–4 Personen

2 Knoblauchzehen
4 cm Ingwer
1 rote Chilischote
2 EL Limettensaft
1 EL Sojasauce
1 EL brauner Zucker
1 EL geröstetes Sesamöl
2 EL Olivenöl
400 g Tofu

Den Knoblauch schälen und durch eine Knoblauchpresse drücken. Ingwer schälen und auf einer Küchenreibe fein reiben. Die Chili waschen, putzen, entkernen und hacken. Dann Limettensaft, Sojasauce, Zucker, Knoblauch, Ingwer und Chili miteinander verrühren und erst dann die beiden Öle zufügen. Alles gut umrühren und ziehen lassen.

Währenddessen Tofu abtropfen lassen, in längliche Streifen schneiden und in eine Schüssel geben. Mit der Marinade begießen und unterheben. Im Kühlschrank zugedeckt mindestens 1 Stunde ziehen lassen.

Tofustreifen aus der Marinade nehmen, abtropfen lassen und bei direkter Hitze auf dem Rost grillen.

TIPP Die Marinade müssen Sie nicht entsorgen. Man kann sie noch als Sauce nutzen. Lassen Sie sie dafür mit 4 EL Wasser kurz aufkochen und schmecken Sie noch mal mit Zucker, Salz und Pfeffer ab.

PIMIENTOS DE PADRÓN

Für 4 Personen

500 g Pimientos
Olivenöl nach Belieben
2 TL grobes Meersalz
(z. B. Flor de Sal)

Pimientos waschen und sorgfältig trocken tupfen.

Den Grill vorbereiten. Die Pimientos mit etwas Olivenöl bepinseln und auf dem Grill bei direkter Hitze knusprig grillen, bis die Schalen Blasen werfen.

Anschließend großzügig mit Meersalz bestreuen und servieren.

TIPP Die kleinen unreifen grünen Paprikaschoten aus Spanien lassen sich prima mit den Fingern essen.

HALLOUMI-GEMÜSE-SPIESSE

Für 4 Personen

**1 Frühlingszwiebel
1 unbehandelte Zitrone
4 Stängel glatte Petersilie
1 Zweig Rosmarin
75 ml Olivenöl
Salz, Pfeffer
250 g Halloumi-Käse
je 1 kleine rote und
gelbe Paprikaschote
1 Zucchini
8 kleine Pellkartoffeln,
gekocht**

232

Die Frühlingszwiebel putzen, waschen, trocken schütteln und sehr fein schneiden. Die Zitrone heiß abwaschen, trocknen und mit einer feinen Reibe die äußerste Schale abreiben. Bitte darauf achten, dass nichts von der unteren weißen Schale mit hineingerieben wird – die schmeckt sehr bitter.

Petersilie und Rosmarin waschen, trocken schütteln, Blätter bzw. Nadeln abzupfen und fein hacken. Das Öl mit den Kräutern, der fein geschnittenen Frühlingszwiebel und der Zitronenschale mit einem Pürierstab nur kurz mixen. Salzen und pfeffern.

Den Halloumi-Käse in ca. 2 cm große Würfel schneiden. Die Paprika waschen, längs halbieren und entkernen. Die Schoten in der Größe zum Käse in passende Stücke schneiden. Zucchini putzen, waschen und in nicht zu dünne Scheiben schneiden.

Nacheinander Käse, Paprika, Zucchini und Kartoffeln auf Spieße stecken. Spieße mit dem Kräuteröl bepinseln und bei mittlerer Hitze grillen und wenden.

TIPP Halloumi-Käse ist beim Grillen sehr vielseitig einsetzbar, vor allem in vegetarischen Gerichten. Ursprünglich stammt der halbfeste Käse aus Zypern und Griechenland. Gewöhnlich wird er aus einer Mischung aus Schafs-, Ziegen- und Kuhmilch hergestellt. Die Besonderheit von Halloumi ist, dass er beim Erhitzen nicht schmilzt.

GEMÜSECOUSCOUS
MIT MINZSAUCE UND GEGRILLTER WASSERMELONE

Für 4 Personen

GEGRILLTE WASSERMELONE

½ kleine rote Wassermelone
Salz
Pflanzenöl zum Braten

GEMÜSECOUS-COUS

2 Karotten
2 kleine Brokkoli
Pflanzenöl zum Braten
Salz, Pfeffer

MINZSAUCE

1 kleine Zwiebel
2 Frühlingszwiebeln
1 EL Erdnussöl
350 ml Soja- oder Haferdrink
1 kleiner Bund Pfefferminze
Salz, Pfeffer

Die Wassermelone halbieren, entkernen, schälen und aus dem Fruchtfleisch schöne Stücke schneiden. Die Stücke etwas salzen, in geeignete Beutel geben und vakuumieren. Dann ca. 3 Stunden ruhen lassen. Das Salz entzieht der Melone das Wasser und macht sie dadurch für das Grillen stabiler. Falls kein Vakuumiergerät vorhanden sein sollte, die Melonenstücke fest in Gefrierbeutel wickeln. Kurz vor dem Anrichten den Grill erhitzen, die Wassermelonenstücke aus den Beuteln nehmen, mit Öl bepinseln und so grillen, dass sie ein schönes Muster erhalten.

Für den Gemüsecouscous die Karotten putzen, schälen und auf einer Reibe raspeln. Die Brokkoli waschen, am Strunk festhalten und ebenfalls raspeln. In einer Pfanne etwas Öl erhitzen, den Karotten-Brokkolicouscous nur kurz darin bissfest anschwitzen, anschließend mit Salz und Pfeffer abschmecken.

Für die Sauce die Zwiebel schälen und fein hacken. Die Frühlingszwiebeln putzen, waschen und in feine Ringe schneiden. In einer Pfanne das Erdnussöl erhitzen und die Zwiebelwürfel darin glasig anschwitzen. Dann die Frühlingszwiebeln zugeben und kurz mitbraten. Mit dem Soja- bzw. Haferdrink aufgießen und etwas einkochen. Die Pfefferminze waschen, trocken schütteln und die Blätter abzupfen. Zum Schluss untermischen und alles mit einem Stabmixer pürieren. Durch ein Sieb passieren und mit Salz und Pfeffer abschmecken.

Den Gemüsecouscous auf Tellern anrichten, die gegrillten Melonenstücke je nach Größe halbieren, auf dem Couscous verteilen und mit der Minzsauce servieren.

235

GEMÜSEPLATTE VOM GRILL

Für 4 Personen

KRÄUTERÖL

1 Zweig Rosmarin
2 Zweige Thymian
1 Knoblauchzehe
100 ml Olivenöl

GEMÜSE

1 Aubergine
1 Zucchini
10 gelbe/rote Bratpaprika
Salz, Pfeffer
200 g gewürfelter Feta
150 g entsteinte gemischte
Oliven

Für das Kräuteröl die Kräuter waschen, trocken schütteln, Blätter und Nadeln abzupfen. Knoblauch schälen, hacken, mit den Kräutern unter das Öl mischen und etwas ziehen lassen.

Vor dem Marinieren des Gemüses das Kräuteröl nochmals durchrühren, sodass alle Kräuter gleichmäßig im Öl verteilt sind.

Für das Gemüse die Aubergine und die Zucchini putzen, waschen und in Scheiben schneiden. Die Bratpaprika waschen. Das Gemüse mit dem Öl bepinsen und auf dem Grill portionsweise von beiden Seiten grillen. Anschließend mit Salz und Pfeffer würzen. Das Gemüse mit dem Feta und den Oliven auf einer Platte anrichten.

TIPP Zusammen mit Fladenbrot servieren.

SPINATPOLENTA
MIT CURRYSAUCE

Für 4 Personen

CURRYSAUCE

20 g Curry Anapurna
3 EL Olivenöl
100 ml Orangensaft
5 EL Ahornsirup
1 EL flüssiger Honig
100 g Ketchup (siehe S. 351)
300 g passierte Tomaten
Salz
Zucker
Cayennepfeffer
Zitronensaft

SPINATPOLENTA

200 g TK-Rahmspinat
1 Knoblauchzehe
500 ml Gemüsebrühe
250 g Maisgrieß
20 g Parmesan
Salz, Pfeffer
Muskatnuss

Das Currypulver im Olivenöl leicht rösten. Mit dem Orangensaft ablöschen und ca. 10 Minuten leicht einköcheln lassen. Sirup, Honig, Ketchup und passierte Tomaten zugeben. Nochmals aufkochen und mit Salz, Zucker, Cayennepfeffer sowie einigen Spritzern Zitronensaft kräftig abschmecken und bis zum Servieren warm halten.

Den Rahmspinat antauen lassen. Knoblauch schälen und in kleine Würfel schneiden. Gemüsebrühe in einem ausreichend großen Topf mit Knoblauch und Rahmspinat aufkochen. Maisgrieß unter ständigem Rühren zur kochenden Flüssigkeit geben. Den Topf vom Herd nehmen und die Spinatpolenta ca. 5 Minuten quellen lassen. Eine Auflaufform oder ein Backblech dünn mit Öl einstreichen. Parmesan reiben, unter die Polenta heben und mit Salz, Pfeffer sowie frisch geriebener Muskatnuss würzen. In die Auflaufform oder auf das Blech geben und mit einem in Wasser getauchten Esslöffel oder einem Spatel etwa 2 cm dick verstreichen. Dann auskühlen lassen. Die kalte Polenta stürzen und in beliebige Formen schneiden.

Den Grill auf volle Leistung vorheizen. Die Polentastücke portionsweise bis zur gewünschten Bräunung auf beiden Seiten grillen.

239

Frische Rote Bete hat einen wunderbar erdigen, herben Geschmack. Sie liefert eine Vielzahl an Vitaminen, Mineralien und wertvollen Pflanzenstoffen.

ROTE BETE VOM GRILL

Für 4 Personen

3 mittelgroße Rote-Bete-Knollen
2 Knoblauchzehen
2 TL Oreganoblättchen
Salz, Pfeffer
5 EL Balsamico
5 EL Olivenöl

Zwei große Bögen Alufolie zu einem Kreuz übereinanderlegen. Rote-Bete-Knollen waschen, schälen und vierteln. Die Rote-Bete-Viertel auf die Folie legen. Die beiden Knoblauchzehen schälen und auch zu den Roten Beten geben. Oregano darüberstreuen, salzen und mit frisch gemahlenem Pfeffer würzen.

Balsamico und Olivenöl miteinander verrühren und über die Roten Beten geben. Die Alufolie oben zusammenschlagen und alle Seiten fest verschließen.

Die Rote-Bete-Päckchen an den Rand des heißen Grills legen und bei geschlossenem Deckel mit indirekter Hitze ca. 30 Minuten backen.

Die Rote Bete darf ruhig noch Biss haben, Sie können sie gleich aus der Folie oder mit dem entstandenen Sud in einer kleinen Schüssel servieren.

240

TIPP Rote Bete färbt beim Schälen stark ab. Tragen Sie dabei Haushaltshandschuhe oder reiben Sie hinterher Ihre Hände mit einer geschälten Kartoffel oder Zitronensaft wieder sauber.

ROTE LINSEN
MIT AVOCADO VOM GRILL

Für 4 Personen

4 reife Avocados
Saft von ½ Limette
4 EL Olivenöl
Salz, Pfeffer
150 g rote Linsen
½ Bund Koriander

Die Avocados halbieren und den Stein entfernen. Entweder mit einem Messer die Schale dünn abschälen oder das Fruchtfleisch mit einem großen Löffel vorsichtig auslösen. Mit Limettensaft beträufeln. 2 EL Olivenöl mit Salz und Pfeffer mischen und die Avocados darin kurz marinieren. 4 Hälften zum Grillen beiseitelegen. Die restlichen Hälften mit einer Gabel zu einem Püree zerdrücken.

Einen Topf mit 2 EL Öl erhitzen und die Linsen darin kurz anschwitzen. Mit Wasser aufgießen, sodass die Linsen bedeckt sind und diese nach Packungsangabe bissfest kochen. Anschließend die Linsen in ein Sieb abschütten, mit dem Avocadopüree vermischen und mit Salz und Pfeffer abschmecken. Bis zum Servieren warm halten.

Die Avocadohälften je nach Größe teilen und auf dem Grill kurz von beiden Seiten so grillen, dass ein schönes Muster entsteht.

Koriander waschen, trocken schütteln, Blättchen abzupfen und fein hacken. Das Linsen-Avocadopüree auf Teller verteilen, mit den gegrillten Hälften anrichten und mit Koriander garnieren.

241

TIPP Perfekte Avocados: Ganz wichtig ist, darauf zu achten, dass die Avocados wirklich reif sind. Sonst entwickeln diese „Butterfrüchte" ihren Geschmack nicht richtig. Gibt die Schale auf leichten Druck nach, ist der Reifegrad perfekt.

WRAP VOM GRILL MIT GEMÜSE UND PESTO

Für 4 Wraps

200 g Frischkäse
50 g Tomatenpesto (siehe S. 346)
4 große Blätter Lollo Bionda
100 g Salatgurke
2 Tomaten
½ gelbe Paprikaschote
1 Karotte
4 Tortilla-Wraps
4 TL Basilikumpesto (siehe S. 347)

Den Frischkäse mit dem Tomatenpesto verrühren. Die Salatblätter waschen und trocken schleudern. Gurke putzen und waschen. Tomaten waschen und den Strunk entfernen. Paprika waschen, Kerne und weiße Innenhäute entfernen.

Karotte putzen und schälen. Alles in gleichmäßige dünne Streifen schneiden.

Die Wraps kurz auf dem Grill erhitzen und mit der Frischkäsecreme bestreichen. Salat und Gemüse mittig darauf verteilen, Basilikumpesto in Klecksen darübergeben. Die Seiten zur Mitte hin einklappen und zu einem Wrap aufrollen.

Zum Servieren diagonal halbieren.

242

Sowohl Tomaten als auch Ziegenkäse schmecken intensiver, wenn man sie erwärmt, und beide Aromen harmonisieren perfekt mit Thymian und Honig in diesem köstlichen Rezept.

TOMATEN-ZIEGENKÄSE-PÄCKCHEN

Für 2 Personen

400 g Cherrytomaten
200 g fester Ziegenfrischkäse
4 Zweige Thymian
2 EL Honig
Salz, Pfeffer
2 EL Olivenöl

Tomaten waschen und vierteln. Ziegenfrischkäse in grobe Stücke zerteilen. Zwei größere Bögen Alufolie versetzt übereinanderlegen. Die Tomaten und den Ziegenkäse mischen und in die Mitte der Alufolie legen. Die Ränder hochschlagen und festdrücken, sodass ein offenes Päckchen entsteht. Thymian waschen, trocken schütteln und die Blättchen von den Zweigen abzupfen. Tomaten-Käse-Mischung damit bestreuen, Honig darüber verteilen, mit Salz und Pfeffer würzen und das Ganze mit Olivenöl beträufeln. Dann die Päckchen auf den heißen Grill legen. Die Päckchen sind fertig, wenn der Käse leicht geschmolzen ist und die Säfte von Tomaten und Öl dampfen und Blasen werfen.

243

TIPP Die Tomaten-Ziegenkäse-Päckchen werden mit gutem Brot zu einem Hauptgericht für Vegetarier. Von Brot braucht man ausreichend, um die leckere Sauce, die beim Grillen entsteht, auftunken zu können.

BAKED BEANS VOM FEUER

Für 2 Personen

240 g weiße Bohnen aus der Dose
1 Zwiebel
2 EL Zuckerrübensirup
1 TL geräuchertes Paprikapulver
1 EL brauner Zucker
3 EL Ketchup (siehe S. 351)
1 EL mittelscharfer Senf
2 EL Balsamico
1 Glas Wasser
Salz, Pfeffer

Die weißen Bohnen in einem Sieb abtropfen lassen und mit Wasser gut abspülen. Dann die Bohnen in einen kleinen, feuerfesten Topf geben. Die Zwiebel schälen und in Würfel schneiden. Sirup, Paprikapulver, Zucker, Ketchup, Senf, Balsamico, Zwiebel und Wasser zugeben.

Den Topf auf den heißen Grill stellen und ab und zu durchrühren. Den Bohnen-Topf an den Rand des Grills schieben und ca. 30 Minuten köcheln lassen. Die Flüssigkeit sollte dann zu einer dicken Sauce geworden sein. Mit Salz und Pfeffer abschmecken und servieren.

TIPP Sie können die weißen Bohnen auch durch Kidneybohnen oder jede andere Bohnenart ersetzen. Dosenmais ist auch sehr lecker in diesem Cowboy-Gericht.

BAKED CAMEMBERT

Für 1–2 Personen

1 Camembert in der Holzbox
2 EL Weißwein
frisch gemahlener Pfeffer

Den Camembert aus der Holzbox nehmen und aus dem Folienpapier wickeln. Die Holzbox gründlich auswaschen und die Box in einer Schüssel mit Wasser 10 Minuten wässern. Dann die Holzbox aus dem Wasserbad nehmen, nicht abtrocknen und den Camembert ohne Folie wieder hineinlegen.

Mit einem Schälmesser in die Mitte des Käses ein kleines Kreuz ritzen und dort die Käserinde wie zu einem Schornstein aufklappen. In dieses Loch den Wein einfüllen und mit Pfeffer würzen. Deckel der Holzbox wieder schließen.

Dann den gewürzten Camembert bei indirekter Hitze ca. 20 Minuten backen lassen. Ab und zu die Box öffnen und darauf achten, dass der Käse nicht zu heiß wird.

Dann die Holzbox öffnen und direkt servieren. Man isst den Baked Camembert wie ein Käsefondue und tunkt ihn mit Brotstücken.

245

TIPP Beachten Sie das Mindesthaltbarkeitsdatum des Camemberts. Es ist eigentlich eine Kaufempfehlung: Wenn es bald erreicht ist oder der Käse knapp drüber, ist er am aromatischsten.

VANILLETÖRTCHEN
PASTÉIS DE NATA

Für 8 Personen

250 ml Sahne
50 g Zucker
2 Pck. Bourbonvanillezucker
Salz
Abrieb von ½ unbehandelten
Zitrone
125 ml Milch
2 leicht gehäufte EL Speise-
stärke
3 Eigelb
Butter für die Form
1 Packung (270 g) Blätterteig
aus dem Kühlregal
8 TL gesüßte Kondensmilch
(z. B. Milchmädchen)
Puderzucker zum Bestäuben

Sahne, Zucker, Vanillezucker, 1 Prise Salz und Zitronenabrieb in einen Topf geben und aufkochen. Milch mit Speisestärke mischen und in die Sahne geben. Unter ständigem Rühren einmal aufkochen lassen. Eigelbe verquirlen und unter Rühren in den Pudding geben, sodass die Masse dicklich wird. In eine Schüssel umfüllen, direkt auf der Oberfläche mit Frischhaltefolie abdecken und bis zum Gebrauch kalt stellen.

Den Grill auf 220 °C vorheizen. 8 Mulden eines Muffinblechs leicht fetten. Aus dem Teig Kreise (Ø ca. 10 cm) ausstechen, die Mulden damit auslegen und den Rand andrücken. Den Pudding gleichmäßig verteilen und jeweils 1 TL gesüßte Kondensmilch auf dem Pudding verstreichen. Auf dem Grill ca. 12–15 Minuten backen.

247

Die Törtchen etwas abkühlen lassen. Vorsichtig aus den Mulden lösen und mit Puderzucker bestäuben. Sie schmecken lauwarm am besten.

TIPP Die portugiesischen Vanilletörtchen können anstelle von gekauftem Bourbonvanillezucker auch mit selbst hergestelltem aus dem Mark von 1 Vanilleschote und 1 gehäuften Esslöffel Zucker zubereitet werden..

248

Amerikanische Familien bringen zu jedem BBQ Picknick eine große Tüte Marshmallows mit. Zum Nachtisch werden diese auf Stöcke gespießt und einfach ans Lagerfeuer gehalten. Das Ergebnis sind kleine süße Schaumzuckerpolster mit karamellisierter Kruste, die man sofort verspeisen sollte.

MARSHMALLOWS VOM GRILL

Für 15 Personen

1 Tüte Schaumzucker-Marshmallows (am besten verschiedenfarbige)
Schaschlikspieße, gewässert

Marshmallows auf die gewässerten Spieße stecken und zum Ende des Grillens über die noch warme Glut halten.

Ab und zu die Spieße drehen. Die Marshmallows bilden durch die Wärme eine hellbraune Karamellkruste aus.

Das ist der richtige Zeitpunkt, die gegrillten Marshmallows auf den Spießen sofort zu servieren und direkt zu genießen.

249

TIPP Mit gegrillten Marshmallows kann man sich den Klassiker eines amerikanischen Lagerfeuers zubereiten – S'more: Zwei Schokokekse wie Sandwichscheiben bereit legen, jeweils einen gegrillten Marshmallow darauflegen, zuklappen und sofort genießen.

GEGRILLTE BANANEN

Für 4 Bananen

4 Bananen
Lieblingseis
Schokosauce
Zimtzucker
Mandelsplitter
Honig
Limettensaft
Chiliflocken

Die Bananen mit der Schale auf den Grill legen und so lange grillen, bis sie außen dunkel und innen richtig schön weich sind. Die Hitze sollte nicht allzu groß sein, am besten ist es, nach dem eigentlichen Grillen die Resthitze zu nutzen.

Nach dem Grillen die Bananen auf einer Seite der Länge nach dekorativ aufschneiden und nach Belieben garnieren.

Zum Beispiel mit einer Kugel Lieblingseis servieren oder mit Schokosauce beträufeln. Alternativ mit Zimtzucker und Mandelsplittern bestreuen. Oder als süß-scharfe Variante mit Honig, Limettensaft und Chiliflocken.

Die Kombinationsmöglichkeiten sind endlos, finden Sie Ihre Lieblingsvariante, probieren Sie selber aus, was Ihnen zu Grillbananen am besten schmeckt.

250

TIPP Wem eine große Banane zum Dessert zu viel ist, der kann auch Mini- oder Baby-Bananen nehmen, die man inzwischen unter dem Begriff Apfelbanane auch bei uns in gut sortierten Supermärkten oder Obst- und Gemüseläden bekommt.

Feigen gehören zu den ältesten Nutzpflanzen der Welt. Schon in der Antike waren sie wichtiges Grundnahrungsmittel. Umso schöner, dass sie sich auch wunderbar grillen lassen.

GEGRILLTE FEIGEN
MIT CRÈME FRAÎCHE

Für 4 Personen

4 frische Feigen
1 EL Zucker
2 EL Zitronensaft
150 g Crème fraîche

Die Feigen gründlich waschen und trocken tupfen. An der Oberseite die Schale über Kreuz einritzen und die Früchte dann leicht öffnen. Auf einem Bogen Alufolie bei indirekter Hitze ca. 10 Minuten grillen.

Den Zucker im Zitronensaft verrühren, damit er sich auflöst. Dann die Crème fraîche dazugeben und alles zusammen cremig schlagen.

Die gegrillten Feigen auf Tellern anrichten, ggf. beim Grillen ausgetretene Säfte über die Feigen geben und mit der Crème fraîche servieren.

251

TIPP Gegrillte Feigen ohne die Crème fraîche passen auch gut als Beilage zu dunklem Fleisch wie Lamm oder Steak.

Desserts vom Grill machen kaum Aufwand. Man muss nur alles vorbereitet und parat haben, denn am Ende muss es schnell gehen.

GEGRILLTE PFIRSICHE MIT VANILLESAHNE

Für 4 Personen

252

4 Pfirsiche
2 EL Olivenöl
Salz, Pfeffer
1 Pck. Bourbonvanillezucker
200 ml Sahne
2 EL geröstete Pistazien

Die Pfirsiche gründlich waschen, halbieren und den Stein herausnehmen. Das Olivenöl mit 1 Prise Salz, etwas frisch gemahlenem Pfeffer vermischen und darin die Pfirsichhälften wälzen.

Den Vanillezucker in die Schlagsahne geben. Mit einem Handrührgerät die Sahne halb steif schlagen und kalt stellen.

Die Pfirsichhälften aus dem Öl nehmen und auf dem heißen Rost kurz grillen. Sie sollen etwas Farbe und die Spuren vom Rost annehmen, aber nicht zu dunkel werden.

Pistazienkerne fein hacken und über die gegrillten Pfirsiche streuen.

Pfirsichhälften mit einem Klecks der Vanillesahne anrichten und direkt servieren.

TIPP Dieses Rezept lebt von dem Geschmack der Pfirsiche. Bitte verwenden Sie richtig reife, saftige Früchte.

Ananas lassen sich ganz einfach grillen. Sie behalten ihre Form, bleiben saftig und schmecken noch besser vom Grill, weil sie leicht karamellisieren.

GEGRILLTE ANANAS MIT GESCHMOLZENER SCHOKOLADE

Für 4–6 Personen

1 Ananas
100 ml Sahne
1 EL Puderzucker
1 Tafel Schokolade, mind. 70 %

Die Ananas schälen, längs aufschneiden und ggf. den Strunk entfernen. Dann in große, ca. 1 cm dicke Scheiben schneiden.

Die Sahne in einen kleinen Topf geben. Den Puderzucker darin verrühren und die Schokolade in kleinen Stücken dazugeben.

Alles langsam auf dem Herd erwärmen, damit die Schokolade schmilzt. Immer wieder umrühren, sodass eine geschmeidige Schokosauce entsteht.

Ananasscheiben auf den heißen Grill legen, kurz von beiden Seiten grillen und mit der Schokoladensauce anrichten.

253

TIPP Die Schokosauce können Sie auch als eine Art Schokoladen-Fondue verwenden. Halten Sie die Sauce in einem Topf am Rand des Grills warm, schneiden Sie verschiedene Obstsorten in mundgerechte Stücke, die die Gäste dann in die Schokosauce tauchen können.

WASSERMELONE
MIT KÜRBISKERNÖL UND VANILLEEIS

Für 4 Personen

4 EL Kürbiskerne
4 Scheiben Wassermelone
(à 2,5 cm Dicke)
4 Kugeln Vanilleeis
Kürbiskernöl zum Beträufeln

Den Grill vorbereiten.

Die Kürbiskerne in einer Pfanne ohne Fettzugabe rösten und herausnehmen. Die Melonenscheiben halbieren und das Fruchtfleisch von der Schale lösen. Die Scheiben auf den Rost legen und von beiden Seiten bei direkter Hitze grillen, bis die gewünschte Bräunung erreicht ist.

Die Melonenscheiben mit dem Vanilleeis anrichten, nach Geschmack mit Kürbiskernöl beträufeln, mit den gerösteten Kürbiskernen bestreuen und genießen.

TIPP Statt Wassermelone können auch andere Melonensorten wie z. B. Honig- oder Cantaloupemelone gegrillt werden.

254

GEGRILLTE WASSERMELONE
MIT LIMETTE UND CHILI

Für 4–6 Personen

½ Wassermelone
1 rote Chilischote
2 EL Honig
Salz
Saft von 1 Limette
2 Stängel Minze

Die Wassermelone in dicke Scheiben schneiden und eventuell die Kerne entfernen. Die Chilischote waschen, entkernen und in feine Streifen schneiden. Den Honig und 1 Prise Salz in den Limettensaft rühren. Chilistreifen hinzugeben und unterrühren. Minze waschen, trocken schütteln, Blätter abzupfen und hacken.

Wassermelonenscheiben auf den heißen Grill legen. Nach ca. 2 Minuten wenden und mit der Limetten-Chili-Marinade bestreichen. Weitere 2 Minuten garen und dann auf Tellern anrichten und mit Minze bestreut servieren.

TIPP Wie erkennt man eine reife Wassermelone? Achten Sie auf die Farbe, eine reife Melone sollte dunkelgrün und matt sein. Glänzende Melonen sind meistens noch unreif. Außerdem hilft der Trick, das Gewicht mit anderen Melonen zu vergleichen. Die schwerste bei gleicher Größenordnung ist die reifste.

256

SÜSSKARTOFFELN
MIT HONIG-JOGHURT

Für 4 Personen

2 gegarte Süßkartoffeln
½ Granatapfel
300 g griechischer
Joghurt (10 % Fett)
2 EL Orangenblütenhonig
Fleur de Sel
Zucker
100 g geröstete
gehobelte Mandeln

Die gegarten Süßkartoffeln der Länge nach halbieren und in der Mitte mehrmals kreuzförmig einschneiden. Ggf. auf der unteren Seite gerade schneiden, damit die Süßkartoffeln stabil auf dem Rost stehen.

Den Grill vorbereiten. Die Kerne aus dem Granatapfel herauslösen. Den Joghurt mit dem Honig verrühren.

Nacheinander die Süßkartoffelhälften auf den Grill legen und bei direkter Hitze ca. 3 Minuten grillen. Dann mit ein wenig Fleur de Sel sowie gleichmäßig mit Zucker bestreuen und bis zur gewünschten Bräunung fertig grillen.

Einen Klecks Joghurt auf die Süßkartoffeln geben. Mit Granatapfelkernen sowie gerösteten Mandelblättchen bestreuen und die Süßkartoffeln mit dem Honig-Joghurt genießen.

TIPP Die Süßkartoffeln ganz normal ungeschält in Wasser kochen oder im Backofen mit der Schale backen, wie eine Ofenkartoffel.

GRATINIERTE FEIGEN
MIT ZIEGENKÄSE

Für 4 Personen

8 Feigen
8 Ziegenfrischkäsescheiben
8 TL Akazienhonig
2 TL Rosenblüten
30 g geröstete Pinienkerne

Den Grill auf volle Leistung vorheizen. Die Feigen waschen, das obere Ende abschneiden und das untere Ende gerade schneiden, damit die Feigen stabil auf dem Rost stehen. Auf die Feigen jeweils eine Ziegenfrischkäsescheibe legen und mit der Hälfte des Honigs beträufeln. Die Feigen auf den Rost legen und grillen, bis der Käse anfängt zu schmelzen und braun wird.

Die angerichteten Feigen mit dem restlichen Honig beträufeln. Mit den Rosenblüten sowie den gerösteten Pinienkernen bestreuen und genießen.

257

Ein schneller Kuchen, eine schnelle Tarte mit Früchten –
raffiniert und unkompliziert auf dem Grill gebacken.

SCHNELLE BLÄTTERTEIGTARTE

Für 8 Personen

**1 Packung (275 g) frischer Blätterteig
aus dem Kühlregal
250 g Schmand
1 Pck. Bourbonvanillezucker
200 g Blaubeeren
100 g Erdbeeren
2 EL flüssiger Honig**

258

Den Blätterteig aus der Packung nehmen und mit dem Backpapier auf
einem Tablett entrollen.

Den Grill vorbereiten und einen Pizzastein über direkter Hitze aufheizen.

Den Schmand mit dem Vanillezucker verrühren und auf den Blätterteig
geben. Blaubeeren und Erdbeeren putzen, waschen und abtropfen lassen. Blaubeeren überall auf dem Blätterteig mit Schmandcreme verteilen.
Die Erdbeeren halbieren oder in Scheiben schneiden und ebenso auf dem
Blätterteig verteilen. Den Honig mit einem Löffel großzügig auf die Beeren
laufen lassen.

Den belegten Blätterteig auf dem Tablett zum heißen Grill bringen und auf
den heißen Pizzastein setzen. Bei geschlossenem Deckel und indirekter
Hitze ca. 10–15 Minuten backen. Blätterteigtarte in 8 Portionen schneiden
und servieren.

TIPP Hier sind die Kombinations- und Variationsmöglichkeiten nahezu endlos. Sie können jegliches Obst auf
Blätterteig backen und auch andere Creme-Varianten ausprobieren, z. B. angerührtes Puddingpulver oder Quark.

SCONES MIT HIMBEER-PAPRIKA-KONFITÜRE

Für 16 Stück
(Standzeit 8 Stunden)

HIMBEER-PAPRIKA-KONFITÜRE

1 ½ unbehandelte Zitronen
1 kg Himbeeren
1,3 kg Gelierzucker 1:1
500 g rote Paprikaschoten

SCONES

500 g Weizenmehl + etwas zum Bearbeiten
1 Pck. Backpulver
1 EL Zucker
1 TL Salz
125 g weiche Butter
2 Eier
250 g Vollmilchjoghurt

Die halbe Zitrone auspressen, die ganze heiß abwaschen, abreiben und die Schale dünn abhobeln, die Frucht anschließend ebenfalls auspressen. Die Himbeeren in einen ausreichend großen Topf geben, mit dem Zucker mischen und den Zitronensaft unterrühren. Die Früchte mindestens 8 Stunden Saft ziehen lassen.

Anschließend die Paprika halbieren, Kerne und weiße Innenhäute entfernen, Paprika in kleine Würfel schneiden und zur Himbeermasse geben. Umrühren, mit einem Stabmixer pürieren und unter ständigem Rühren aufkochen. Beginnt die Masse zu kochen, das Ganze für 4 Minuten unter ständigem Rühren sprudelnd kochen lassen. Dann einen Klecks auf einen Teller geben und überprüfen, ob die Konfitüre fest wird. Die Konfitüre in sterile Gläser mit Schraubverschluss füllen, fest zudrehen und einige Minuten auf den Kopf stellen.

261

Mehl und Backpulver mischen, zusammen mit Zucker und Salz in eine große Schüssel geben. Butter in Flöckchen zur Mehlmischung zugeben und mit den Fingern zu feinen Streuseln verarbeiten. Eier und Joghurt verrühren, zu den Streuseln geben und alles miteinander zügig vermischen. Den Grill auf indirekte Hitze (ca. 200 °C) vorbereiten. Den Teig auf einer bemehlten Arbeitsfläche kurz kneten, etwa 4 cm dick ausrollen und mit einem Ausstecher Kreise ausstechen. Die Teiglinge auf eine Grillplatte legen und bei indirekter Hitze und geschlossenem Deckel ca. 15 Minuten backen. Anschließend die Scones abkühlen lassen und mit der Konfitüre servieren.

KARAMELLI-SIERTES OBST MIT SABAYON

Für 4 Personen

SABAYON

5 Eigelb
2 EL Rohrohrzucker
120 ml Marsala

KARAMELLISIERTES OBST

1 Mango
½ Ananas
½ Papaya
1 Birne
1 Apfel
1 Mandarine
Rohrohrzucker

262

Für die Sabayon die Eigelbe und Zucker in einem Wasserbad aufschlagen. Nach und nach den Marsala unterrühren und so lange vorsichtig erhitzen, bis eine leichte, schaumige Sauce entstanden ist. Anschließend die Sauce kalt schlagen und kühl stellen.

Mango schälen, halbieren, den Stein entfernen und das Fruchtfleisch in Spalten schneiden. Ananas und Papaya in Stücke schneiden. Birne und Apfel schälen, mit einem Ausstecher das Kerngehäuse entfernen und die Früchte quer in Scheiben schneiden. Die Mandarine schälen und ebenfalls quer in Scheiben schneiden. Alle Früchte in einer Schüssel mit ein wenig Zucker mischen und portionsweise kurz unter dem Infrarotbrenner karamellisieren. Die Früchte mit der Sabayon servieren.

TIPP Auch ohne Infrarotbrenner gelingen die Früchte bei direkter Hitze hervorragend.

Den Geruch von frischen Bratäpfeln aus dem Ofen verbinden wir alle mit der Adventszeit und weihnachtlicher Vorfreude. Dabei sind gebackene Äpfel zu jeder Zeit des Jahres ein willkommenes Dessert. Auf dem Grill lassen Sie sich schnell und wie nebenbei zubereiten.

BACKÄPFEL VOM GRILL

Für 4 Äpfel

1 unbehandelte Zitrone
4 Äpfel
50 g Mandelsplitter
50 g Cranberrys
4 TL flüssiger Honig
1 TL Zimtpulver
4 Butterflocken

Die Zitrone heiß abwaschen, trocknen, die Schale der Zitrone mit einem Zestenreißer abziehen, dann den Saft auspressen.

Die Äpfel gut waschen und den oberen Teil als eine Art Deckel abschneiden. Das Kerngehäuse entfernen und die Äpfel innen mit etwas Zitronensaft beträufeln.

Die Mandelsplitter mit den Cranberrys, Zitronenzesten, Honig und Zimt vermischen und in die Äpfel füllen. Jeweils eine Butterflocke auf die Füllung geben, dann den oberen Teil des Apfels als Deckel wieder auflegen.

Die gefüllten Äpfel gut in Alufolie einwickeln, auf den Grill legen und ab und zu wenden. Grillen Sie die Äpfel bei indirekter Hitze für ca. 25 Minuten.

263

TIPP Zu den gegrillten Backäpfeln passt ganz klassisch eine Kugel Vanilleeis oder Vanillesauce.

SÜSSER BIRNEN-FLAMM-KUCHEN

Für 2 Stück

TEIG

250 g Weizenmehl
½ TL Salz
½ TL Zucker
125 ml Bier
50 ml Wasser
Weizenmehl zum Bearbeiten

BELAG

2 Birnen
200 g Crème fraîche
1 Pck. Bourbonvanillezucker
Zimtzucker zum Bestreuen
80 g Schokodrops zum Bestreuen

264

Den Grill mit Pizzastein und geschlossenem Deckel über direkter Hitze mit voller Leistung 20–30 Minuten aufheizen. Für den Teig alle Zutaten mit einem Handrührgerät mit Knethaken zu einem glatten Teig verarbeiten. In zwei Portionen teilen, auf einer bemehlten Arbeitsfläche in der Größe des Pizzasteins die erste Portion sehr dünn ausrollen und auf ein Stück Backpapier ziehen.

Für den Belag die Birnen schälen, das Kerngehäuse entfernen und die Birnen in feine Spalten schneiden. Crème fraîche mit Vanillezucker verrühren und die Hälfte auf den Teig streichen. Die Hälfte der Birnenspalten darauf verteilen. Den Pizzaschieber leicht mit Mehl bestäuben, je einen Flammkuchen damit aufnehmen und auf den Pizzastein gleiten lassen. Die direkte Hitze unter dem Stein ausschalten und den Flammkuchen bei indirekter Hitze mit geschlossenem Deckel ca. 4–5 Minuten knusprig backen. Den zweiten Flammkuchen auf die gleiche Weise zubereiten. Zum Schluss jeweils Zimtzucker und Schokodrops darüber streuen und heiß servieren.

American-Style Cookies vom Grill schmecken wunderbar, weil sie einen etwas rauchigen Geschmack annehmen. Achten Sie auf die Backzeit! Es gilt: eher kürzer als länger, dann werden sie nicht hart, sondern extra „chewy".

BBQ-CHOCOLATE-COOKIES

Für ca. 15 Stück

300 g Weizenmehl
2 gestrichene TL Backpulver
150 g brauner Zucker
1 Pck. Bourbonvanillezucker
150 g weiche Butter
2 Eier
50 ml Milch
50 g Zartbitterschokolade
50 g weiße Schokolade

Das Mehl mit dem Backpulver in einer Rührschüssel vermischen. Zucker, Vanillezucker, Butter, Eier und die Milch dazugeben und alles mit einem Handrührgerät zu einem glatten Teig verrühren. Die beiden Schokoladensorten in grobe Stücke hacken und zuletzt in den Teig geben und nur leicht unterheben.

Zwei gleich große Streifen Alufolie doppelt übereinander auslegen. Mit zwei Teelöffeln walnussgroße Häufchen der Teigmasse mit genügend Abstand zueinander daraufsetzen. Die Cookie-Masse zerläuft beim Backen, darum sollten die Abstände auch zum Rand ca. 5 cm betragen.

Die Folien mit der Cookie-Masse auf den Grill legen und bei geschlossenem Deckel mit indirekter Hitze ca. 10 Minuten backen.

265

TIPP Wer keine Schokolade nehmen möchte oder mit weiteren Zutaten spielen mag, kann sich seine eigenen Lieblings-Cookie-Kreationen zusammenstellen: Probieren Sie auch Teig-Variationen mit z. B. Walnussstückchen, Haselnüssen, Mandeln, Erdnussbutter, Cranberrys, Rosinen, Karamellstückchen oder Haferflocken.

GEFÜLLTE ROHRNUDELN

Für 8 Personen

TEIG

Butter zum Einfetten
280 ml Milch
1 Pck. Trockenhefe
500 g Weizenmehl + etwas zum Bearbeiten
70 g Rohrohrzucker
1 Pck. Bourbonvanillezucker
2 Eier
100 g Butter

FÜLLUNG

350 g gemischtes Dörrobst (Feigen, Pflaumen, Aprikosen, Datteln und Äpfel)
200 ml Orangensaft
8 cl Rum
50 g Rohrohrzucker
100 g gehackte Mandeln
1 TL Zimtpulver
1 Msp. gemahlene Nelken
1 Eigelb
2 EL Sahne
Puderzucker nach Belieben

Einen Gussbräter mit Butter einfetten. Die Milch leicht erwärmen und die Hefe darin auflösen. In einer Schüssel das Mehl mit den restlichen Zutaten zu einem glatten Teig kneten und zugedeckt für ca. 45 Minuten gehen lassen.

Für die Füllung das Dörrobst in Würfel schneiden, mit Orangensaft, Rum und allen anderen Zutaten vermischen und ca. 30 Minuten ziehen lassen. Den Teig auf einer bemehlten Arbeitsfläche zu einem 60 x 30 cm langen Streifen ausrollen. Die Füllung darauf gleichmäßig verteilen, den Teig von der langen Seite über der Füllung zusammenrollen und gut andrücken. Die Rolle in 20 Stücke schneiden. Mit der Schnittfläche nach oben in den Bräter legen und abgedeckt für weitere 30 Minuten gehen lassen.

Den Grill auf indirekte Hitze (ca. 180 °C) vorbereiten. Eigelb und Sahne verquirlen, die Rohrnudeln damit bestreichen, den Bräter in den Grill stellen und ca. 45–50 Minuten mit geschlossenen Deckel backen. Die Rohrnudeln herausnehmen und abkühlen lassen, mit Puderzucker bestreuen und servieren.

Nach einer Schlemmerei beim Grillfest, wünscht man sich
einen frischen und süßen Abschluss. Here you go.

GEFLÄMMTE ORANGENSCHEIBEN
MIT ROSMARIN

Für 4 Personen

4 Orangen
1 rote Chilischote
2 EL flüssiger Honig
Saft von ½ Zitrone
2 Zweige Rosmarin

Die Orangen schälen, möglichst alle weißen Häute entfernen und auf
einem Brettchen in ca. 1 cm dicke Scheiben schneiden.

Die Chili waschen, entkernen und in feine Streifen schneiden. Den Honig
in den Zitronensaft rühren und die Chilistreifen unterheben.

Orangenscheiben in einer Grillschale mit dem Honig-Zitronen-Dressing
übergießen. Die Rosmarinzweige waschen, trocken schütteln, anbrechen
und auf die Orangenscheiben legen.

Bei hoher Hitze in der Grillschale auf dem Rost garen lassen.

267

TIPP Zu den heißen und fruchtig-
pikanten Orangenscheiben passt etwas
Kühles im Kontrast besonders gut.
Nehmen Sie einfach Ihr Lieblingseis oder
eiskalte Crème fraîche.

Es mag verrückt klingen, aber Eiscreme zu grillen funktioniert tatsächlich. Der Trick dabei: kurze Garzeit und eine Schutzhaube aus Eischnee.

EISTÖRTCHEN VOM GRILL

Für 4 Personen

4 Eier
4 EL Puderzucker
80 g Blau- oder Himbeeren
etwas Zitronensaft
4 kleine Tortlettböden
4 Kugeln Eiscreme nach
Belieben

268

Die Eier trennen. Die Eiweiße mit dem Puderzucker mit einem Handrührgerät sehr steif schlagen und bis zur weiteren Verwendung im Kühlschrank aufheben. Eigelbe zur Seite stellen und für ein anderes Rezept benutzen (siehe Tipp).

Die Beeren verlesen, waschen und die größeren halbieren. Die Fruchtstücke mit etwas Zitronensaft beträufeln und die kleinen Tortlettböden damit belegen.

Jeweils eine Kugel Eis auf die Fruchttörtchen setzen und rundum großzügig mit dem steifen Eischnee bedecken. Stellen Sie sicher, dass die Kugel Eis vollständig und überall mit Eischnee bedeckt ist, sonst kann Hitze eindringen und das Eis schmilzt auf dem Grill.

Die Eistörtchen auf den vorgeheizten Grill setzen, den Deckel des Grills schließen und bei indirekter Hitze grillen. Wenn die Eischneehaube anfängt, wie ein Baiser Farbe anzunehmen, ist das Dessert fertig. Sofort servieren, dann sollte das Eis im Inneren des Törtchens noch gefroren sein.

TIPP Ein schnelles Rezept für Vanillesauce mit den übrig gebliebenen Eigelben: Eigelbe mit 1 Päckchen Bourbonvanillezucker und 80 g braunem Zucker verrühren, 200 ml Milch erhitzen und unter Rühren auf die Eigelb-Zuckermasse geben. Fertig und lecker.

Die Kombination von exotischen Früchten und Kokos schmeckt nach Urlaub und Sommer. Ein wunderbar leichtes Dessert mit großem Wow-Effekt.

FRUCHTSPIESSE
MIT KOKOS

Für 4 Spieße

1 Limette
1 EL flüssiger Honig
1 Kiwi
1 Mango
12 kernlose blaue Trauben
4 EL Kokosraspel
4 lange, gewässerte Holzspieße

Die Limette auspressen und den Saft auffangen. Den Honig mit Limettensaft verrühren.

Kiwi schälen und in große Würfel schneiden. Die Mango schälen, das Fruchtfleisch vom Stein schneiden und grob würfeln. Die Trauben waschen und auf Küchenpapier abtropfen lassen. Kiwi-, Mangowürfel und Trauben in die Limetten-Honig-Sauce geben und darin wälzen.

Die gewässerten Holzspieße bunt und abwechslungsreich mit dem Obst füllen. Achten Sie dabei darauf, jeweils eine Traube an die Enden der Spieße zu stecken. Sie verhindert, dass die anderen Obststücke herunterrutschen.

Kokosraspel auf einen flachen Teller streuen, die Fruchtspieße darin wälzen und auf einem Bogen Alufolie bei mittlerer Hitze kurz grillen.

269

TIPP Sie können für dieses Rezept auch ganz andere Obstsorten verwenden. Es eignen sich genauso Bananen, Melonen, Ananas, Papaya oder Beeren.

BESCHWIPSTE POFFERTJES MIT SCHOKOSAHNE

Für 4 Personen

POFFERTJES

250 g Weizenmehl
2 TL Zucker
1 Pck. Trockenhefe
3 Eigelb
400 ml Milch
8 cl Whisky
3 Eiweiß
1 TL Rauchsalz

SCHOKOSAHNE

250 ml Sahne
1 Pck. Bourbonvanillezucker
1 EL Kakao
Butter zum Einfetten
Puderzucker zum Bestäuben

Mehl, Zucker und Hefe in eine Schüssel geben. Eigelbe, Milch und Whisky verrühren, leicht aufschlagen und mit der Mehlmischung verrühren. Eiweiße mit dem Rauchsalz steif schlagen und unter die Eigelbmasse heben. Den Teig abgedeckt an einem warmen Ort ca. 1 Stunde gehen lassen. Für die Schokosahne die kalte Sahne mit Vanillezucker und Kakao verrühren, steif schlagen und kühl stellen. Eine Muldenpfanne mit einer ausreichenden Menge Butter bestreichen und auf dem Grill ca. 30 Minuten bei geschlossenem Deckel heiß werden lassen. Die Mulden bis zur Hälfte mit Teig füllen und bei indirekter Hitze (ca. 200 °C) ausbacken. Die Teigbällchen mit einer Gabel wenden, sobald der Rand zu bräunen beginnt. Danach auf Küchenpapier abtropfen lassen, mit Puderzucker bestäuben und lauwarm mit der Schokosahne servieren.

271

TIPP Mit Beeren nach Belieben servieren.

SIDE

273

KICKS

TIPP Die Brötchen können vor dem Backen nach Belieben auch mit schwarzem Sesam, Kürbis- oder Sonnenblumenkernen bestreut werden.

274

BURGER-BRÖTCHEN VOM GRILL

Für 12 Stück

1 Würfel Hefe (42 g)
250 ml Milch
750 g Weizenmehl
60 g Zucker
200 g weiche Butter
2 TL Salz
1 Msp. Brotgewürz
5 Eier
Butter zum Einfetten
2 Eigelb zum Bestreichen
4 TL Maldon Sea Salt zum Bestreuen

Die Hefe in der lauwarmen Milch auflösen. Das Mehl mit den anderen Teigzutaten in die Rührschüssel einer Küchenmaschine geben. Mit dem Knethaken ca. 10 Minuten kneten und an einem warmen Ort abgedeckt gehen lassen, bis sich das Volumen verdoppelt hat. Einen Bräter mit Butter einfetten. Den Teig in gleich große Portionen teilen, zu Kugeln formen und in den Bräter setzen. Mit einem Tuch abdecken und für weitere 30 Minuten gehen lassen. Den Grill auf indirekte Hitze vorbereiten. Die Oberseite der Burger-Brötchen mit Eigelb bestreichen, mit dem Salz bestreuen und bei indirekter Hitze mit geschlossenem Deckel ca. 20 Minuten backen. Brötchen, die nicht verwendet werden, halten sich eingefroren im Tiefkühlfach.

VEGANE BURGER-BRÖTCHEN VOM GRILL

275

Für 12 Stück

300 ml Sojadrink
1 Würfel Hefe (42 g)
550 g Weizenmehl + etwas zum Bearbeiten
200 g Dinkelmehl (Type 630)
40 g Rohrohrzucker
200 g Seidentofu
2 TL Salz
1 Msp. Brotgewürz
60 ml Olivenöl
Sesamsamen zum Bestreuen

Sojadrink erwärmen und die Hefe darin auflösen. Die Mehlsorten mit den restlichen Zutaten mithilfe einer Küchenmaschine mit Knethaken ca. 10 Minuten kneten. An einem warmen Ort abgedeckt ca. 1 Stunde gehen lassen, bis sich das Volumen deutlich vergrößert hat.

Anschließend den Teig auf einer leicht bemehlten Arbeitsfläche kurz durchkneten, in 12 gleich große Portionen teilen, zu Kugeln formen, mit einem Tuch abdecken und weitere 30 Minuten gehen lassen. Dann die Kugeln mit Sesamsamen bestreuen.

Den Kugelgrill mit dem Stein aufheizen. Die Brötchen darauf mit geschlossenem Deckel ca. 12–15 Minuten backen.

TIPP Praktisch, dass der Kugelgrill die gleiche Backfunktion hat wie ein Umluftofen. Wer also nicht grillen möchte, kann die Buns deshalb auch im Backofen zubereiten. Einfach bei 200 °C Umluft oder 180 °C Ober- und Unterhitze ca. 15-18 Minuten backen. Außerdem lassen sich die Brötchen sehr gut auf Vorrat einfrieren.

FLADENBROT VOM HEISSEN STEIN

Für ca. 20 Stück

2 EL Fenchelsamen
2 EL Anissamen
500 ml Butter- oder Dickmilch
200 g flüssiger Honig
350 g Weizenmehl (Type 550)
550 g Roggenmehl (Type 997)
2 TL Salz
1 Pck. Natron

276

Fenchel- und Anissamen in einem Mörser zerstoßen. Butter- oder Dickmilch mit dem Honig verquirlen.

Alle trockenen Zutaten mischen, dann mit den feuchten Zutaten mit einem Handrührgerät mit Knethaken zu einem Teig verkneten.

Den Teig in 20 Portionen teilen, zu Kugeln formen, diese ausrollen und die Fladen mehrfach mit einer Gabel einstechen.

Einen Kugelgrill mit Pizzastein vorheizen. Die Fladen nacheinander auf dem heißen Stein von beiden Seiten ca. 3–5 Minuten kross backen. Auf Kuchengittern abkühlen lassen.

Mit beliebigen Zutaten füllen und zu Wraps aufrollen oder so zum Essen genießen.

TIPP Die Fladen lassen sich auch prima in einer beschichteten Pfanne zubereiten. Einfach nacheinander bei mittlerer Temperatur auf jeder Seite einige Minuten backen. Schmeckt auch super zu indischen Gerichten.

278

GEFÜLLTES BROT TORTANO VOM GRILL

Für 1 Brot

TEIG

250 g Weizenmehl (Type 550) + etwas zum Bearbeiten und Bestäuben
150 g Pizzamehl (Type 00)
15 g frische Hefe
2 EL Olivenöl + etwas zum Einfetten
1 EL flüssiger Honig
250 ml lauwarmes Wasser
1 EL grobes Meersalz

FÜLLUNG

200 g Mozzarella
1 Bund Basilikum
200 g Parmaschinken
10 entsteinte schwarze Oliven

Für den Teig aus den angegebenen Zutaten mithilfe einer Küchenmaschine mit Knethaken einen glatten Hefeteig kneten. Die Schüssel abdecken und den Teig an einem warmen Ort ca. 30 Minuten gehen lassen.

Nach der Gehzeit den Teig auf einer leicht mit Mehl bestäubten Arbeitsfläche zu einem ca. 1 cm dicken Rechteck ausrollen. Den Teig nicht mehr kneten, da er sonst seine Lockerheit verliert.

Für die Füllung den Mozzarella in Scheiben schneiden. Basilikum waschen, trocken schütteln und die Blätter abzupfen. Beides zusammen mit Parmaschinken und Oliven auf das untere Drittel des Teigrechtecks verteilen.

Den Teigrand mit Wasser bestreichen, dann aufrollen und rund formen. Mit Mehl bestäuben, abdecken und nochmals ca. 30 Minuten gehen lassen.

Den Kugelgrill vorheizen. Eine hitzebeständige Form (Ø 28 cm) mit Olivenöl ausstreichen und leicht mit Mehl bestäuben. Das Brot hineingeben, Deckel schließen und im geschlossenen Grill bei 200 °C ca. 20–25 Minuten backen.

Das fertig gebackene Brot herausnehmen und abkühlen lassen. Warm oder kalt genießen.

279

TIPP Statt im Grill lässt sich das Rezept auch prima im Backofen zubereiten. Hierzu den Backofen auf 250 °C Ober- und Unterhitze vorheizen. Das Brot hineingeben, dann die Temperatur auf 200 °C reduzieren und ca. 25–30 Minuten backen.

ZWIEBELBROTE
AUS DEM TONTOPF

Für 4 Brote

375 g Roggenvollkornmehl
250 g Weizenvollkornmehl
½ EL gemahlener Koriander
½ EL Kümmelsamen
½ EL Fenchelsamen
1 Msp. gemahlene Muskatnuss
31 g Hefe
400 ml lauwarmes Wasser
½ EL Honig
1 TL Meersalz
200 g Zwiebelwürfel
1 EL Sonnenblumenöl
Weizenmehl zum Bearbeiten
4 EL lauwarme Milch zum
Bestreichen
1 EL Kardamomsamen
zum Bestreuen

280

Die beiden Mehlsorten zusammen mit den Gewürzen in eine Schüssel geben und vermischen. In die Mitte eine Mulde drücken, die Hefe hineinbröckeln und Wasser, Honig und Salz zufügen. In einer Küchenmaschine mit Knethaken zu einem glatten Teig verkneten und zugedeckt an einem warmen Ort ca. 1 Stunde gehen lassen, bis sich das Teigvolumen sichtbar vergrößert hat. Zwiebelwürfel in Öl glasig anschwitzen und unter den Brotteig heben. Die Tontöpfe ca. 30 Minuten in kaltes Wasser tauchen, damit sie beim Backen nicht platzen. Anschließend herausnehmen und abtrocknen. Den Teig auf einer bemehlten Arbeitsfläche noch einmal gut durchkneten, in 4 Portionen teilen und abgedeckt an einem warmen Ort weitere 30 Minuten gehen lassen.

Den Grill auf 200 °C indirekte Hitze vorbereiten. 4 Tontöpfe mit Butterbrotpapier auskleiden und den Teig hineingeben. Mit der Milch bestreichen und mit Kardamom bestreuen. Eine feuerfeste Schale mit heißem Wasser in den Grill stellen. Die Tontöpfe mit geschlossenem Deckel ca. 50 Minuten backen. Die Brote aus dem Ofen nehmen, sofort mit heißem Wasser bestreichen, damit sie etwas glänzen. Mit einem Küchentuch bedeckt auf einem Kuchenrost auskühlen lassen.

STOCK-BROT

Für ca. 10 Stockbrote

**500 g Weizenmehl + etwas zum
Bearbeiten
2 TL Salz
3 TL Zucker
1 Pck. Trockenhefe
320–340 ml lauwarmes Wasser**

Die angegebenen Zutaten in die Rührschüssel einer Küchenmaschine geben und mit dem Knethaken ca. 10 Minuten zu einem geschmeidigen Teig kneten. Abgedeckt an einem warmen Ort ca. 1 Stunde gehen lassen.

Anschließend den Teig auf einer leicht mit Mehl bestäubten Arbeitsfläche kurz durchkneten und in 10 gleich große Portionen teilen.

Einen Kugelgrill mit dem Backstein vorheizen. Die Teigportionen zu Strängen rollen und um Holzkochlöffel oder dickere -stiele wickeln. Auf den Stein legen und unter mehrmaligem Wenden ca. 15–20 Minuten backen.

TIPP Kinder finden es super, wenn sie die Brote an Stöcken über offenes Feuer halten oder über dem Grill garen dürfen. Dabei nur aufpassen, dass das Brot nicht schwarz wird (und die Kinder immer unter Aufsicht sind). Der Klassiker schlechthin schmeckt lecker beim Picknick zu Gegrilltem oder einfach so mit Kräuterbutter. Wenn es mal regnet, kann man die Brote auch in den Backofen schieben.

SARDINEN-BROT

Für 4 Personen

1 Knoblauchzehe
1 Zweig Thymian
1 EL getrocknete Tomaten
1 EL entsteinte grüne
Oliven
4 Scheiben Sauerteigbrot
Olivenöl
100 g Sardinen aus der Dose
2 Radieschen
4 Cocktailstrauchtomaten

ANRICHTEN

12 entsteinte grüne
Oliven
4 Basilikumspitzen
Pfeffer
Fleur de Sel

Den Knoblauch schälen und in dünne Scheiben schneiden. Den Thymian waschen, trocken schütteln, Blättchen abzupfen und hacken. Getrocknete Tomaten und Oliven fein hacken, beides mit Thymian mischen.

Die Brotscheiben mit etwas Olivenöl beträufeln und auf dem heißen Grill knusprig rösten.

Mit der Oliven-Kräuter-Mischung dünn bestreichen. Die abgetropften Sardinenfilets darauf verteilen.

Radieschen putzen, waschen und in dünne Scheiben schneiden. Die Cocktailtomaten waschen, trocknen und halbieren.

Die Brote mit Tomatenhälften, Oliven, Knoblauch- und Radieschenscheiben sowie Basilikumspitzen garnieren. Mit frisch gemahlenem Pfeffer und Fleur de Sel würzen und mit etwas Olivenöl beträufeln.

283

KNUSPRIGE OLIVEN-TOMATEN-STANGEN

Für 15 Stangen

150 g entsteinte schwarze Oliven
15 getrocknete Soft-Tomaten
500 g Weizenmehl + etwas zum
Bearbeiten
15 g Salz
2 EL Olivenöl
15 g frische Hefe
20 g Zucker
300 ml lauwarmes Wasser
1 Eiweiß

Oliven abtropfen lassen und hacken. Tomaten ebenfalls hacken. Alles mit Mehl, Salz und Olivenöl vermengen. Hefe und Zucker in lauwarmem Wasser auflösen mit den anderen Zutaten ca. 5 Minuten mit einem Handrührgerät mit Knethaken oder in einer Küchenmaschine zu einem glatten Teig verkneten. Abgedeckt an einem warmen Ort ca. 1 Stunde gehen lassen, bis sich das Volumen deutlich vergrößert hat.

Den Backofen auf 220 °C Ober- und Unterhitze vorheizen. Ein Backblech mit Backpapier auslegen. Den Teig auf einer leicht bemehlten Arbeitsfläche nochmals durchkneten, in 15 gleich große Portionen teilen und zu gleichmäßigen Stangen formen.

Die Stangen auf dem Backblech auf der mittleren Schiene in den Backofen schieben und ca. 12–15 Minuten backen. Noch heiß mit einer Mischung (1:1) aus dem Eiweiß und der entsprechenden Menge Wasser einpinseln. Vollständig auskühlen lassen.

TIPP Wer es noch mediterraner mag, gibt frisch gehackte Kräuter in den Brotteig, z. B. Rosmarin und/oder Thymian

KÜRBISBROT

Für 1 Brot

Butter und Weizenmehl
für die Form
350 g Weizenmehl
1 ½ TL Backpulver
¼ TL Natron
½ TL Salz
½ TL Zimtpulver
½ TL Ingwerpulver
2 Prisen Nelkenpulver
2 Prisen frisch geriebene
Muskatnuss
125 g Butter
30 g Zucker
2 Eier
175 ml Milch
250 g fein geraspelter Kürbis
(z. B. Hokkaido)
60 g gehackte Walnusskerne
60 g gewürfelte Datteln

Den Backofen auf 180 °C Ober- und Unterhitze vorheizen. Eine Kastenform (25 cm) mit Butter einfetten und mit Mehl bestäuben. Überschüssiges Mehl abklopfen.

Mehl, Backpulver, Natron, Salz und die restlichen Gewürze miteinander vermischen.

Die Butter schmelzen. Die abgekühlte Butter mit Zucker, Eiern und Milch mit einem Handrührgerät verrühren. Kürbisraspel und Mehlmischung untermengen. Zum Schluss die Walnüsse und Datteln unterheben.

Den Teig in die vorbereitete Kastenform füllen und im Backofen auf dem Rost auf mittlerer Schiene ca. 55 Minuten backen. Herausnehmen, das Brot ca. 10 Minuten abkühlen lassen, anschließend aus der Form stürzen, wenden und vollständig auskühlen lassen.

Das Kürbisbrot schmeckt sehr lecker mit Salzbutter bestrichen und mit Bünderfleisch belegt.

285

TIPP Der Vorteil des Hokkaido-Kürbis ist, dass er nicht geschält werden muss. Toll schmeckt aber auch ein Muskat- oder Butternutkürbis – die ebenfalls mit Schale gegessen werden können.

TIPP Funktioniert natürlich auch im Backofen: dann bei 200 °C Ober- und Unterhitze ca. 25-30 Minuten backen.

286

PIKANTE MINIBROTE VOM GRILL

Für 8 Stück

300 g Kirschtomaten
1 rote Zwiebel
½ rote Chilischote
1 Zweig Rosmarin
3 EL Olivenöl + etwas zum Einfetten
75 g Schinkenwürfel
Salz, Pfeffer
400 g Weizenmehl (Type 550)+ etwas zum Bearbeiten
3 TL Backpulver
1 gehäufter EL Tomatenmark
180 ml zimmerwarmes Bier

Die Kirschtomaten waschen und vierteln. Die Zwiebel schälen und klein würfeln. Chilischote putzen, waschen, entkernen und ebenfalls klein würfeln. Rosmarin waschen, trocken schütteln, Nadeln abzupfen und fein hacken.

In einer Pfanne 1 EL Olivenöl erhitzen. Die Zwiebelwürfel darin anschwitzen. Schinkenwürfel zugeben und darin knusprig braten. Zum Schluss die Chiliwürfel unterrühren. Die Kirschtomatenviertel nur kurz durchschwenken. Kräftig mit Salz und Pfeffer würzen.

Den Kugelgrill vorheizen. 8 Mini-Cocottes (Ø 10 cm) mit Öl einfetten und mit Mehl bestäuben, überschüssiges Mehl abklopfen.

In einer großen Schüssel Mehl, Backpulver, Rosmarin, ½ TL Salz und Tomatenmark vermischen. Mit dem restlichen Öl sowie dem Bier zu einem Teig verarbeiten. Diesen auf einer leicht bemehlten Arbeitsfläche zu einem ca. 20 x 35 cm großen Rechteck ausrollen.

Den Pfanneninhalt gleichmäßig auf dem Rechteck verteilen. Dann von der langen Seite her so zusammenrollen, dass die Füllung eingeschlossen wird. Die Teigrolle in gleich große Stücke schneiden und in die Mini-Cocottes setzen. Diese auf dem Grill platzieren und bei geschlossenem Deckel ca. 20 Minuten backen. Anschließend herausnehmen, abkühlen lassen und genießen.

PITAFLADEN

Für 8 Personen

500 g gesiebtes Weizenmehl
2 gestrichene TL Salz
1 gehäufter TL Zucker
3 EL Olivenöl
½ Würfel Hefe (21 g)
300 ml lauwarmes Wasser
Olivenöl zum Bestreichen
Weizenmehl zum Bearbeiten

Für die Fladen Mehl, Salz, Zucker, Olivenöl, Hefe und Wasser in die Schüssel einer Küchenmaschine geben und kurz auf kleiner Stufe kneten, bis sich die Zutaten gut vermischt haben. Dann auf höherer Stufe ca. 5 Minuten zu einem glatten und geschmeidigen Teig verkneten. Mit einem Küchenhandtuch abgedeckt an einem warmen Ort ca. 1 Stunde gehen lassen.

Den Backofen auf 180 °C Ober- und Unterhitze vorheizen. Ein Backblech mit Backpapier belegen und zusätzlich noch mit etwas Öl bestreichen.

Den Teig auf einer leicht bemehlten Arbeitsfläche mit den Händen durchkneten, dann in 8 Portionen teilen und zu Kugeln rollen. Diese leicht mit Mehl bestäuben und mit der Handinnenfläche zu kleinen runden Fladen flach drücken. Teigfladen auf das Blech legen und im Backofen auf mittlerer Schiene ca. 4–5 Minuten backen, dann wenden und weitere 4–5 Minuten backen. Sie sollten keine Farbe annehmen und weich bleiben.

Nach dem Backen die Fladen bis zur weiteren Verarbeitung in Folie aufbewahren, damit sie nicht trocken und hart werden.

287

BURGUNDER-GUGELHUPF

Für 12 Stücke

Butter zum Einfetten
250 g Weizenmehl
1 Pck. Trockenhefe
250 g roher Schinken
4 Eier
125 ml Olivenöl
125 ml Weißburgunder
150 g geriebener Emmentaler

Den Grill auf indirekte Hitze vorbereiten. Eine Gugelhupfform (Ø 24 cm) einfetten. Das Mehl mit der Trockenhefe mischen. Den Schinken in kleine Würfel schneiden. Eier, Öl und Wein verrühren. Alles zusammen mit dem Käse mit den Knethaken eines Handrührgerätes zu einem glatten Teig verkneten. Diesen in die Form füllen, auf den Grill bei indirekter Hitze (ca. 200 °C) stellen und ca. 75 Minuten mit geschlossenem Deckel backen. Anschließend die Form vom Grill nehmen, etwas abkühlen lassen und den Gugelhupf aus der Form stürzen.

Der herzhafte Gugelhupf eignet sich auch als deftige Beilage zu Fleischgerichten.

PARTYBRÖTCHEN

Für 16 Personen

150 g Magerquark
7 EL Milch
6 EL Sonnenblumenöl
½ TL Salz
300 g Weizenmehl
1 Pck. Backpulver
Weizenmehl zum Bearbeiten
Milch zum Bestreichen
Sesam- und Mohnsamen
zum Bestreuen

Backofen auf 200 °C Ober- und Unterhitze vorheizen. Ein Backblech mit Backpapier belegen.

Quark, Milch, Öl und Salz mit einem Handrührgerät cremig verrühren. Mehl und Backpulver mischen und mit einem Handrührgerät mit Knethaken unter den Quark kneten.

Den Teig auf einer leicht bemehlten Arbeitsfläche in 16 gleich große Portionen teilen, zu Kugeln formen und zu einem Kreis auf das Backblech legen. Mit Milch bestreichen und mit Sesam- sowie Mohnsamen bestreuen.

Das Partybrot im Backofen auf mittlerer Schiene ca. 15–20 Minuten backen. Auf einem Kuchengitter auskühlen lassen.

TIPP Das Partybrot lässt sich super vorbereiten und einfrieren. Dann hat man überhaupt keinen Stress mehr, wenn die Gäste kommen. Einfach kurz aufbacken.

289

BABYSPINAT-SALAT

Für 4 Personen

300 g Babyspinat
2 Orangen
1 rote Spitzpaprika
125 g Mozzarella
100 g Walnusskerne
4 EL Olivenöl
3 EL Orangensaft
2 EL Balsamico
2 EL Zitronensaft
Salz, Pfeffer

Spinat putzen, waschen und trocken schleudern. Orangen samt der weißen Haut schälen und die Filets herausschneiden. Spitzpaprika waschen, längs halbieren, Kerne und weiße Innenhäute entfernen. Paprika in Streifen schneiden. Mozzarella abtropfen lassen und in Würfel schneiden.

Walnusskerne hacken, in einer Pfanne ohne Zugabe von Fett rösten und herausnehmen. 2 EL Olivenöl darin erhitzen und die Spitzpaprika ca. 3–5 Minuten bissfest dünsten.

Spinatsalat in einer großen Schale anrichten. Paprika, Orangenfilets, Mozzarellawürfel und Walnüsse darüber verteilen.

Restliches Öl, Orangensaft, Balsamico und Zitronensaft zu einem Dressing verrühren. Mit Salz und Pfeffer abschmecken. Über den Salat träufeln, ca. 10 Minuten kalt stellen und dann sofort servieren.

BREZELKNÖDEL-SALAT

Für 6 Personen

KNÖDEL

2 Zwiebeln
100 g geräucherte Speckwürfel
1 Bund Petersilie
6 Laugenbrezeln vom Vortag
200 ml warme Milch
3 Eier
Salz, Pfeffer

SALAT

2 Tomaten
1 Knoblauchzehe
8 EL heller Balsamico
1 TL Senf
Salz, Pfeffer
12 EL Olivenöl
300 g Cocktailtomaten
300 g Mini-Mozzarella-Kugeln
1 Bund Rucola

Für die Knödel Zwiebeln schälen und würfeln. Mit den Speckwürfeln in einer Pfanne anschwitzen. Petersilie waschen, trocken schütteln und Blättchen hacken. Brezeln klein schneiden und mit Milch übergießen. Zwiebeln, Speck, Eier und Petersilie zugeben, kräftig salzen und pfeffern. Alles gut vermischen und ca. 30 Minuten ziehen lassen.

Aus der Masse 6 Knödel formen und in reichlich siedendem Salzwasser ca. 15 Minuten gar ziehen lassen. Herausnehmen, abtropfen und auskühlen lassen. Knödel in Würfel schneiden.

Für das Dressing Tomaten mit kochendem Wasser überbrühen, häuten, halbieren, Strünke entfernen, entkernen und in Würfel schneiden. Knoblauch schälen und hacken. Tomaten, Knoblauch, 6 EL Balsamico, Senf, Salz und Pfeffer verrühren. 10 EL Olivenöl unterschlagen.

Cocktailtomaten waschen und halbieren. Mozzarella abtropfen lassen und ebenfalls halbieren. Rucola putzen, waschen und trocken schleudern.

Knödelwürfel mit Cocktailtomaten und Mozzarella vermengen. Das Dressing darübergeben, mischen und ca. 1 Stunde kalt stellen. Zum Schluss Rucola mit dem restlichen Essig und Öl unterheben, nochmals abschmecken und servieren.

BROTSALAT

Für 6 Personen

200 g scharfe Salami
8 EL Olivenöl
1–2 Zweige Rosmarin
½ Baguette (ca. 200 g)
1 kleiner Bund Rucola
300 g Kirschtomaten
250 g Mozzarella
80 g entsteinte schwarze Oliven
1 Knoblauchzehe
4 EL Balsamico
Salz, Pfeffer
1 TL flüssiger Honig

Salami in ca. 3 mm dicke Scheiben schneiden und in einer Pfanne in 2 EL heißem Olivenöl kurz von beiden Seiten braten. Zum Abtropfen auf Küchenpapier legen.

Rosmarin waschen und trocken schütteln. Baguette in grobe Würfel schneiden und in der Pfanne im verbliebenen Bratfett mit Rosmarin portionsweise knusprig rösten.

Rucola putzen, waschen und trocken schleudern, eventuell klein zupfen. Kirschtomaten waschen und halbieren. Mozzarella abtropfen lassen und würfeln. Oliven halbieren. Alle vorbereiteten Zutaten in eine Schüssel geben.

Knoblauch schälen und fein hacken. Knoblauch, Balsamico und restliches Olivenöl zu einem Dressing verrühren. Mit Salz, Pfeffer und Honig abschmecken.

Über den Salat geben und ca. 15 Minuten durchziehen lassen. Eventuell nochmals abschmecken.

292

TIPP Der Salat lässt sich sehr gut vorbereiten. Damit er nicht durchweicht, das Dressing erst kurz vor dem Servieren untermischen.

COLESLAW

Für 6 Personen

1 Weißkohl
3 große Karotten
1 Zwiebel
3 EL Weißweinessig
2 TL Zucker
Salz, Pfeffer
200 g saure Sahne
6 EL Buttermilch
4 EL Mayonnaise (siehe S. 353)

Von dem Weißkohl die äußeren Blätter und den Strunk entfernen. Karotten und Zwiebel schälen.

Kohl, Karotten und Zwiebel in sehr feine Streifen hobeln. Am besten gelingt das mit einer Küchenmaschine, einer Reibe oder auf einem Gemüsehobel.

In einer großen Schüssel Essig mit Zucker, 1 kräftigen Prise Salz und Pfeffer verrühren. Gemüsestreifen zugeben und alles gut durchmischen.

In einer kleinen Schüssel saure Sahne, Buttermilch und Mayonnaise verrühren, dann über Kohl, Karotten und Zwiebel geben. Alles gut durchmischen und noch mal mit Salz, Pfeffer, Zucker oder weiterem Essig abschmecken.

INFO In Großbritannien wird dieser Salat zu nahezu jedem Sandwich oder Gegrilltem gereicht, meist mit Mayonnaise im Dressing. Für die Fitnessvariante mit Frischekick sorgen hier Buttermilch und saure Sahne.

293

COUSCOUS-SALAT MIT KORIANDER

Für 4 Personen

½ rote Paprikaschote
1 Schalotte
1 Knoblauchzehe
6 EL Olivenöl
200 g Couscous
200 ml Gemüsebrühe
50 g Salatgurke
2 Tomaten
3 Stängel Koriander
1 kleiner Stängel Minze
Currypulver
Salz
Saft von 1 Limette

Paprika waschen, Kerne und weiße Innenhäute entfernen und in sehr kleine Würfel schneiden. Schalotte und Knoblauch schälen, beides fein würfeln. Die vorbereiteten Würfel in 2 EL Olivenöl anschwitzen. Couscous zugeben und das Ganze mit Brühe ablöschen. Vom Herd nehmen, abdecken und ca. 10 Minuten gar ziehen lassen. Anschließend den Couscous erkalten lassen.

Gurke schälen, die Kerne entfernen und das Fruchtfleisch fein würfeln. Tomaten waschen, trocknen, Strunk entfernen, entkernen und das Fruchtfleisch in kleine Würfel schneiden. Koriander und Minze waschen, trocken schütteln, Blätter abzupfen und fein hacken. Gurken- und Tomatenwürfel mit Kräutern und restlichem Olivenöl unter den Couscous rühren. Alles mit Curry, Salz und Limettensaft abschmecken.

COUSCOUS-SOMMERSALAT
MIT MOZZARELLA

Für 4 Personen

200 ml Gemüsebrühe
100 g Couscous
½ Salatgurke
2 mittelgroße Tomaten
125 g Mozzarella
½ Zwiebel
½ Bund glatte Petersilie
2 EL Olivenöl
Schalenabrieb und Saft
von ½ unbehandelten Zitrone
Salz, Pfeffer
½ TL Sambal Oelek

Gemüsebrühe aufkochen, Couscous einrühren und auf ausgeschalteter Kochstelle abgedeckt ca. 8 Minuten quellen lassen.

Salatgurke schälen, längs halbieren, Kerne herauslösen und die Gurke in kleine Würfel schneiden. Tomaten waschen, Strünke entfernen und ebenfalls in Würfel schneiden. Mozzarella abtropfen lassen und klein schneiden. Zwiebel schälen und fein würfeln. Petersilie waschen, trocken schütteln und Blättchen fein hacken.

Alle vorbereiteten Salatzutaten miteinander vermischen. Olivenöl, Zitronenabrieb und –saft, Salz, Pfeffer und Sambal Oelek verrühren. Über den Salat geben und ca. 1 Stunde kalt stellen. Vor dem Servieren nochmals abschmecken.

295

DINKEL-SALAT

Für 4 Personen

150 g Dinkelreis
300 ml Wasser
Salz
150 g Mozzarella
6 getrocknete Tomaten in Öl
1 rote Paprikaschote
1 kleine Zucchini
100 g Kirschtomaten
1 kleine Zwiebel
1 Knoblauchzehe
½ Bund glatte Petersilie
oder Koriander
2 EL geschälte Mandeln
4 EL Olivenöl
Pfeffer
Chilipulver

Dinkelreis mit dem Wasser und 1 TL Salz in einem Topf aufkochen. Bei geringer Temperatur abgedeckt ca. 15 Minuten kochen. Dann ca. 5–10 Minuten quellen lassen, bis er bissfest ist.

Mozzarella und getrocknete Tomaten abtropfen lassen, halbieren, getrocknete Tomaten klein schneiden. Paprika und Zucchini putzen, waschen und in kleine Würfel schneiden. Kirschtomaten waschen und halbieren. Zwiebel und Knoblauch schälen und fein hacken. Kräuter waschen, trocken schütteln und Blättchen fein hacken.

Mandeln in einer beschichteten Pfanne ohne Zugabe von Fett goldgelb rösten, herausnehmen und grob hacken. Paprika und Zucchini in 2 EL heißem Olivenöl ca. 3–4 Minuten bissfest dünsten. Zwiebel und Knoblauch zugeben und kurz mitdünsten. Mit Salz und Pfeffer würzen und auskühlen lassen.

Alle vorbereiteten Salatzutaten miteinander vermischen. Mit dem restlichen Öl verfeinern und mit Salz, Pfeffer und Chilipulver pikant abschmecken. Salat ca. 1 Stunde im Kühlschrank durchziehen lassen. Vor dem Anrichten nochmals abschmecken.

296

Couscous hat als das nordafrikanische Grundnahrungsmittel die kulinarische Welt erobert. Der Grieß aus Hartweizen, Hirse oder Gerste lässt sich völlig unkompliziert und blitzschnell zubereiten. Probieren Sie unsere Rezeptidee – ein grüner Couscous-Salat, der zum echten Star Ihres Grillfests wird.

FRUCHTIGER COUSCOUS-SALAT MIT FENCHEL

Für 4 Personen

200 ml Gemüsebrühe
8 EL Olivenöl
150 g Couscous
1 Salatgurke
1 Fenchelknolle
1 kleine rote Zwiebel
1 Orange
4 Stängel Koriander
½ Bund Minze
100 ml frischer Orangensaft
4 EL Weißweinessig
Zucker
1 Knoblauchzehe
1 rote Chilischote
Salz, Pfeffer
150 g griechischer Joghurt
Cayennepfeffer

Gemüsebrühe mit 1 EL Öl aufkochen, vom Herd nehmen. Couscous darin ca. 10 Minuten quellen lassen.

Die Gurke schälen, längs halbieren und die Kerne herausschaben. Das Fruchtfleisch fein würfeln. Den Fenchel putzen und in hauchdünne Streifen schneiden. Die rote Zwiebel schälen und in feine Ringe schneiden. Orange filetieren und die Filets klein schneiden. Koriander und Minze waschen, trocken schütteln, Blätter abzupfen und sehr fein hacken.

Aus Orangensaft, restlichem Öl, Essig und 1 Prise Zucker eine Vinaigrette rühren. Knoblauch schälen, Chili waschen und entkernen, beides fein hacken, dazugeben und mit Salz und Pfeffer abschmecken.

Couscous mit einer Gabel auflockern und dann die vorbereiteten Salatzutaten und Vinaigrette untermischen. Nochmals kurz durchziehen lassen, ggf. nochmals nachwürzen.

Joghurt mit Salz und Cayennepfeffer würzen und beim Servieren des Couscous dazureichen.

297

TIPP Zum Filetieren einer Orange oben und unten die Enden großzügig abtrennen. Dann rundum die Schale samt der weißen Haut abschneiden. Die einzelnen Filets aus den Trennhäuten lösen. Den Rest der Orange dann ausdrücken und den Saft auffangen.

FELDSALAT
MIT FEIGE, WALNUSS UND BALSAMICO-DRESSING

Für 4 Personen

DRESSING

100 ml Fleisch- oder Gemüsebrühe
25 ml Balsamico
20 g flüssiger Honig
10 g mittelscharfer Senf
Salz, Pfeffer
50 ml Rapsöl

SALAT

350 g Feldsalat
50 g Walnusskerne
4 große oder 8 kleine Feigen

Für das Dressing alle Zutaten, bis auf das Öl, in ein hohes Gefäß geben und mit einem Stabmixer pürieren. Dann das Öl langsam einlaufen lassen und dabei weitermixen, bis eine cremige Emulsion entsteht.

Feldsalat verlesen, gründlich waschen und trocken schleudern. Walnüsse klein schneiden. Feigen waschen, putzen und in Spalten schneiden.

Den Salat dekorativ mit Feigen und Walnüssen in Schalen anrichten und mit dem Balsamicodressing beträufeln.

299

FENCHEL-ORANGEN-SALAT

Für 4 Personen

2 Orangen
2 Fenchelknollen
30 g frisch gehobelter Parmesan
2–3 EL Limettensaft
4 EL Olivenöl
Salz, Pfeffer

Die Orangen samt der weißen Haut schälen und die Filets herauslösen. Den abtropfenden Saft dabei auffangen. Die Fenchelknollen waschen, halbieren, den Strunk entfernen und mit einem Gurkenhobel sehr fein hobeln.

Orangenfilets, Fenchel und Parmesan vorsichtig miteinander vermischen. Aus dem Limettensaft, dem aufgefangenen Orangensaft, dem Olivenöl, Salz und Pfeffer eine Salatsauce rühren, über den Fenchel-Orangen-Salat gießen und servieren.

FRUCHTIGER SPARGEL-SALAT

Für 6 Personen

500 g Kirschtomaten
200 g Erdbeeren
1 Stängel Basilikum
1 Stängel Zitronenmelisse
250 g Mozzarella
3 EL heller Balsamico
2 EL Himbeeressig
Salz, Pfeffer
500 g weißer oder
grüner Spargel
2 TL Butter
2 EL Kürbiskernöl
1 EL Kürbiskerne

300

Tomaten und Erdbeeren waschen, putzen und je nach Größe halbieren oder vierteln. Basilikum und Zitronenmelisse waschen, trocken schütteln und die Blättchen hacken. Mozzarella abtropfen lassen und in Würfel schneiden.

Balsamico, Himbeeressig, Salz und Pfeffer zu einem Dressing verrühren. Mit Tomaten, Erdbeeren und Mozzarellawürfeln vermischen und kurz durchziehen lassen.

Spargel waschen, weißen Spargel ganz, grünen nur im unteren Drittel schälen. Enden abschneiden und die Stangen schräg in Stücke schneiden. Spargelstücke in einer beschichteten Pfanne in zerlassener Butter, je nach Sorte, ca. 5–8 Minuten bissfest braten und salzen. Spargel noch warm über den Salat geben, mit Kürbiskernöl beträufeln und mit Kräutern sowie Kürbiskernen bestreut servieren.

301

GRIECHISCHER SALAT

Für 2 Personen

100 g Salatgurke
200 g Tomaten
50 g rote Paprikaschote
50 g grüne Paprikaschote
50 g gelbe Paprikaschote
1 rote Zwiebel
50 g entsteinte schwarze Oliven
100 g Feta
2 EL Balsamico
3 EL Olivenöl
Salz, Pfeffer

Gurke waschen, putzen, längs halbieren, entkernen und in Scheiben schneiden. Tomaten waschen, Strunk und Kerne entfernen und in dünne Spalten schneiden. Paprikaschoten waschen, Kerne und weiße Innenhäute entfernen und in dünne Streifen schneiden. Zwiebel schälen, halbieren und in dünne Streifen schneiden. Oliven in Scheiben und Feta in Würfel schneiden.

Alle vorbereiteten Zutaten miteinander vermischen. Balsamico und Olivenöl zufügen und mit Salz und Pfeffer abschmecken.

GRILLGEMÜSE-SALAT

Für 4 Personen

1 Zitrone
2 mittelgroße Zucchini
2 Fenchelknollen
300 g gemischte Pilze
3 Spitzpaprikaschoten
8 EL Olivenöl
Salz, Pfeffer
2 große Zwiebeln
3 EL Sherryessig
2 EL Balsamico
1 TL Dijon-Senf
Zucker

Die Zitrone auspressen und den Saft auffangen. Das Gemüse entsprechend vorbereiten und klein schneiden. Dann alles in einen Gefrierbeutel geben. Mit etwas Zitronensaft und 4 EL Olivenöl beträufeln. Salzen und pfeffern und das Gemüse in dem Zitronen-Öl für ca. 30 Minuten marinieren. Dabei ab und zu wenden. Die Zwiebeln schälen und den Ansatz mit Salz und Pfeffer würzen.

Das marinierte Gemüse in einer Grillschale auf den Grill stellen und die beiden Zwiebeln direkt auf den Rost legen. Das eingelegte Gemüse wird relativ schnell Farbe annehmen, lassen Sie es nur so lange garen, bis es noch ein wenig Biss hat. Die Zwiebeln länger grillen, die äußere Schale darf ruhig dunkel werden.

Die gegrillten Zwiebeln vom Grill nehmen und auskühlen lassen. Die äußeren Schalen entfernen, dann in dünne Scheiben schneiden. Für das Dressing Essige mit Senf, Salz, Pfeffer und Zucker herzhaft abschmecken. Das restliche Olivenöl langsam dazu gießen. Zwiebelscheiben und alle gegrillten Gemüse vorsichtig unterheben und direkt servieren. Am besten schmeckt der Salat, wenn er noch lauwarm ist.

302

GEGRILLTE PILZE

Für 2–4 Personen

1 Knoblauchzehe
2 Stängel glatte Petersilie
300 g gemischte Pilze
Salz, Pfeffer
4 EL Olivenöl
50 g Parmesan
Saft von ½ Zitrone
1 kleiner Bund Schnittlauch

Die Knoblauchzehe schälen und mit einem Messer fein hacken. Petersilie waschen, trocken schütteln und die Blättchen abzupfen. Die Petersilienblättchen auf dem gleichen Schneidbrett mit dem Knoblauch hacken und gut vermischen. Es soll dabei eine Art Paste entstehen.

Pilze putzen und halbieren, bzw. in große Stücke schneiden. Kräftig mit Salz und Pfeffer würzen, mit dem Olivenöl beträufeln, die Pilze durchmengen und dann die Knobi-Petersilien-Paste über den Pilzen verteilen. Dann die Pilze auf einem extra engen Rost oder in einer Grillschale grillen. Wenden Sie sie, wenn die erste Seite der Pilze schön braun geworden ist.

Die gegrillten Pilze auf einem großen Teller anrichten. Parmesan mit einem Sparschäler in feine Scheiben hobeln und diese locker über die Pilze verstreuen. Den Zitronensaft über die gesamten Pilze träufeln. Schnittlauch waschen, trocken schütteln, mit der Küchenschere in feine Ringe schneiden und von oben auf die gegrillten Pilze rieseln lassen.

303

GURKENSALAT
MIT DILLSAUCE

Für 4 Personen

800 g Salatgurken
Salz
10 g Dill
200 g Naturjoghurt
100 g Schmand
Pfeffer
Zucker

Gurken putzen, waschen und in sehr dünne Scheiben schneiden oder hobeln. Die Scheiben in ein Abtropfsieb geben und mit ca. 1 EL Salz vermengen. Dann kurz ziehen lassen.

Dill waschen, trocken schütteln, Spitzen abzupfen und fein hacken. Mit Joghurt und Schmand verrühren. Die abgetropften Gurkenscheiben zur Dillsauce geben und mit Salz, Pfeffer und Zucker abschmecken.

TIPP Salate sind generell Geschmackssache und bieten viel Potenzial für Abwandlungen, sei es beim Dressing oder den Zutaten. Um den Caprese noch aufzupeppen, kann man z. B. noch Scheiben von Avocado und Chili dazugeben. Wem Mozzarella zu mild ist, der ersetzt ihn durch würzigen Feta.

INSALATA CAPRESE

Für 4 Personen

500 g bunte Tomaten
250 g Mozzarella
½ Bund Basilikum
4 EL Balsamico
4 EL Olivenöl
Salz, Pfeffer

Tomaten waschen, Strünke entfernen und in Scheiben schneiden. Mozzarella abtropfen lassen und ebenfalls in Scheiben schneiden. Beides auf einem Teller dachziegelförmig anrichten. Basilikum waschen, trocken schütteln und die Blättchen abzupfen.
Balsamico, Olivenöl, Salz und Pfeffer zu einem Dressing verrühren, dann über Tomaten- und Mozzarellascheiben geben. Mit Basilikumblättern garnieren und mit Pfeffer bestreuen.

INSALATA CAPRESE
MIT SLOW-ROASTED TOMATOES

Für 4 Personen

3 große Strauchtomaten
4 EL Olivenöl
Salz, Pfeffer
2 Kugeln Büffelmozzarella
1 Handvoll Basilikumblätter

Die Tomaten waschen, halbieren, Strünke entfernen und die Schnittseite mit etwas Olivenöl beträufeln. Dann die Tomatenhälften mit der Schnittseite nach unten auf den lauwarmen Grill legen. Bitte beachten Sie, dass der Grill nicht zu heiß ist und die Tomaten am Rand des Grills liegen. Sie sollen nur leicht und langsam rösten, etwas Farbe und rauchigen Grillgeschmack annehmen.

Die Tomatenhälften vom Grill nehmen, kurz ruhen lassen und quer in große, dünne Scheiben schneiden. Die Tomatenscheiben auf einem Teller auslegen, salzen und pfeffern. Die Mozzarellakugeln in ähnlich große Scheiben schneiden und im Wechsel mit den Tomaten auslegen. Die Basilikumblätter in kleine Stücke zupfen und von oben auf den Tomaten-Mozzarella-Salat rieseln lassen. Das restliche Olivenöl über den Salat geben und sofort servieren.

306

GEGRILLTE SALATHERZEN MIT THUNFISCHSAUCE

Für 4 Personen

SALATHERZEN

2 Romanasalatherzen
3 EL Olivenöl
Salz

THUNFISCH-SAUCE

180 g Thunfisch im eigenen Saft
aus der Dose
4 Sardellenfilets
3 EL Mayonnaise mit Joghurt
2 EL Kapern
1 EL Zitronensaft
Salz, Pfeffer
4 EL Fleischbrühe

Die Salatherzen mit Strunk putzen, längs halbieren, waschen und vorsichtig trocken schleudern. Das Olivenöl in einer beschichteten Pfanne erhitzen und die Salatherzhälften mit den Schnittflächen nach unten vorsichtig anbraten. Zwischendurch einmal kurz wenden und leicht salzen.

Für die Sauce den Thunfisch in einem Sieb abtropfen lassen und mit einer Gabel zerpflücken. Zusammen mit Sardellenfilets, Mayonnaise, Kapern und Zitronensaft im Mixer fein pürieren. Mit Salz und Pfeffer abschmecken. Bei Bedarf etwas Fleischbrühe zugeben, sodass eine zähflüssige Sauce entsteht. Die Thunfischsauce mit den gebratenen Salatherzen auf Tellern anrichten.

TIPP Salate sollten nicht zu lange gewässert und am besten in einer Salatschleuder vom überschüssigen Wasser befreit werden, dann nehmen sie die Salatsauce besser auf.

GEFÜLLTE KARTOFFELN

Für 4 Personen

4 große festkochende Kartoffeln
1 Zwiebel
125 g gewürfelter Speck
1 EL Sonnenblumenöl
3 Stängel Petersilie
125 g Mozzarella
200 g Schmand
2 EL geriebener Parmesan
Salz, Pfeffer

Kartoffeln waschen und mit Schale in ausreichend Wasser ca. 25–30 Minuten gar kochen. Abgießen, etwas auskühlen lassen und halbieren.

Den Grill vorbereiten.

Zwiebel schälen und würfeln. In einer heißen Pfanne Speckwürfel mit dem Öl auslassen. Zwiebel zugeben und kurz mitbraten. Herausnehmen und abkühlen lassen.

Petersilie waschen, trocken schütteln, Blättchen hacken. Mozzarella abtropfen lassen und in kleine Würfel schneiden. Kartoffeln aushöhlen und Inneres in eine Schüssel geben. Schmand, Mozzarellawürfel, Parmesan sowie Speck und Zwiebel zugeben. Mit Salz und Pfeffer abschmecken.

Kartoffeln mit der Käsemasse füllen, auf Alufolie setzen und ca. 20 Minuten auf den Grill legen.

307

308

HERZHAFTER WASSERMELONEN- SALAT

Für 6 Personen

1 kg kernlose Wassermelone
1 kleines Bund Radieschen
2 Stängel Minze
5 EL Olivenöl
Saft von 1 Limette
Salz, Pfeffer
Zucker
300 g Mozzarella

Wassermelone von der Schale schneiden und das Fruchtfleisch klein schneiden. Radieschen putzen, waschen und in dünne Scheiben schneiden. Minze waschen, trocken schütteln, die Blätter in Streifen schneiden.

Olivenöl und Limettensaft verrühren, mit Salz, Pfeffer und 1 Prise Zucker abschmecken. Mozzarella abtropfen lassen und klein schneiden.

Alle vorbereiteten Zutaten miteinander vermischen, ca. 15 Minuten kalt stellen und nochmals abschmecken. Auf Tellern oder in Gläsern anrichten und servieren.

JAPANISCHER GURKENSALAT

Für 4 Personen

2 Salatgurken
1 kleiner Bund Koriander
4 cm Ingwer
1 EL Zucker
3 EL Reisessig
4 EL helle Sojasauce
Salz, Pfeffer
5 EL Olivenöl

Die Gurken putzen, waschen und in dünne Scheiben schneiden. Koriander waschen, trocken schütteln und Blättchen abzupfen. Den Ingwer schälen und auf einer Reibe sehr fein reiben.

Den Zucker und den geriebenen Ingwer mit dem Essig verrühren und mit der Sojasauce, etwas Salz und Pfeffer abschmecken. Das Dressing sollte salzig-würzig schmecken. Olivenöl langsam dazugeben und noch mal aufschlagen.

Die Gurkenscheiben in das Dressing geben, alles vermengen und zum Schluss die Korianderblättchen über den Gurkensalat streuen.

ITALIENISCHER TORTELLINISALAT

Für 4 Personen

SALAT

**500 g Tortellini mit
Käsefüllung, aus dem
Kühlregal
Salz
300 g Kirschtomaten
250 g Mozzarella**

PESTO

**1 Knoblauchzehe
75 g getrocknete
Tomaten in Öl
½ Bund Basilikum
25 g Cashewkerne
4 EL Tomatenöl aus dem Glas
50 g geriebener Parmesan
2 EL heller Balsamico
Salz, Pfeffer**

Tortellini nach Packungsanweisung in reichlich Salzwasser kochen. Abgießen, abschrecken und gut abtropfen lassen.

Kirschtomaten waschen und halbieren. Mozzarella abtropfen lassen und in Würfel schneiden.

Für das Pesto Knoblauch schälen und grob hacken. Getrocknete Tomaten abtropfen lassen und in grobe Stücke schneiden. Basilikum waschen, trocken schütteln und Blätter abzupfen. Vorbereitete Zutaten mit Cashewkernen, Tomatenöl und Parmesan mit einem Pürierstab zu einem Pesto verarbeiten. Mit Balsamico, Salz und Pfeffer abschmecken.

Pesto mit den vorbereiteten Salatzutaten vermengen und ca. 1 Stunde kalt stellen. Vor dem Servieren nochmals abschmecken.

NUDELSALAT
MIT MANDARINEN

Für 6 Personen

250 g Spiralnudeln
Salz
100 g TK-Erbsen
300 g Mandarinen aus der Dose
250 g Mozzarella
200 g Lyoner am Stück
6 Cornichons
200 g Mayonnaise mit Joghurt
2–3 EL Cornichonsud
Pfeffer

Nudeln nach Packungsanweisung in ausreichend Salzwasser bissfest kochen. Erbsen ca. 2 Minuten vor Ende der Kochzeit zu den Nudeln geben und mitkochen. Dann abgießen, mit kaltem Wasser abschrecken und gut abtropfen lassen.

Mandarinen und Mozzarella ebenfalls abtropfen lassen. Mozzarella, Lyoner und Cornichons in Würfel schneiden, mit Nudeln und Erbsen mischen. Mayonnaise mit Cornichonsud verrühren und mit Salz und Pfeffer kräftig abschmecken.

Alles vorsichtig miteinander vermischen und im Kühlschrank mindestens 1 Stunde kalt stellen. Kurz vor dem Servieren nochmals abschmecken.

312

RHEINISCHER NUDELSALAT

Für 4 Personen

400 g Penne
Salz
100 g TK-Erbsen
6 Gewürzgurken
½ Ring Fleischwurst
5 Stängel glatte Petersilie
250 g Salatmayonnaise
1 EL Senf
3 EL Gewürzgurkensud
Pfeffer
1 Prise edelsüßes Paprika-
pulver

Nudeln in reichlich Salzwasser bissfest kochen. Kurz vor Ende der Garzeit die Erbsen mitkochen. Dann abschütten und mit kaltem Wasser abschrecken. Die Gewürzgurken abtropfen lassen und klein würfeln. Die Fleischwurst ebenfalls in Würfel schneiden. Die Petersilie waschen, trocken schütteln, Blätter abzupfen und fein hacken. Die Salatmayonnaise mit Senf, Gurkensud, Salz, Pfeffer und Paprikapulver verrühren. Die Salatzutaten mit der Sauce mischen, gut durchziehen lassen und vor dem Servieren nochmals abschmecken.

REISNUDELSALAT

Für 4–6 Personen

**250 g Kritharaki
(reiskornförmige Nudeln)
Salz
je 1 gelbe, rote und grüne
Paprikaschote
200 g Mais aus der Dose
250 g Mozzarella
1 Bund gemischte Kräuter
(z. B. Schnittlauch, Petersilie,
Liebstöckel)
6 EL Olivenöl
3 EL Weißweinessig
1 TL flüssiger Honig
1 TL scharfer Senf
Pfeffer**

Kritharaki-Nudeln nach Packungsanweisung in reichlich kochendem Salzwasser bissfest garen. Abgießen, abschrecken und gut abtropfen lassen.

Paprika waschen, halbieren, Kerne und weiße Innenhäute entfernen und die Hälften in kleine Würfel schneiden. Mais und Mozzarella abtropfen lassen. Mozzarella in Würfel schneiden.

Kräuter waschen, trocken schütteln und klein schneiden. Olivenöl, Essig, Honig, Senf und Kräuter zu einem Dressing verrühren. Kräftig mit Salz und Pfeffer abschmecken.

Alle Zutaten und das Dressing miteinander vermischen. Mindestens 1 Stunde im Kühlschrank durchziehen lassen. Nochmals abschmecken und servieren.

313

SOMMERLICHER NUDELSALAT

Für 6 Personen

200 g Penne
Salz
150 g Cocktailtomaten
50 g Champignons
100 g Rucola
100 g eingelegte Artischocken
50 g eingelegte Paprikaschoten
20 entsteinte schwarze Oliven
250 g Mozzarella
100 g Fenchelsalami,
in dünnen Scheiben
1 Knoblauchzehe
4 EL Balsamico
8 EL Olivenöl
Pfeffer

Penne nach Packungsanweisung in reichlich kochendem Salzwasser bissfest kochen. Abgießen, kalt abschrecken und abtropfen lassen.

Tomaten waschen und halbieren. Champignons putzen und in Scheiben schneiden. Rucola putzen, waschen und trocken schleudern. Artischocken und Paprika in Stücke, Oliven in Ringe schneiden. Mozzarella abtropfen lassen und würfeln. Salami klein schneiden. Alle vorbereiteten Zutaten, bis auf den Rucola, in einer Schüssel miteinander vermischen.

Knoblauch schälen und fein hacken. Aus Balsamico, Olivenöl, Salz, Pfeffer und Knoblauch ein Dressing rühren. Über den Salat geben, vermischen und ca. 1 Stunde durchziehen lassen. Rucola unterheben, nochmals abschmecken und servieren.

314

KÄSESALAT

Für 6 Personen

250 g Mozzarella
200 g Emmentaler
200 g Gouda
250 g Erdbeeren
2 rote Zwiebeln
1 Bund Schnittlauch
½ Bund Radieschen
3 EL Apfelessig
1 TL flüssiger Honig
2 EL warmes Wasser
2 EL Sonnenblumenöl
2 EL Olivenöl
Salz, Pfeffer

Mozzarella abtropfen lassen und mit Emmentaler und Gouda in Streifen schneiden.

Erdbeeren waschen, den Blütenansatz entfernen und je nach Größe halbieren oder vierteln. Zwiebeln schälen, halbieren und in dünne Streifen schneiden. Schnittlauch waschen, trocken schütteln und in Röllchen schneiden. Radieschen putzen, waschen und in dünne Stifte schneiden.

Apfelessig, Honig und Wasser verrühren. Sonnenblumenöl und Olivenöl unterrühren. Mit Salz und Pfeffer abschmecken.

Alle Salatzutaten, außer den Erdbeeren, vorsichtig mit der Vinaigrette vermischen und ca. 30 Minuten ziehen lassen. Vor dem Servieren Erdbeeren untermischen und nochmals abschmecken.

KRAUTSALAT

Für 6 Personen

1 Weißkohl
3 TL Salz
2 EL Zucker
2 EL Dijon-Senf
8 EL Weißweinessig
Pfeffer
4 EL Pflanzenöl

Den Strunk des Weißkohlkopfs und die äußeren Blätter entfernen. Den Kohl mit dem Messer in sehr feine Streifen schneiden oder mit der Küchenmaschine fein raspeln. Dann den geschnittenen Kohl in einer größeren Schale schichten und immer wieder zwischendurch salzen.

In einem kleinen Topf Zucker und Senf in den Essig rühren, kurz aufkochen lassen und heiß über die Weißkohlstreifen geben. Gut durchmischen. Frisch gemahlenen Pfeffer und Öl dazugeben und nochmal alles gut vermengen.

Den Krautsalat kann man direkt servieren, er schmeckt jedoch nach einigen Stunden im Kühlschrank oder am nächsten Tag durchgezogen besonders gut.

LAUWARMER KICHERERBSENSALAT

Für 4 Personen

SALAT

1 kleine rote Zwiebel
1 Salatgurke
1 Bund Radieschen
2 große Tomaten
1 rote Paprikaschote
1 kleiner Bund Koriander
1 kleiner Bund glatte Petersilie

DRESSING

1 Knoblauchzehe
75 ml Olivenöl
2 EL Zitronensaft
Abrieb von 1 unbehandelten Zitrone
1½ EL Sherryessig
1 TL Zucker
Salz, Pfeffer

WÜRZ-KICHER-ERBSEN

400 g Kichererbsen aus der Dose
1 TL Kardamompulver
1 TL Kreuzkümmelpulver
1½ TL Piment
Salz
2 EL Olivenöl

AUSSERDEM

100 g griechischer Joghurt

Für den Salat die rote Zwiebel schälen und fein würfeln. Gurke, Radieschen, Tomaten und Paprikaschote putzen, waschen und in gleich große Würfel schneiden. Kräuter waschen, trocken schütteln, Blätter abzupfen und grob hacken.

Für das Dressing Knoblauch schälen und fein hacken. Mit den restlichen Zutaten in ein Schraubglas geben und gut schütteln. Über den Salat verteilen und durchziehen lassen.

Die Kichererbsen abtropfen lassen, sie sollten jedoch noch leicht feucht sein, und gründlich mit den Gewürzen vermischen. Sie sollten damit überzogen sein. Dann in einer Pfanne im heißen Olivenöl bei mittlerer Hitze für ein paar Minuten braten, dabei schwenken, damit die Kichererbsen rundum bräunen.

Alles auf einem Teller anrichten und noch mit einem Klecks Joghurt garnieren.

LAUWARMER WALNUSS-LINSENSALAT

Für 4 Personen

300 g Babyspinat
80 g Walnusskerne
80 g Puy-Linsen
50 g Butter
3 EL Balsamico
1 EL Zitronensaft
4 EL Walnussöl
1 TL flüssiger Honig
1 TL Dijonsenf
Salz, Pfeffer

Den Spinat putzen, gründlich waschen und trocken schleudern. Walnusskerne grob hacken. Die Linsen nach Packungsangabe bissfest garen.

Die Hälfte der Butter in einer Pfanne zerlassen und die Walnusskerne darin unter Rühren ca. 3 Minuten braten, dann den Balsamico zugeben und weitere 2 Minuten rühren, damit der Essig die Nüsse ganz umhüllt. Die Linsen in die Pfanne geben und die restliche Butter dazugeben. Die Temperatur reduzieren, den Spinat untermengen und zusammenfallen lassen.

Aus Zitronensaft, Walnussöl, Honig, Senf, Salz und Pfeffer ein Dressing anrühren. Die Linsen-Spinat-Mischung auf Tellern verteilen, das Dressing darüberträufeln und servieren.

Dazu passen gegrillte Fischfilets.

318

SPAGHETTI-SALAT

Für 4 Personen

500 g Gabelspaghetti
Salz
2 Eier
200 g Fleischwurst vom Ring
8 saure Gürkchen
1 kleine Zwiebel
2 EL Weißweinessig
2 säuerliche Äpfel
(Granny Smith oder Elstar)
200 g Schmand
300 g Naturjoghurt
Pfeffer
3 EL Gurkensud
2 EL Pflanzenöl

Die Nudeln nach Packungsanweisung in Salzwasser bissfest kochen, dann abschütten und abkühlen lassen.

Die beiden Eier hart kochen, pellen und klein schneiden. Die Fleischwurst in kleine Würfel schneiden, ebenso die Gürkchen. Die Zwiebel schälen, fein würfeln, in eine größere Schüssel geben, den Essig dazugeben und ziehen lassen. Die Äpfel schälen, das Kerngehäuse herausschneiden und in Würfel schneiden. Dann zusammen mit Gürkchen und Fleischwurst zu den Zwiebeln geben. Alles gut vermengen.

Den Schmand mit dem Joghurt verrühren und mit Salz, Pfeffer und dem Sud der Gürkchen abschmecken. Diese Salatsauce mit in die Schüssel zu den anderen Zutaten geben. Klein geschnittene Eier und Öl dazugeben, alles miteinander vermengen, gut durchziehen lassen, nochmals mit Salz und Pfeffer abschmecken und servieren.

MARINIERTER SPARGEL UND AVOCADO

Für 4 Personen

1 kg grüner Spargel
4 EL Olivenöl
125 ml Gemüsebrühe
1 Knoblauchzehe
3 EL Weißweinessig
Salz, Pfeffer
1 reife Avocado
Saft von ½ Zitrone
125 g Mozzarella
5 Stängel Basilikum

Den Spargel waschen, im unteren Drittel schälen und die Enden abschneiden. Die Stangen in einer großen Pfanne in 2 EL heißem Olivenöl andünsten. Gemüsebrühe zugießen und abgedeckt ca. 5 Minuten bissfest dünsten.

Knoblauch schälen und fein hacken. Knoblauch, restliches Olivenöl und Essig zu einem Dressing verrühren. Mit Salz und Pfeffer abschmecken. Über den Spargel gießen und ca. 30 Minuten im Kühlschrank marinieren.

Avocado schälen, halbieren und den Stein entfernen. Fruchtfleisch in Spalten schneiden. Mit Zitronensaft beträufeln. Spargel aus der Marinade nehmen und mit Avocado auf Tellern anrichten. Mozzarella abtropfen lassen, in Stücke zupfen und über den Spargel verteilen. Marinade nochmals abschmecken und darübergeben. Basilikum waschen, trocken schütteln, Blätter abzupfen und den Spargel damit garnieren.

MEDITERRANER NUDELSALAT
MIT RUCOLA UND KIRSCHTOMATEN

Für 4 Personen

400 g Fusilli
30 g Rucola
35 g rote Zwiebel
60 g getrocknete Tomaten
250 g Kirschtomaten
10 g geröstete Pinienkerne
6 g Salz
1 Prise schwarzer Pfeffer
250 g Basilikumpesto (siehe S. 347)
20 g frisch gehobelter Parmesan

Die Nudeln nach Packungsangabe bissfest kochen, abschütten und abschrecken. Rucola putzen, waschen und trocken schleudern. Zwiebel schälen, halbieren und in feine Streifen schneiden. Getrocknete Tomaten ebenfalls in feine Streifen schneiden. Kirschtomaten waschen, trocknen und halbieren. Alles zusammen mit Rucola, Zwiebel, Pinienkernen und Gewürzen mischen. Die Nudeln sowie das Pesto zugeben, mit Parmesan verfeinern und alles gut miteinander vermischen.

MELONEN-FETA-SALAT

Für 4 Personen

1 Bund Rucola
1 Honigmelone
200 g Feta
35 g Kapern
100 g Cherrytomaten
½ Bund glatte Petersilie
½ Bund Basilikum
2 Orangen
1 Zitrone
2 EL Weißweinessig
5 EL Olivenöl
Salz, Pfeffer

Den Rucola verlesen, waschen und trocken schleudern. Die Melone schälen, Kerne herauskratzen und mit dem Feta in gleich große Würfel schneiden. Die Kapern waschen und abtropfen lassen. Die Cherrytomaten waschen und halbieren. Petersilie und Basilikum waschen, trocken schütteln und die abgezupften Blätter grob hacken. Orangen und Zitrone auspressen.

Auf einer Platte den Rucola verteilen, die Feta- und Melonenwürfel darübergeben und mit den halbierten Tomaten und Kapern anrichten.

Aus Orangen- und Zitronensaft, Essig, Olivenöl, Salz und Pfeffer eine Marinade rühren und über den Salat geben. Zum Schluss die gehackten Kräuter darüber verteilen.

TIPP Falls Sie oder Ihre Gäste keine Kapern mögen, können Sie sie durch grüne oder schwarze Oliven ersetzen.

MELONENSALAT
MIT MOZZARELLA

321

Für 8 Personen

1 kleine Honigmelone
1 kleine Cantaloupe-Melone
250 g Johannisbeeren
jeweils 10 Basilikum-
und Minzeblätter
300 g Mini-Mozzarella-Kugeln
1 Handvoll Kokoschips
2 EL Agavendicksaft
oder flüssiger Honig
2 EL Zitronensaft

Melonen halbieren, Kerne mit einem Löffel herauskratzen und mit einem Kugelausstecher Bällchen ausstechen. Johannisbeeren abzupfen, waschen und trocken tupfen. Kräuter waschen, trocken tupfen und in Streifen schneiden. Mozzarella abtropfen lassen. Alle vorbereiteten Zutaten in eine Schüssel geben.

Kokoschips in einer Pfanne ohne Zugabe von Fett rösten und abkühlen lassen. Agavendicksaft oder Honig und Zitronensaft verrühren und über den Salat gießen. Vorsichtig vermischen und vor dem Servieren mit Kokoschips bestreuen.

322

RUCOLA-MANGOSALAT

Für 4 Personen

1 Bund Basilikum
1 kleiner Stängel Minze
100 g Rucola
2 Frühlingszwiebeln
1 reife Mango
150 g Mozzarella
3 EL Essig (z. B. Holunderessig)
2 EL Wasser
1 TL Ahornsirup
5 TL Olivenöl
Salz, Pfeffer
Zucker

Kräuter waschen, trocken schütteln, Basilikumblättchen fein hacken, Minzeblätter in feine Streifen schneiden. Rucola putzen, waschen, gut trocken schleudern und etwas zerpflücken. Frühlingszwiebeln putzen, waschen und in Ringe schneiden.

Mango schälen, das Fruchtfleisch vom Stein und in Würfel schneiden. Mozzarella abtropfen lassen und nach Wunsch halbieren. Alle vorbereiteten Salatzutaten vorsichtig miteinander mischen.

Essig, Wasser, Ahornsirup und Olivenöl zu einem Dressing verrühren. Mit Salz, Pfeffer und Zucker abschmecken. Über den Salat träufeln und sofort genießen. Dazu passt ein knuspriges italienisches Brot, zum Beispiel ein Oliven-Ciabatta.

SCHNELLER PASTA-SALAT

Für 6 Personen

**500 g kurze Pasta
(z. B. Penne Rigate)
1 Schalotte
2 EL Weißweinessig
Zucker
Salz
300 g gemischte Tomaten
(Cherry-, Dattel- und
Strauchtomaten)
6 EL Olivenöl
50 g Parmesan
1 Bund Basilikum
1 Bund Rucola
Pfeffer**

Die Pasta nach Packungsanweisung bissfest kochen.
Dann abschütten, jedoch direkt heiß weiterver-
arbeiten.

Schalotte schälen und fein würfeln. Essig mit 1 Prise
Zucker sowie etwas Salz verrühren und darin die
Schalottenwürfel kurz ziehen lassen. Tomaten
waschen, ggf. Strünke entfernen und halbieren oder
vierteln. Tomaten und Olivenöl zu den Schalotten
geben und alles gut vermengen.

Parmesan mit einem Sparschäler in dünne Streifen hobeln. Basilikum waschen, trocken schütteln
und die Blätter in grobe Stücke zupfen. Rucola putzen, waschen, trocken schleudern und nach Belieben
klein zupfen.

Die noch heiße Pasta zu den Tomaten geben. Alles
zusammen mischen. Basilikum, Rucola und Parmesan zum Nudelsalat geben und unterheben. Mit Salz
und Pfeffer abschmecken und sofort servieren. Der
schnelle Pasta-Salat schmeckt lauwarm am besten.

TIPP Dieses Rezept kann ganz nach Geschmack
abgewandelt werden. Einfach Mozzarella und geröstete
Pinienkerne, Thunfisch und Kapern, Oliven und Mandeln
oder, wer es lieber etwas pikanter mag, Chili und noch
mehr Zwiebeln zufügen.

323

ROTE-BETE-CARPACCIO

Für 4 Personen

1 große zweifarbige Rote Bete
1 mittelgroße Rote Bete
600 ml Gemüsebrühe
1 kleiner Bund Dill
1 Knoblauchzehe
2 EL Speisequark
Salz, Pfeffer
2 EL Olivenöl
2 cm Meerrettichwurzel

Die Roten Beten mit Schale in der Gemüsebrühe ca. 35–40 Minuten garen. Am besten mit einem Holzspieß prüfen, ob sie weich sind. Dann abgießen, schälen und auskühlen lassen.

Den Dill waschen, trocken schütteln, Spitzen abzupfen und klein schneiden. Die Knoblauchzehe schälen und grob hacken. Zusammen mit der einfarbigen Rote Bete und dem Quark mit einem Stabmixer pürieren. Dann den Dill unterrühren und zum Schluss mit Salz und Pfeffer abschmecken.

Die zweifarbige Rote Bete in feine Scheiben schneiden oder hobeln. Mit etwas Salz und Olivenöl marinieren. Den Meerrettich schälen.

Das Püree auf Teller verteilen, die zweifarbigen Rote-Bete-Scheiben darauf anrichten. Etwas Meerrettich frisch darüberreiben und servieren.

TIPP Die Roten Beten am besten mit Küchenhandschuhen schälen, da sie sehr stark färben. Zitronensaft hilft, um eventuelle Flecken zu entfernen.

ZUCCHINISPAGHETTI-SALAT

Für 2 Personen

2 Zucchini
15 getrocknete Datteln
8 Stängel glatte Petersilie
80 g Sonnenblumenkerne
1 unbehandelte Limette
2 EL Olivenöl
Salz, Pfeffer

Zucchini putzen, waschen, längs in dünne Scheiben hobeln und dann in feine Streifen schneiden. Datteln in kleine Würfel schneiden. Petersilie waschen, trocken schütteln, Blätter abzupfen und fein hacken. Sonnenblumenkerne in einer Pfanne ohne Fett rösten und herausnehmen. Limette heiß abwaschen, trocknen, Schale abreiben, Saft auspressen und mit Olivenöl verrühren. Mit Salz und Pfeffer würzen. Alle Zutaten gut vermengen, ca. 5 Minuten ziehen lassen und nochmals abschmecken.

325

ROTE-BETE-SALAT MIT FETA

Für 4 Personen

**500 g gekochte, geschälte
Rote Bete**
1 rote Zwiebel
150 g Feta
100 ml Rapsöl
50 ml Rote-Bete-Saft
25 ml heller Balsamico
1–2 TL flüssiger Honig
Salz, Pfeffer
50 g Walnüsse
1 EL gehackter Estragon
1 EL Schnittlauchröllchen

Die Rote Bete schälen und in feine Streifen schneiden. Zwiebel schälen, halbieren und ebenfalls in feine Streifen schneiden. Feta zerbröseln. Rapsöl, Rote-Bete-Saft, Balsamico, Honig, Salz und Pfeffer miteinander verrühren und mit Rote-Bete- und Zwiebelstreifen vermischen. Den Salat durchziehen lassen. Feta darüberstreuen, mit Walnüssen, Estragon und Schnittlauch garnieren und vor dem Servieren nochmals abschmecken.

326

SPANISCHER KARTOFFEL-SALAT

Für 2 Personen

**500 g kleine Pellkartoffeln
vom Vortag
2 rote Zwiebeln
1 rote Paprikaschote
100 g Chorizo
1–2 EL Zitronensaft
Salz, Pfeffer
½ Bund Schnittlauch**

Die Kartoffeln schälen und in Scheiben schneiden.
Die Zwiebeln schälen und in feine Streifen schneiden.
Paprika waschen, Kerne sowie weiße Innenhäute entfernen und in feine Würfel schneiden.

Die Haut von der Chorizo abziehen, die Wurst in dünne Scheiben schneiden und in einer Pfanne ohne Fettzugabe knusprig ausbraten. Das ausgetretene Fett bis auf ca. 1–2 EL in eine kleine Schüssel abgießen.

Zwiebeln und Paprika zur Chorizo in die Pfanne geben. Kurz durchschwenken und mit 1 EL Zitronensaft vermischen. Die Kartoffeln zugeben und vorsichtig unterheben.

Mit Salz und Pfeffer abschmecken. Eventuell noch mit etwas Zitronensaft oder Chorizofett beträufeln. Schnittlauch waschen, trocken schütteln, in Röllchen schneiden und den Kartoffelsalat damit bestreuen.

SPARGEL-ERDBEERSALAT

Für 4 Personen

DRESSING

50 ml Geflügelfond
½ Vanilleschote
Zucker
Salz, Pfeffer
3 EL Sherryessig
6 EL Olivenöl

SALAT

500 g weißer Spargel
500 g grüner Spargel
Salz, Zucker
300 g Erdbeeren
3 Stängel Basilikum
25 g geröstete Pinienkerne

327

Geflügelfond erwärmen. Die Vanilleschote mit einem scharfen Messer der Länge nach halbieren und das Mark herauskratzen, mit 2 TL Zucker vermischen und zum Geflügelfond geben. Mit Salz und Pfeffer abschmecken, Essig dazugeben und gut verrühren. Das Öl langsam einlaufen lassen.

Den weißen Spargel schälen, bei beiden Spargelsorten die Enden abschneiden und in ausreichend kochendem Wasser mit Salz und Zucker ca. 15 Minuten kochen. Der Spargel sollte bissfest sein. Den Spargel in Eiswasser abschrecken, damit er nicht weiter gart. Die Erdbeeren putzen, waschen und halbieren oder vierteln. Basilikum waschen, trocken schütteln und die Blätter abzupfen.

Spargel in 3 cm lange Stücke schneiden, mit Erdbeeren, Basilikumblättern und dem Dressing verrühren. 10 Minuten ziehen lassen, in Schalen anrichten und mit den gerösteten Pinienkernen bestreuen.

TOMATEN-BROTSALAT

Für 6 Personen

100 g scharfe Salami
8 EL Olivenöl
1–2 Zweige Rosmarin
1 Ciabatta (ca. 250 g)
1 kleines Bund Rucola
300 g Cocktailtomaten
150 g Mini-Mozzarella-Kugeln
80 g entsteinte schwarze Oliven
1 Knoblauchzehe
4 EL heller Balsamico
Salz, Pfeffer
1 TL flüssiger Honig

Salami in 3–5 mm dicke Scheiben schneiden und in einer Pfanne in 2 EL heißem Olivenöl kurz von beiden Seiten braten. Zum Abtropfen auf Küchenpapier legen.

Rosmarin waschen und trocken schütteln. Ciabatta in grobe Würfel schneiden und in der Pfanne im verbliebenen Bratfett mit Rosmarin portionsweise knusprig rösten.

Rucola putzen, waschen, trocken schleudern und eventuell klein zupfen. Cocktailtomaten waschen, trocknen und halbieren. Mozzarella-Kugeln abtropfen lassen und halbieren. Oliven ebenfalls halbieren.

Alle vorbereiteten Zutaten in eine Schüssel geben. Knoblauch schälen und fein hacken. Knoblauch, Balsamico und restliches Olivenöl zu einem Dressing verrühren. Mit Salz, Pfeffer und Honig abschmecken. Über den Salat geben und ca. 15 Minuten durchziehen lassen. Eventuell nochmals abschmecken.

328

MOZZARELLA-APFEL-SALAT

Für 2 Personen

250 g Mozzarella
2 Pink-Lady-Äpfel
1 Orange
3 Frühlingszwiebeln
4 EL Olivenöl
4 EL heller Balsamico
1 TL Zucker
1 EL gehackte Kräuter
(z. B. Petersilie, Basilikum)
Salz, Pfeffer
3 EL Vital-Kerne-Mix

Mozzarella abtropfen lassen und in Scheiben schneiden. Äpfel waschen, vierteln, Kerngehäuse entfernen und in Spalten schneiden. Orange samt der weißen Haut schälen und die Filets herausschneiden. Frühlingszwiebeln putzen, waschen und in Ringe schneiden. Auf einem großen Teller Mozzarellascheiben, Orangenfilets und Apfelspalten abwechselnd anrichten.

Aus Olivenöl, Balsamico, Zucker und Kräutern ein Dressing herstellen. Mit Salz und Pfeffer abschmecken. Dressing über den Salat geben, mit Frühlingszwiebelringen und Kerne-Mix bestreuen.

329

MOZZARELLA-THUNFISCHSALAT

Für 4 Personen

SALAT

50 g TK-Erbsen
185 g Thunfisch im eigenen Saft
aus der Dose
200 g Mais aus der Dose
1 kleine Salatgurke
4 große Tomaten
250 g Mozzarella
2 Stängel Basilikum

VINAIGRETTE

½ kleine Zwiebel
4 EL Sonnenblumenöl
2 EL Weißweinessig
1 TL Senf
1 TL flüssiger Honig
Salz, Pfeffer

Erbsen kurz mit kochendem Wasser überbrühen, ca. 5 Minuten ziehen lassen. Abgießen und abtropfen lassen. Thunfisch und Mais abtropfen lassen, Thunfisch zerpflücken.

Gurke schälen und in kleine Würfel schneiden. Tomaten waschen, Strünke entfernen und in Würfel schneiden. Mozzarella abtropfen lassen und würfeln. Basilikum waschen, trocken schütteln, Blätter abzupfen und grob hacken.

Zwiebel schälen und fein würfeln. Mit Öl, Essig, Senf und Honig zu einer Vinaigrette verrühren. Salzen und pfeffern.

Alle Salatzutaten mit der Vinaigrette vermischen und ca. 1 Stunde im Kühlschrank durchziehen lassen. Vor dem Servieren nochmals abschmecken.

PESTO-KARTOFFELSALAT

Für 4 Personen

800 g festkochende Kartoffeln
Salz
50 g Pinienkerne
1 Bund Basilikum
60 g Parmesan
8 EL Olivenöl
Pfeffer
Saft von ½ Zitrone
200 g Kirschtomaten
150 g Mozzarella
8 Scheiben Parmaschinken

Kartoffeln waschen und ungeschält in ausreichend Salzwasser ca. 20–25 Minuten weich kochen. Kartoffeln abgießen, etwas abkühlen lassen, pellen und in Scheiben schneiden. Auskühlen lassen.

Pinienkerne in einer kleinen Pfanne ohne Zugabe von Fett goldbraun rösten und herausnehmen. 1 EL der Kerne beiseitestellen. Basilikum waschen, trocken schütteln und klein zupfen. Die Hälfte des Parmesans fein reiben, den Rest hobeln. Basilikum zusammen mit Pinienkernen, Olivenöl und geriebenem Parmesan fein pürieren, sodass ein Pesto entsteht. Mit Salz, Pfeffer und Zitronensaft abschmecken.

Tomaten waschen und halbieren. abtropfen lassen und zusammen mit den Tomaten sowie den abgekühlten Kartoffeln in eine Schüssel geben. Pesto zugeben, alles gut mischen und nochmals mit Salz und Pfeffer abschmecken.

Parmaschinken in Streifen schneiden und unter den Salat heben. Mit gehobeltem Parmesan und restlichen Pinienkernen bestreuen.

330

MEXIKANISCHER KARTOFFELSALAT

Für 6 Personen

1 kg festkochende Kartoffeln
Salz
½ rote Paprikaschote
½ Salatgurke
1 große Fleischtomate
½ Gemüsezwiebel
1 Knoblauchzehe
2 Stängel glatte Petersilie
200 g Mais aus der Dose
200 g Kidneybohnen aus der
Dose
250 g Mozzarella
3 EL heller Balsamico
6 EL Olivenöl
Pfeffer

Kartoffeln waschen und ungeschält in ausreichend Salzwasser ca. 20–25 Minuten weich kochen. Kartoffeln abgießen, etwas abkühlen lassen, pellen und in Scheiben schneiden. Auskühlen lassen.

Paprika waschen, Kerne und weiße Innenhäute entfernen und würfeln. Salatgurke waschen, längs halbieren und in Scheiben schneiden. Tomate waschen, Strunk sowie Kerne entfernen und Fruchtfleisch würfeln. Zwiebel und Knoblauch schälen und fein würfeln. Petersilie waschen, trocken schütteln, Blättchen abzupfen und hacken.

Mais, Bohnen und Mozzarella abtropfen lassen. Mozzarella würfeln. Balsamico, Olivenöl, Salz und Pfeffer zu einem Dressing verrühren. Alle Salatzutaten vorsichtig mischen und ca. 30 Minuten ziehen lassen. Vor dem Servieren nochmals abschmecken.

QUINOA-SALAT

Für 6 Personen

250 g Mozzarella
3 EL Sojasauce
250 g Quinoa
Salz
1 rote Paprikaschote
100 g Champignons
3 Frühlingszwiebeln
1 Stängel Zitronengras
Pfeffer
Saft von ½ Zitrone
3 EL geröstetes Sesamöl

Mozzarella abtropfen lassen, in Streifen schneiden und mit Sojasauce ca. 1 Stunde marinieren. Quinoa nach Packungsanweisung in ausreichend Salzwasser kochen. Abgießen, abtropfen und abkühlen lassen.

Paprika waschen, halbieren, Kerne und weiße Innenhäute entfernen und die Hälften in kleine Würfel schneiden. Champignons putzen und würfeln. Frühlingszwiebeln putzen, waschen und in Ringe schneiden. Zitronengras waschen, die äußeren Blätter entfernen und den hellen, weichen Teil klein hacken.

Alle vorbereiteten Salatzutaten miteinander vermischen, Mozzarella-streifen mit Marinade zugeben. Mit Salz, Pfeffer, Zitronensaft und Sesamöl abschmecken und bis zum Servieren kalt stellen.

331

KAROTTEN-APFEL-SALAT

Für 4 Personen

DRESSING

2 EL Sonnenblumenöl
2 EL Apfelessig
2 EL Zitronensaft
Salz, Pfeffer

SALAT

4 Karotten (ca. 400 g)
2 Äpfel (ca. 250 g)
¼ Bund Kerbel
Salz, Pfeffer

Für das Dressing das Sonnenblumenöl, den Apfelessig und Zitronensaft verrühren. Die Salatsauce mit Salz und Pfeffer würzen. Anschließend die Karotten putzen und schälen. Die Äpfel waschen, nach Bedarf schälen, vierteln und das Kerngehäuse entfernen. Karotten und Äpfel auf einer Küchenreibe grob raspeln. Die Raspel mit dem Dressing vermischen und kurz ziehen lassen.

Kurz vor dem Anrichten den Kerbel waschen, trocken schütteln, die Blätter von den Stängeln zupfen, fein hacken und unter den Salat mischen. Nochmals abschmecken und servieren.

INFO Karotten kann man das ganze Jahr über kaufen. Freilandkarotten gibt es aber nur von Juni bis November. Bundkarotten schmecken zart und süßlich, Waschkarotten (also die ohne Kraut) süß-aromatisch. Die Frische erkennt man am lauten Knacken, wenn man sie auseinanderbricht.

332

RADIESCHEN-CARPACCIO

Für 4 Personen

100 g Rucola
2 Bund Radieschen
300 g Mini-Mozzarella-Kugeln
2 EL Balsamico
Saft von ½ Zitrone
4 EL Olivenöl
Salz, Pfeffer
1–2 TL Zucker
1 Kästchen Kresse

Rucola putzen, waschen und trocken schleudern. Radieschen putzen, waschen und in dünne Scheiben schneiden oder hobeln.

Auf einer Platte oder einem Teller Radieschenscheiben anrichten. In der Mitte den Rucola platzieren und Mozzarella-Kugeln rundherum verteilen.

Balsamico, Zitronensaft und Olivenöl zu einem Dressing verrühren. Mit Salz, Pfeffer und Zucker abschmecken. Das Dressing über das Carpaccio und den Rucola träufeln. Kresse waschen, mit einer Schere vom Beet abschneiden und darüberstreuen.

333

RADIESCHENSALAT
MIT KAPERN UND PINIENKERNEN

Für 4 Personen

SALAT

2 Bund Radieschen mit Grün
Salz
Zucker
½ Bund Rucola
½ kleiner gelber Friséesalat
1 Tomate
1 EL rote Zwiebelwürfel
1 TL gehackter Estragon
1 EL gehackte glatte Petersilie

VINAIGRETTE

1 TL Kapern
2 TL Rosinen
1 TL Senf
1 EL flüssiger Honig
1 EL Kapernessig
5 EL Olivenöl
Salz, Pfeffer

ANRICHTEN

2 EL geröstete Pinienkerne

Die Radieschen vom Grün befreien. Beides separat waschen und trocknen. Das Grün ggf. klein zupfen. Die Radieschen in Scheiben schneiden. Radieschenscheiben und -grün mit Salz und Zucker mischen.

Den Rucola waschen, trocken schleudern und die feinen Spitzen abzupfen. Frisée putzen, die Blätter ablösen, waschen und trocken schleudern. Tomate häuten, entstrunken, Kerne entfernen und das Fruchtfleisch in feine Würfel schneiden.

Für die Vinaigrette Kapern und Rosinen grob hacken. Aus Kapern, Rosinen, Senf, Honig, Essig und Olivenöl eine Vinaigrette herstellen und mit Salz und Pfeffer würzen.

Zum Anrichten Radieschen und -grün mit der Vinaigrette, Zwiebel- und Tomatenwürfeln, Kräutern und Salatblättern mischen. Den Salat auf Tellern oder Schalen verteilen und mit Pinienkernen garnieren.

334

Für 4 Personen

30 g Rosinen
3 EL Apfelsaft
200 g Kohlrabi
200 g Karotten
1 Apfel
Saft von ½ Zitrone
150 g Mozzarella
100 g Naturjoghurt
50 g Mayonnaise (siehe S. 353)
1 EL Agavendicksaft
Salz, Pfeffer
1 EL Kokosraspel

ROHKOSTSALAT
MIT ROSINEN

Rosinen im Apfelsaft einweichen. Kohlrabi und Karotten schälen, Kohlrabi grob und Karotten fein raspeln. Apfel waschen, vierteln, Kerngehäuse entfernen und das Fruchtfleisch in kleine Würfel schneiden. Mit Zitronensaft beträufeln, abtropfen lassen und halbieren.

Joghurt, Mayonnaise und Agavendicksaft zu einem Dressing verrühren. Mit Salz und Pfeffer abschmecken. Rosinen abtropfen lassen. Alle vorbereiteten Zutaten mit dem Dressing vermischen. Mit Kokosraspeln bestreuen und servieren.

SÜSSKARTOFFEL-POMMES

Für 4 Personen

1 kg Süßkartoffeln
Pflanzenöl zum Frittieren
Salz, Pfeffer
edelsüßes Paprikapulver

Süßkartoffeln schälen, in gleichmäßige Balken schneiden, waschen und gut trocken tupfen. Öl in einer Fritteuse oder in einem hohen Topf erhitzen. Um zu testen, ob das Öl zum Frittieren heiß genug ist, einen Holzlöffel hineinhalten. Bilden sich kleine Bläschen am Stiel, ist die notwendige Temperatur erreicht.

Die Pommes ca. 2–3 Minuten im heißen Öl vorfrittieren und herausnehmen. Das Öl wieder heiß genug werden lassen und die Pommes darin portionsweise goldgelb frittieren. Auf Küchenpapier abtropfen lassen und mit Salz, Pfeffer sowie Paprikapulver würzen.

POMMES FRITES

Für 4 Personen

1 kg festkochende Kartoffeln
Pflanzenöl zum Frittieren
Salz, Pfeffer
edelsüßes Paprikapulver

Kartoffeln schälen, in gleichmäßige Balken schneiden, waschen und gut trocken tupfen. Öl in einer Fritteuse oder in einem hohen Topf erhitzen. Um zu testen, ob das Öl zum Frittieren heiß genug ist, einen Holzlöffel hineinhalten. Bilden sich kleine Bläschen am Stiel, ist die notwendige Temperatur erreicht.

Die Pommes ca. 2–3 Minuten im heißen Öl vorfrittieren und herausnehmen. Das Öl wieder heiß genug werden lassen und die Pommes darin portionsweise goldgelb frittieren. Auf Küchenpapier abtropfen lassen und mit Salz, Pfeffer sowie Paprikapulver würzen.

335

CAESAR SALAD

Für 4 Personen

2 Köpfe Romanasalat
2 Knoblauchzehen
2 Eier
4 Weißbrotscheiben
(ca. 1 cm dick)
6–8 Sardellenfilets
8 Tropfen Worcestersauce
2 TL scharfer Senf
2 EL saure Sahne
100 ml Olivenöl
Salz, Pfeffer
100 g Butter
60 g gehobelter Parmesan

Den Salat putzen, große Blätter klein zupfen, waschen und trocken schleudern. Die Knoblauchzehen schälen. Eine Zehe in Scheiben schneiden. Die Eier hart kochen, abschrecken und pellen. Die Weißbrotscheiben entrinden und in 1 cm große Würfel schneiden. Die Sardellenfilets eventuell abspülen.

Die ganze Knoblauchzehe halbieren und den Boden der Salatschüssel damit ausreiben. Die Sardellen mit einer Gabel in der Schüssel zerdrücken. Die Worcestersauce, die hart gekochten Eigelbe und den Senf sowie die saure Sahne unterrühren. Das Öl langsam einfließen lassen und gut verrühren. Mit Salz und Pfeffer abschmecken. Alternativ einfach alles pürieren!

Für die Croûtons die Butter in einer Pfanne schmelzen, die Knoblauchscheiben kurz anbraten und unter Wenden die Weißbrotwürfel goldbraun braten.

Den Blattsalat in der Schüssel mit der Sauce mischen, auf Tellern anrichten und mit den Croûtons, etwas Parmesan und gehacktem Eiweiß servieren.

CHICORÉE-SALAT
MIT ROQUEFORT-VINAIGRETTE

Für 4 Personen

SALAT

4 Chicoréestauden
1 Strauchtomate

VINAIGRETTE

1 TL Dijonsenf
3 EL Apfelessig
Zucker
Salz, Pfeffer
80 ml Olivenöl
120 g Roquefort

ANRICHTEN

1 EL Schnittlauchröllchen
4 Brotchips

Die Chicoréestauden waschen, die einzelnen Blätter ablösen und trocken schleudern. Die Tomate waschen, trocknen, Strunk sowie Kerne entfernen und in kleine Würfel schneiden.

Für die Vinaigrette Senf, Essig, 1 kräftige Prise Zucker, Salz und Pfeffer mischen und langsam das Öl einrühren. Den Roquefort zerbröseln und mit der Vinaigrette vermengen.

Die Chicoréeblätter dekorativ auf Tellern anrichten und mit der Vinaigrette beträufeln. Mit Schnittlauchröllchen und Tomatenwürfeln garnieren. Die Brotchips anlegen.

337

EIERSALAT

Für 4 Portionen

1 kleine Schalotte
1 kleines Bund Schnittlauch
100 g Salatmayonnaise
(80 % Fett)
100 ml Sahne
50 g Crème fraîche
1 gehäufter EL Senf
6 hart gekochte Eier
Salz, Pfeffer
Zucker

Die Schalotte schälen und in feine Würfel schneiden. Schnittlauch waschen, trocken schütteln und klein schneiden.

In einer Schüssel Mayonnaise, Sahne, Crème fraîche, Senf, Schalottenwürfel und Schnittlauch verrühren. Die hart gekochten Eier schälen, in Scheiben oder Stücke schneiden und vorsichtig untermischen. Zum Schluss den Eiersalat mit Salz, Pfeffer und Zucker abschmecken.

CAPRESE STEIRISCHE ART

Für 4 Personen

250 g Mozzarella
4 Tomaten
1 Stängel Basilikum
1 Stängel Oregano
Salz
3 EL Balsamico
3 EL steirisches Kürbiskernöl

Mozzarella abtropfen lassen und in Scheiben schneiden. Tomaten waschen, Strünke entfernen und ebenfalls in Scheiben schneiden. Basilikum und Oregano waschen, trocken schütteln und Blättchen klein zupfen.

Mozzarella- und Tomatenscheiben auf einen Teller legen, salzen und mit Basilikum und Oregano bestreuen. Alles mit Balsamico und Kürbiskernöl beträufeln.

BBQ-RUB

Für 1 Glas

2 EL Senfkörner
1 EL Koriander
2 EL schwarzer Muntokpfeffer
1 EL weißer Muntokpfeffer
1 EL Kreuzkümmel
2 EL Meersalz
1 EL getrockneter Oregano
1 EL gemahlene Chili
2 EL edelsüßes Paprikapulver
1 EL gemahlener Knoblauch

Die Senf-, Koriander- und Pfefferkörner sowie den Kreuzkümmel in einer Pfanne ohne Fett rösten, bis die Gewürze anfangen zu duften. Dann die Mischung in einem Mörser zerstoßen und mit den restlichen Gewürzen mischen. Die Gewürzmischung etwas auskühlen lassen und in einem sauberen Gefäß luftdicht aufbewahren.

JERK-GEWÜRZ-MISCHUNG

Für 1 Glas

1 EL Kreuzkümmelsamen
1 EL Koriandersamen
1 EL Anissamen
1 EL schwarze Pfefferkörner
1 EL Meersalz
1 EL Rohrohrzucker
2 EL edelsüßes Paprikapulver
1 TL Cayennepfeffer

In einer Pfanne Kreuzkümmel, Koriander, Anis und Pfefferkörner rösten, bis die Gewürze anfangen zu duften. Die Gewürze anschließend in einem Mörser zerstoßen und mit Meersalz, Zucker, Paprikapulver und Cayennepfeffer verrühren. Die Gewürzmischung etwas auskühlen lassen und in einem sauberen Gefäß luftdicht aufbewahren.

PASTRAMI-GEWÜRZ-MISCHUNG

Für 1 Glas

1 TL Kardamomsamen
1 TL Koriandersamen
1 TL Senfsamen
1 TL Selleriesamen
1 TL Anissamen
2 TL schwarze Pfefferkörner
1 TL Nelken
7 cm Zimtstange
1 TL Cayennepfeffer
4 Lorbeerblätter
1 TL Kräuter der Provence
1 TL Ingwerpulver

Samen, Pfefferkörner und Nelken ohne Fett in einer Pfanne rösten, bis sie duften. Alle Gewürze in einem Mörser zerstoßen und in einem sauberen Gefäß luftdicht verschließen.

343

HOT-FIRE-RUB

Für 1 Glas

1 EL schwarzer Malabarpfeffer
1 EL Senfkörner
1 EL Kreuzkümmel
1 getrocknete Chili
1 EL granulierter Knoblauch
2 EL rosenscharfes Paprikapulver
1 EL Rohrzucker
1 EL Rauchsalz

Die Pfeffer- und Senfkörner mit dem Kreuzkümmel in einer Pfanne ohne Fett rösten, bis die Gewürze anfangen zu duften. Die gerösteten Gewürze zusammen mit der Chilischote im Mörser zerstoßen und mit den restlichen Gewürzen mischen. Die Gewürzmischung auskühlen lassen und luftdicht in einem sauberen Glas verschließen.

344

CHILI-KAKAO-RUB

Für 1 Glas

1 EL Kreuzkümmel
6 EL edelsüßes Paprikapulver
3 EL gemahlene Chili
2 EL granulierter Knoblauch
2 EL granulierte Zwiebeln
1 EL getrockneter Oregano
1 EL gemahlener Kakao
4 EL Meersalz
3 EL Rohrzucker

Kreuzkümmel in einer Pfanne ohne Fett rösten, bis er anfängt zu duften. Danach den Kreuzkümmel im Mörser grob zerstoßen und mit den anderen Gewürzen mischen. Die Gewürzmischung in einem sauberen Gefäß luftdicht aufbewahren.

KRÄUTERSALZ
MIT LAVENDEL-BLÜTEN

Für 1 Glas

30 g frischer Thymian
20 g frischer Rosmarin
20 g frischer Oregano
30 g frischer Salbei
10 g Anis
500 g Meersalz
20 g grüner Wyanadpfeffer
10 g getrocknete Lavendelblüten

Die Kräuter waschen, trocken tupfen, Blätter von den Stielen zupfen und grob hacken. Anis in einer Pfanne bei mittlerer Hitze rösten, bis es anfängt zu duften. Kräuter zusammen mit dem Anis, 250 g Meersalz und dem Pfeffer in einem Standmixer ca. 1 Minute aufmixen. Das restliche Salz mit den Lavendelblüten vermischen und unter die Kräutermischung heben. Das Kräutersalz in einem sauberen Gefäß luftdicht verschließen. Es hält sich im Kühlschrank ca. 4 Wochen.

345

EXOTISCHE PFEFFER-MISCHUNG

Für 1 Glas

10 g Voatsiperiferypfeffer
5 g Kampotpfeffer
10 g Langer Pfeffer
10 g Tellicherypfeffer
5 g Kubebenpfeffer
2 g Pimentkörner
5 g Kardamomkapseln
5 g Schwarzkümmel

Pfeffer und Pimentkörner mit Kardamom und Schwarzkümmel in einer Pfanne ohne Fett rösten, bis die Gewürze anfangen zu duften. In einem Mörser zerstoßen, auskühlen lassen und in einem sauberen Gefäß luftdicht aufbewahren.

346

TOMATENPESTO

Für 1 Glas

160 g getrocknete Tomaten
70 g frisch geriebener Parmesan
30 g geröstete Pinienkerne
3 Basilikumblätter
1 TL Balsamico
1 TL Salz
1 Prise Pfeffer
300 ml Olivenöl

Alle Zutaten, bis auf das Olivenöl, mit einem Stabmixer fein pürieren. Zum Schluss das Olivenöl in dünnem Strahl einlaufen lassen und nur kurz weitermixen, da sonst das Öl bitter wird. In ein verschließbares Gefäß füllen, gekühlt aufbewahren und zeitnah verbrauchen.

MANDEL-PESTO

Für 1 Glas

120 g geröstete geschälte Mandeln
60 g frisch geriebener Parmesan
40 g Rohrzucker
3 Stängel Basilikum
Salz, Pfeffer
300 g Traubenkernöl

Die Mandeln mit den restlichen Zutaten, bis auf das Traubenkernöl, fein hacken. Zum Schluss das Öl in dünnem Strahl einlaufen lassen und nur kurz mit einem Stabmixer durchmixen, da sonst das Öl bitter wird. Nochmals mit Salz und Pfeffer abschmecken. In ein verschließbares Gefäß füllen, gekühlt aufbewahren und zeitnah verbrauchen.

BASILIKUM-PESTO

Für 1 Glas

1 Bund Basilikum (ca. 80 g)
30 g frisch geriebener Parmesan
15 g geröstete Pinienkerne
1 EL Zitronensaft
1 TL Zucker
Salz, Pfeffer
150 ml Olivenöl

Basilikum waschen, trocken schütteln und Blätter abzupfen. Zusammen mit den restlichen Zutaten, bis auf das Olivenöl, mit einem Stabmixer fein pürieren. Zum Schluss das Olivenöl in dünnem Strahl einlaufen lassen und nur kurz weitermixen, da sonst das Öl bitter wird. Nochmals mit Salz und Pfeffer abschmecken. In ein verschließbares Gefäß füllen, gekühlt aufbewahren und zeitnah verbrauchen.

BÄRLAUCH-PESTO

Für 1 Glas

1 Bund Bärlauch
100 g frisch geriebener Parmesan
1 Knoblauchzehe
2 EL geröstete Pinienkerne
400 ml Olivenöl
Salz, Pfeffer
1–2 Spritzer Zitronensaft

Den Bärlauch waschen, von den Stielen befreien, grob hacken und mit den restlichen Zutaten, bis auf das Olivenöl, mit einem Stabmixer fein pürieren. Zum Schluss das Olivenöl in dünnem Strahl einlaufen lassen und nur kurz weitermixen, da sonst das Öl bitter wird. Mit Salz, Pfeffer und Zitronensaft abschmecken. In ein verschließbares Gefäß füllen, gekühlt aufbewahren und zeitnah verbrauchen.

RUCOLAPESTO

Für 1 Glas

75 g Rucola
1 geschälte Knoblauchzehe
40 g frisch geriebener Parmesan
10 g geröstete Pinienkerne
1 TL Zitronensaft
Salz, Pfeffer
400 ml Olivenöl

Den Rucola putzen, waschen und trocken schleudern. Zusammen mit den restlichen Zutaten, bis auf das Olivenöl, pürieren. Zum Schluss das Olivenöl in dünnem Strahl einlaufen lassen und nur kurz weitermixen, da sonst das Öl bitter wird. Nochmals mit Salz und Pfeffer abschmecken. In ein verschließbares Gefäß füllen, gekühlt aufbewahren und zeitnah verbrauchen.

MANGO-CHILI-SAUCE

Für ca. 250 ml

½ Mango
1 Schalotte
½ rote Chili
1 Stängel Koriander
3 Zweige Petersilie
4 EL Limettensaft
4 EL Olivenöl
weißes Hawaii-Salz
Pfeffer
1 TL Rohrohrzucker

Die Mango schälen, das Fruchtfleisch vom Kern schneiden und würfeln. Schalotte schälen und in kleine Würfel schneiden. Chili putzen, Kerne entfernen und ebenfalls in kleine Würfel schneiden. Koriander und Petersilie waschen, trocken schütteln und mit den Stielen hacken. Alles zusammen mit Limettensaft und Olivenöl verrühren und mit Salz, Pfeffer sowie Zucker würzen. In ein Glas mit Schraubverschluss füllen und im Kühlschrank aufbewahren.

PORTWEIN-SCHALOTTEN-SAUCE

Für ca. 450 ml

6 Schalotten
2 EL Rohrohrzucker
1 Flasche Portwein
2 Zweige Thymian
2 Zweige Rosmarin
200 ml Kalbsjus
1 EL Speisestärke
weißes Hawaii-Salz
Pfeffer

Die Schalotten schälen und in feine Ringe schneiden. Den Zucker in einem Topf karamellisieren. Schalotten zugeben, umrühren und mit Portwein ablöschen. Kräuter zugeben und die Flüssigkeit bei mittlerer Hitze auf ein Drittel reduzieren. Mit ca. 30 ml Jus die Stärke anrühren. Die Kräuter herausnehmen und mit der restlichen Kalbsjus auffüllen. Die Sauce mit Salz und Pfeffer würzen und mit der angerührten Speisestärke binden.

LAKRITZ-SAUCE

Für ca. 300 ml

5 Lakritzschnecken
250 ml Wasser
Portwein
250 ml Bratenfond (Demi Glace)
Salz, Pfeffer

Die Lakritzschnecken ca. 12 Stunden in dem Wasser ziehen lassen und danach entfernen. Den Lakritzsud mit einem Schuss Portwein verfeinern. Den Bratenfond zugießen und die Flüssigkeit um die Hälfte reduzieren. Mit Salz und Pfeffer abschmecken.

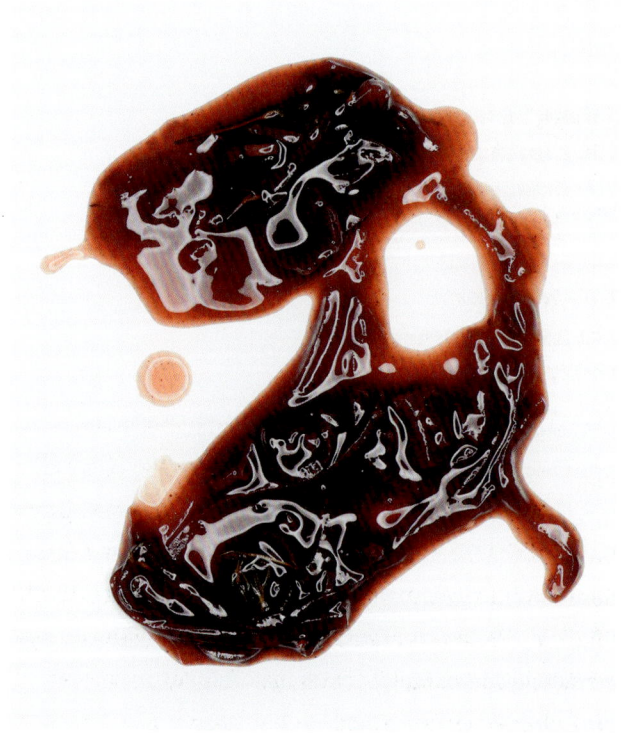

PFEFFER-SAUCE

Für ca. 150 ml

3 Schalotten
2 EL Butter
1 TL roter Kampotpfeffer
1 TL Langer Pfeffer
4 EL Cognac
2 EL Weißwein
2 EL Apfelsaft
200 ml Sahne
Salz
2 Zweige Estragon

Die Schalotten schälen und in kleine Würfel schneiden, in einer Pfanne mit der Butter glasig dünsten. Den Pfeffer im Mörser grob zerstoßen und zu den Schalotten geben. Mit Cognac, Weißwein und Apfelsaft ablöschen und fast vollständig einkochen lassen. Mit Sahne aufgießen und die Flüssigkeit bei mittlerer Hitze auf ca. zwei Drittel reduzieren. Mit Salz würzen. Die Estragonblätter von den Stielen zupfen, hacken und in die Sauce rühren.

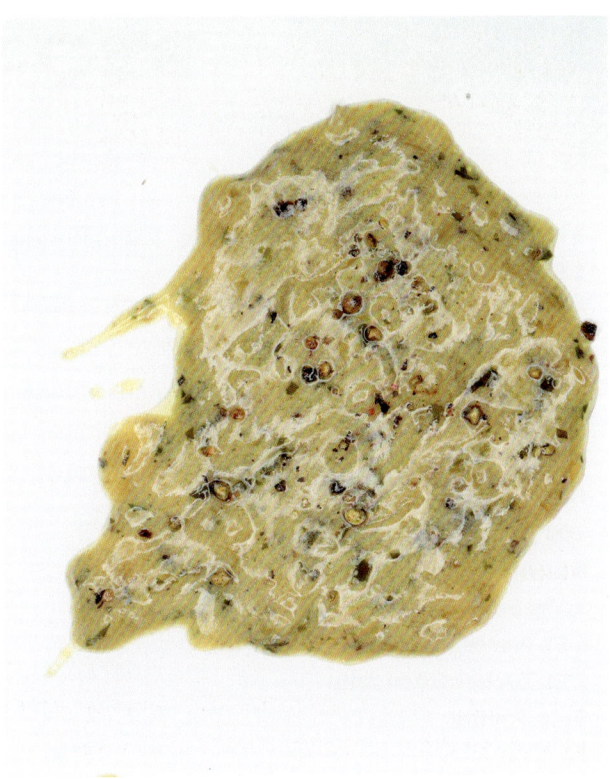

349

SENFSAUCE

Für ca. 150 ml

1 TL Senfpulver
1 EL Essig
1 EL mittelscharfer Senf
2 TL flüssiger Honig
6 EL Pflanzenöl
Salz, Pfeffer

Das Senfpulver mit dem Essig glatt rühren und mit Senf und Honig unter der langsamen Zugabe des Pflanzenöls zu einer geschmeidigen Sauce rühren. Mit Salz und Pfeffer abschmecken, die Sauce sollte einen feinen, scharfen, süßlichen Geschmack haben.

SENF-HOLLANDAISE

Für ca. 250 ml

200 g Butter
50 ml Weißweinessig
2 EL süßer Senf
3 Eigelb
Salz
Zitronensaft

Butter in einem kleinen Topf zerlassen, bis sich die Molke absetzt. Dann durch ein Küchentuch gießen und abkühlen lassen. Den Weißweinessig mit dem Senf und den Eigelben in einem Wasserbad cremig aufschlagen. Die flüssige Butter langsam unter ständigem Rühren einlaufen lassen und zur gewünschten Konsistenz aufschlagen. Mit Salz und einem Spritzer Zitronensaft abschmecken.

BBQ-SAUCE

Für ca. 500 ml

3 Knoblauchzehen
1 Schalotte
4 EL Pflanzenöl
½ TL Ingwerpulver
½ TL Senfpulver
1 Msp. Cayennepfeffer
½ TL geräuchertes
Paprikapulver
200 g passierte Tomaten
6 EL Apfelessig
100 g brauner Zucker
1 EL Worcestersauce
1 EL Zuckerrübensirup
Salz, Pfeffer

Die Knoblauchzehen und die Schalotte schälen und fein hacken. Beides in einem Topf im Öl anschwitzen. Die trockenen Gewürze hinzufügen und für ca. 2 Minuten mitrösten.

Dann die passierten Tomaten, Essig, Zucker, Worcestersauce, Sirup, 1 Prise Salz und frisch gemahlenen Pfeffer dazugeben und ca. 10 Minuten kochen. Sauce in einer Küchenmaschine oder mit einem Pürierstab zu einer geschmeidigen Sauce verarbeiten. In ein sauberes Glas füllen und im Kühlschrank aufbewahren.

TIPP Die BBQ-Sauce hält sich für bis zu 14 Tage im Kühlschrank, Sie können sie gut vorbereiten.

SWEET-BBQ-SAUCE

Für ca. 1 l

300 g Tomatenmark
100 g Senf
100 ml Balsamico
80 ml Worcestersauce
50 ml Limettensaft
50 ml Melasse
70 g Honig
1 TL Chilisauce
3 TL Speiseöl
1 rote Zwiebel
2 Knoblauchzehen
200 g Rohrohrzucker

In einer Schüssel alle Zutaten, bis auf Öl, Zwiebel, Knoblauch und Zucker, miteinander verrühren.Die Zwiebel schälen und in kleine Würfel schneiden. Die Knoblauchzehen schälen und mit dem Messerrücken andrücken.

In einer Pfanne das Öl erhitzen, die Zwiebelwürfel glasig dünsten, die Knoblauchzehen zugeben und anbraten. Dann den Zucker zugeben und kurz anrösten. Zum Schluss die restlichen Zutaten zugeben und bei geringer Hitze ca. 20 Minuten köcheln lassen, dabei gelegentlich umrühren. Die Sauce über Nacht im Kühlschrank ziehen lassen, luftdicht verschlossen hält sie sich auch mindestens eine Woche im Kühlschrank.

CURRYWURST-SAUCE

Für ca. 500 ml

1 rote Chilischote
2 Schalotten
2 Knoblauchzehen
3 EL Olivenöl
4 EL Tomatenmark
2 EL Weißweinessig
200 ml Apfelsaft
Salz, Pfeffer
2 TL Currypulver
1 TL edelsüßes Paprika-
pulver
1 TL rosenscharfes Paprika-
pulver
1 EL Harissa-Paste
1 EL Zucker
6 EL Ketchup (siehe unten)

Chilischote waschen, entkernen und hacken. Schalotten und Knoblauch-zehen schälen und beides ebenfalls fein hacken.

Das Olivenöl in einem Topf erhitzen und darin Schalotten und Knoblauch mit der Chili anschwitzen. Tomatenmark dazugeben, leicht mitanrösten, dann mit Essig und Apfelsaft ablöschen. Mit 1 größeren Prise Salz, frisch gemahlenem Pfeffer, Currypulver, beiden Paprikapulvern, Harissa und dem Zucker einkochen lassen, bis die Sauce schön sämig ist.

Den Topf von der Kochstelle nehmen, Ketchup zugeben und alles pürieren. Die Curry-Sauce noch mal mit Salz und Pfeffer abschmecken.

> TIPP Die Currywurst-Sauce hält sich bis zu einer Woche im Kühlschrank. Sie schmeckt übrigens auch zu Tofu- oder Sojawürstchen. Vegetarier müssen also nicht auf Currywurst verzichten!

351

KETCHUP

Für ca. 1 l

2 Schalotten
2 EL Olivenöl
1 TL Fenchelsamen
2 Nelken
3 cm Ingwer
2 Knoblauchzehen
1 TL Paprikapulver
100 ml Weinessig
100 g brauner Zucker
1 kg passierte Tomaten
Salz, Pfeffer

Schalotten schälen, würfeln und in dem Olivenöl für ca. 10 Minuten in einem größeren Topf dünsten. Fenchelsamen und Nelken im Mörser zer-stoßen und zu den Schalotten geben. Ingwer schälen, mit einer Küchen-reibe fein reiben, dann ebenfalls zu den Schalotten geben. Knoblauch schälen, fein hacken und mit dem Paprikapulver in den Topf geben.

Essig zugießen, Zucker und Tomaten hinzufügen und alles ca. 40 Minuten köcheln lassen. Mit Salz und Pfeffer pikant abschmecken.

Alle Zutaten pürieren, anschließend durch ein Sieb streichen und sofort heiß in eine sterile Flasche abfüllen. Der Ketchup hält sich gekühlt ca. 1 Woche.

GRÜNES TOMATEN-KETCHUP

Für ca. 750 ml

**2 ½ kg grüne Tomaten
(z. B. Evergreen, Green Zebra
oder Tomatillos)**
300 g Zwiebeln
4 Knoblauchzehen
6 grüne Chilischoten
2 EL Olivenöl
250 ml Gemüsebrühe
1 TL schwarze Pfefferkörner
1 TL Korianderkörner
6 Nelken
2 Lorbeerblätter
125 ml Apfelessig
100 g brauner Zucker
Salz

Die Tomaten waschen, die Strünke entfernen und die Tomaten in grobe Stücke schneiden. Zwiebeln und Knoblauch schälen und grob würfeln. Die Chilischoten waschen, längs halbieren, die Kerne entfernen und klein schneiden.

Das Olivenöl in einem großen hohen Topf erhitzen und zuerst die Zwiebeln glasig andünsten, dann den Knoblauch zugeben und mitdünsten. Tomatenstücke und Chilis dazugeben und mit der Gemüsebrühe ablöschen. Pfeffer, Koriander, Nelken und Lorbeer hinzufügen und alles aufkochen. Apfelessig und braunen Zucker einrühren. Die Tomaten abgedeckt ca. 30 Minuten bei geringer Temperatur köcheln, dabei ab und zu umrühren. Nach Ende der Garzeit durch ein Sieb passieren. Falls der Ketchup zu dünnflüssig ist, bis zur gewünschten Konsistenz weiterkochen.

Den fertigen Ketchup nochmals mit Salz, Zucker und Essig abschmecken. Noch heiß in eine sterile Flasche füllen und erkalten lassen. Gekühlt hält sich der Ketchup ca. 1 Woche.

352

> **INFO** Unreife Tomaten sowie Blätter und Stiele von Tomaten sind übrigens giftig. Das liegt an dem darin enthaltenen Solanin. Es nimmt jedoch mit zunehmendem Reifegrad der Tomaten ab.

CHIPOTLE-KETCHUP

Für ca. 1 l

1 Zwiebel
4 Knoblauchzehen
5 EL Olivenöl
4 EL Tomatenmark
100 ml Orangensaft
15 g Chipotle-Chilis
850 g Pizza-Tomaten
1 EL Honig
5 EL Zuckerrübensirup
Saft von 1 Zitrone
2 EL Kirschmarmelade
Meersalz

Zwiebel und Knoblauch schälen und in kleine Würfel schneiden. Olivenöl in einem Topf erhitzen, Zwiebeln und Knoblauch darin glasig dünsten. Tomatenmark zugeben, verrühren und anrösten. Mit Orangensaft ablöschen und etwas einköcheln lassen. Die restlichen Zutaten bis auf die Kirschmarmelade und das Meersalz zugeben und bei mittlerer Hitze ca. 90 Minuten köcheln lassen, dabei ab und zu umrühren. Kirschmarmelade zugeben, mit Meersalz würzen und durch ein grobes Sieb passieren. Für eine intensive Schärfe den Ketchup nicht passieren, sondern stattdessen mit einem Stabmixer mixen. Den heißen Ketchup in ein Glas mit Schraubverschluss füllen, abkühlen lassen und im Kühlschrank aufbewahren. Der Ketchup hält sich gekühlt ca. 1 Woche.

VEGANE KORIANDER-CURRY-MAYO

Für 4 Personen

150 ml Sojadrink
250 ml Pflanzenöl
5 Stängel Koriander
Salz , Pfeffer
1 TL gelbe Currypaste

Sojadrink in einen hohen Becher geben. Mit einem Pürierstab aufmixen, dabei langsam das Öl einlaufen lassen, bis eine homogene Masse entsteht. Koriander waschen, trocken schütteln, Blätter abzupfen und fein hacken. Die Mayo mit Salz, Pfeffer, Currypaste und Koriander pikant abschmecken.

MAYONNAISE MIT EI

Für 4 Personen

1 Ei
2 TL Dijonsenf
1 Spritzer Zitronensaft
200 ml Sonnenblumenöl
Salz
Cayennepfeffer

Das zimmerwarme Ei zusammen mit Senf und Zitronensaft in einen Mixbecher geben. Mit dem Stabmixer mixen, dabei das Öl langsam einlaufen lassen. Ist die gewünschte Konsistenz erreicht, mit Salz und Cayennepfeffer abschmecken.

353

VEGANE MAYONNAISE

Für 4 Personen

100 ml Sojadrink
1 TL Dijonsenf
ca. 200 ml neutrales Pflanzenöl
Zitronensaft
Salz, Pfeffer

Sojadrink und Senf in einen hohen Becher geben. Mit einem Stabmixer aufschlagen, dabei langsam das Öl einlaufen lassen, bis eine homogene Masse entsteht. Mit Zitronensaft, Salz und Pfeffer abschmecken. Vor dem Verzehr mindestens 1 Stunde kalt stellen.

TIPP Für eine vegane Aioli einfach zu Sojadrink und Senf noch eine geschälte Knoblauchzehe geben und mitmixen.

354

SALSA VERDE

Für 2–4 Personen

6 Sardellenfilets in Öl
6 Cornichons
1 Knoblauchzehe
1 EL Kapern
1 EL Dijonsenf
1–2 EL Rotweinessig
1 Bund Petersilie
1 Bund Basilikum
2 Stängel Minze
4–5 EL Olivenöl
Salz, Pfeffer

Sardellen und Cornichons in kleine Würfel schneiden und in eine Schüssel geben. Knoblauch schälen und mit dem Messerrücken zerdrücken. Zusammen mit den Kapern in die Schüssel geben und mit Senf und Rotweinessig verrühren. Kräuter waschen und trocken schütteln, Petersilie mit den Stielen hacken, Basilikum- und Minzeblätter von den Stielen zupfen und ebenfalls fein hacken. Die Kräuter unterheben. Am Schluss Olivenöl zugeben und mit Salz und Pfeffer würzen. In ein Glas mit Schraubverschluss füllen und im Kühlschrank aufbewahren.

BLAUBEER-SALSA

Für 4 Personen

1 rote Chilischote
1 unbehandelte Limette
4 cm Ingwer
250 g frische oder
TK-Blaubeeren
2–3 EL Olivenöl
Salz, Pfeffer

Die Chilischote waschen, halbieren, entkernen und fein hacken. Die Limette heiß abwaschen, trocknen, Zesten abziehen und den Saft auspressen. Den Ingwer schälen und reiben. Die Blaubeeren waschen und gut abtropfen lassen.

Mit einem Mixer die Hälfte der Blaubeeren pürieren. Die restlichen Beeren mit Limettenzesten, Limettensaft, Ingwer und Chili in eine Schüssel geben, vermischen und 1 Stunde ziehen lassen.

Vor dem Servieren unter Rühren langsam Olivenöl und Blaubeerpüree untermischen und mit Salz und Pfeffer abschmecken.

TIPP Vor allem gegrillten Schweinefleisch- und Geflügelgerichten gibt die Salsa einen richtigen Kick. Sie passt auch sehr gut zu gegrilltem Tofu. Oder probieren Sie sie, trotz der Schärfe durch Ingwer und Chili, zu einer Kugel Vanille- oder dunklem Schokoladeneis.

PASSIONSFRUCHT-TOMATEN-SALSA

Für 4 Personen

4 Ochsenherz-Tomaten
1 rote Chili
Fleur de Sel
1 TL Honig
50 ml Olivenöl
4 Passionsfrüchte

Die Tomaten putzen und in kleine Würfel schneiden. Die Chili putzen, Kerne entfernen und ebenfalls in kleine Würfel schneiden. Tomaten, Chili, Fleur de Sel und Honig in einem Topf erwärmen, bis aus den Tomaten der Saft austritt. Das Olivenöl zugeben und gut verrühren. Die Passionsfrüchte halbieren, Saft und Fruchtfleisch bzw. Kerne zu der Salsa geben. Die heiße Salsa in ein Glas mit Schraubverschluss füllen, abkühlen lassen und im Kühlschrank aufbewahren.

356

ZITRONEN-SALSA

Für 2 Personen

2 Zitronen
3 Stängel glatte Petersilie
1 kleine Schalotte
2 EL kleine Kapern
1 EL Zucker
Pfeffer
Salz
2 EL Olivenöl

Die Zitronen schälen und die Filets herauslösen. Petersilie waschen, trocken schütteln, die Blättchen abzupfen und fein hacken. Schalotte schälen und fein würfeln.

In einer Schüssel die Zitronenfilets, Kapern, Petersilie, Schalottenwürfel, Zucker und Pfeffer vermengen und leicht salzen. Das Olivenöl langsam unterrühren und die Salsa bis zum Gebrauch mit Folie bedeckt ziehen lassen.

TOMATEN-SALSA

Für 4 Personen

5 reife Tomaten
½ Salatgurke
2 Schalotten
1 Knoblauchzehe
1 getrockneter Peperoncino
5 EL Kapern
3 Stängel Petersilie
3 EL Balsamico
7 EL Olivenöl
Salz, Pfeffer

Tomaten mit kochendem Wasser überbrühen, häuten, Strünke entfernen, entkernen und das Fruchtfleisch in kleine Würfel schneiden.

Salatgurke schälen, längs halbieren, mit einem Esslöffel entkernen und das Fruchtfleisch fein würfeln. Schalotten und Knoblauch schälen und fein hacken. Peperoncino und Kapern fein hacken. Petersilie waschen, trocken schütteln, Blättchen abzupfen und ebenfalls fein hacken.

Alle Zutaten in einer Schüssel gut vermischen, Balsamico sowie Olivenöl zugeben, mit Salz und Pfeffer abschmecken.

CHIMICHURRI

Für 4 Personen

1 Schalotte
2 kleine Knoblauchzehen
1 Bund glatte Petersilie
1 rote Chilischote
1 Limette
6 EL Olivenöl
2 Zweige Thymian
Salz, Pfeffer

Schalotte und Knoblauch schälen, beides fein würfeln. Petersilie waschen, trocken schütteln und die Blättchen fein hacken. Chilischote waschen, putzen, längs halbieren, entkernen und fein hacken.

Petersilie, Knoblauch, Schalotte und Chili in einen Mörser geben. Die Limette halbieren, den Saft darüber auspressen und alles zusammen mit dem Stößel mörsern, bis eine Art Paste entsteht. Alternativ hierfür einen Blitzhacker benutzen.

Das Olivenöl nach und nach zugießen und weiterverrühren, bis eine dickflüssige Masse entstanden ist. Thymian waschen, trocken schütteln, Blättchen abzupfen und hacken. Thymian zufügen und mit Salz und Pfeffer pikant abschmecken.

GUACAMOLE

Für 4 Personen

2 Avocados
2 EL Zitronensaft
1 Tomate
1 rote Chilischote
1 rote Zwiebel
½ Bund Koriander
2 EL saure Sahne
Salz, Pfeffer
Tabasco oder Habañero Sauce

Die Avocados halbieren, den Kern entfernen und das Fruchtfleisch von der Schale lösen. Mit dem Zitronensaft beträufeln und die Avocados mit einer Gabel zur gewünschten Konsistenz zerdrücken.

Tomate waschen, Strunk entfernen und das Fruchtfleisch in Würfel schneiden. Chilischote putzen, waschen, längs halbieren, entkernen und fein würfeln. Die Zwiebel schälen und ebenfalls würfeln. Koriander waschen, trocken schütteln, Blätter abzupfen und fein hacken. Alle Zutaten mit der sauren Sahne vermischen, mit Salz, Pfeffer und einigen Tropfen Tabasco oder Habañero Sauce abschmecken. Mit Tortilla-Chips zum Dippen genießen.

TAPENADE

Für 4 Personen

200 g schwarze Oliven
40 g Kapern
6 Sardellenfilets
Saft von ½ Zitrone
8 EL Olivenöl
Pfeffer

Die Oliven entsteinen. Das geht am besten mit Hilfe eines Wasserglases mit glattem Boden. Drücken Sie damit kräftig auf die Oliven, dann lässt sich der Stein leicht herausnehmen. Kapern abtropfen lassen.

Dann die entsteinten Oliven, die Kapern und die Sardellen in einem Blitzhacker oder mit dem Stabmixer zu einer Paste pürieren. Zitronensaft und Olivenöl dazugeben und alles zu einer geschmeidigen Masse glatt rühren. Salz wird nicht nötig sein, weil Oliven und Sardellen bereits sehr salzig sind. Mit frisch gemahlenem Pfeffer servieren.

SAHNE-MEERETTICH

Für 2–4 Personen

360

175 g saure Sahne
5 EL geriebener Meer-
rettich aus dem Glas
Saft von ½ Zitrone
Salz, Pfeffer
50 ml Sahne

Die saure Sahne in eine Schüssel geben und mit dem Meerrettich, dem Zitronensaft, etwas Salz und frisch gemahlenem Pfeffer verrühren. Die Sahne steif schlagen, langsam unter die Meerrettichmasse heben und direkt servieren.

FETA-PAPRIKA-FRISCHKÄSE

Für 4 Personen

1 rote Paprikaschote
3 EL Sonnenblumenkerne
200 g Feta
1 Bund glatte Petersilie
1 rote Zwiebel
20 g Alfalfa-Sprossen
400 g Naturfrischkäse
2 EL Honig
2 EL Zitronensaft
Salz, Pfeffer

Die Paprikaschote waschen, halbieren, Kerne sowie weiße Innenhäute entfernen und das Fruchtfleisch in kleine Würfel schneiden. Die Sonnenblumenkerne ohne Zugabe von Fett in einer Pfanne rösten.

Den Feta fein würfeln. Die Petersilie waschen, trocken schütteln, die Blätter abzupfen und hacken. Die Zwiebel schälen und fein würfeln. Die Sprossen abspülen und gut abtropfen lassen. Den Frischkäse mit Zwiebeln, Petersilie, Honig, Zitronensaft, Salz sowie Pfeffer verrühren. Die Paprikawürfel untermischen. Den Frischkäse mit Feta, Sprossen und Sonnenblumenkernen garnieren und servieren.

ZAZIKI

Für 4 Personen

1 kleine Salatgurke
Salz
3 Knoblauchzehen
400 g griechischer Joghurt
(10 % Fett)
2 EL Weißweinessig
4 EL Olivenöl
Pfeffer

Gurke putzen, schälen, längs halbieren und die Kerne mit einem Löffel entfernen. Das Fruchtfleisch auf einer Reibe grob raspeln, leicht salzen, kneten und in einem Sieb abtropfen lassen. Knoblauchzehen schälen und fein hacken.

Joghurt mit Knoblauch, Essig und Olivenöl verrühren. Gurkenraspel gut ausdrücken, zugeben und abgedeckt im Kühlschrank mindestens 1 Stunde ziehen lassen. Vor dem Servieren mit Salz und Pfeffer abschmecken.

361

SOUR CREAM

Für 4 Personen

200 g Schmand
200 g Magerquark
100 g Saure Sahne
½ Bund Petersilie
Salz, Pfeffer
2 EL Weißweinessig

Schmand, Quark und saure Sahne verrühren. Petersilie waschen, trocken schütteln, mit Stängeln hacken und unterheben. Zum Schluss alles mit Salz, Pfeffer und Weißweinessig abschmecken.

CHILIBOHNEN-HUMMUS

Für 4 Personen

1 Schalotte
425 g Chilibohnen aus der Dose
2 EL Malzsirup
3 Stängel glatte Petersilie
2 Knoblauchzehen
50 g Speckwürfel
Salz
Chiliflocken nach Belieben

362

Die Schalotte schälen und grob würfeln. Mit Chilibohnen, ihrem Sud sowie Malzsirup in einem Standmixer cremig pürieren und herausnehmen. Petersilie waschen, trocken schütteln, Blätter abzupfen und fein hacken. Knoblauch schälen und in dünne Scheiben schneiden. In einer Pfanne die Speckwürfel kross ausbacken, die Knoblauchscheiben dazugeben und im ausgelassenen Fett mitbraten, dann auf einem Sieb abtropfen lassen. Krossen Speck, Knoblauch und Petersilie unter den Hummus heben. Mit Salz und je nach gewünschter Schärfe mit Chiliflocken abschmecken.

TOMATEN-BASILIKUM-HUMMUS

Für 4 Personen

2 Knoblauchzehen
500 g Kichererbsen aus der Dose
6 Stängel Basilikum
8 in Öl eingelegte getrocknete Tomaten
4 EL Öl von den eingelegten Tomaten
4 EL Wasser
2 EL Tahini (Sesammus)
3 EL Tomatenmark
Saft von 1 Zitrone
1 TL edelsüßes Paprikapulver
½ TL gemahlener Kreuzkümmel
1 EL Ahornsirup
Salz, Pfeffer

Den Knoblauch schälen und die Kichererbsen abtropfen lassen. Basilikum waschen, trocken schütteln, die Blätter abzupfen und die Hälfte der Blätter zum Anrichten beiseitestellen.

Die getrockneten Tomaten grob schneiden. Die vorbereiteten Zutaten, außer den getrockneten Tomaten, mit den übrigen Zutaten in ein hohes Gefäß geben und mit einem Stabmixer fein pürieren. Falls die Konsistenz sehr fest ist, noch etwas Wasser einrühren. Den Hummus mit dem restlichen Basilikum sowie den getrockneten Tomaten garnieren und servieren.

MOZZARELLA-TOMATEN-DIP

Für 8 Personen

375 g Mozzarella
100 g getrocknete Tomaten in Öl
1 Knoblauchzehe
10 Basilikumblätter
200 g Kräuterfrischkäse
6 EL Tomatenöl aus dem Glas
Salz, Pfeffer

Mozzarella abtropfen lassen und klein schneiden. Tomaten ebenfalls abtropfen lassen, das Öl dabei auffangen und die Tomaten klein schneiden.

Alles mit Kräuterfrischkäse und Tomatenöl in einem Mixer pürieren. Mit Salz und Pfeffer abschmecken. Dazu Brezeln oder Ciabatta servieren.

363

364

OBATZTER

Für 4 Personen

200 g zimmerwarmer Camembert
100 g weiche Butter
1 rote Zwiebel
½ Bund Schnittlauch
3 EL Bier
Salz, Pfeffer
1 TL rosenscharfes Paprikapulver
Kümmelpulver nach Belieben

Camembert mit einer Gabel zerdrücken und mit der Butter verrühren.

Zwiebel schälen und klein würfeln. Schnittlauch waschen, trocken schütteln und in Röllchen schneiden.

Zwiebelwürfel, Schnittlauch und Bier unter die Camembert-Butter-Mischung rühren.

Mit Salz, Pfeffer sowie Paprikapulver würzen und nach Belieben mit Kümmel abschmecken.

AVOCADO-MOZZARELLA-CREME

Für 4 Personen

1 reife Avocado
1 EL Zitronensaft
125 g Mozzarella
3 EL Olivenöl
Salz, Pfeffer

Avocado halbieren, Kern entfernen und Fruchtfleisch aus der Schale lösen. Mit Zitronensaft vermischen. Mozzarella abtropfen lassen und grob würfeln.

Mozzarella mit Avocado und Olivenöl in einem Mixer cremig pürieren. Mit Salz sowie Pfeffer abschmecken und mit Grissini und Gemüsesticks servieren.

THAIBASILIKUM-BUTTER

Für ca. 250 g

4 Stängel Thaibasilikum
1 TL Rosa Pfefferbeeren
1 gestrichener TL Salz
250 g weiche Butter

Das Thaibasilikum waschen, trocken schütteln, Blätter abzupfen und fein hacken. Zusammen mit den rosa Pfefferbeeren und dem Salz unter die Butter rühren.

Die Würzbutter auf einen Bogen Frischhaltefolie geben, zu einer Rolle formen und die beiden Enden fest zudrehen. Die Rolle nochmals in einem Bogen Alufolie einrollen und im Kühlschrank ca. 2 Stunden fest werden lassen. Zum Servieren Scheiben abschneiden und den Rest wieder kühlen oder gefrieren.

KRÄUTERBUTTER

Für ca. 150 g

125 g Butter
1 Handvoll Basilikumblätter
1 Handvoll glatter Petersilien-blätter
1 EL frische Thymianblätter
1 EL frische Rosmarinnadeln
1 TL flüssiger Honig
(z. B. Akazienhonig)
Salz, Pfeffer

Die Butter sollte zimmerwarm sein. Legen Sie sie in eine passende Schüssel.

Alle frischen Kräuter mit einem großen Messer fein hacken, waschen, trocknen und gut vermengen.

Gehackte Kräuter, Honig, 1 große Prise Salz und frisch gemahlenen Pfeffer zur Butter geben und gut durchmischen.

Die Kräuterbutter mit Hilfe von Frischhaltefolie zu einer längeren Rolle formen, darin einwickeln und bis zum Gebrauch im Kühlschrank auf-bewahren.

367

TIPP Die Butter ist zwar etwas aufwändiger in der Zubereitung, die Mühe lohnt sich aber. Bereiten Sie einfach etwas mehr davon zu und frieren Sie sie portionsweise ein. Die Butter passt auch besonders gut zu kurz gebratenem Rindfleisch oder als Deluxe-Version einer Kräuterbutter zu gutem Brot.

CAFÉ-DE-PARIS-BUTTER

Für ca. 350 g

½ Bund glatte Petersilie
3 Stängel Estragon
1 Zweig Thymian
1 großer Zweig Rosmarin
250 g Butter
5 EL Pflanzenöl
1 TL Dijon-Senf
1 TL Ketchup (siehe S. 351)
1 Msp. Currypulver
je 1 TL unbehandelter Orangen-
und Zitronenabrieb
Salz, Pfeffer
Zitronensaft

Die Kräuter waschen, trocken schütteln, Blätter bzw. Nadeln abzupfen und alles sehr fein hacken.

Die zimmerwarme Butter mit dem Handrührgerät schaumig schlagen. Das dauert ca. 5 Minuten. Nach und nach das Öl einrühren.

Petersilie, Estragon, Thymian, Rosmarin, Senf, Ketchup, Currypulver und Zitrusschalen vermischen und in mehreren Schritten unter die Öl-Butter rühren.

Mit Salz, Pfeffer und etwas Zitronensaft abschmecken. Die Butter in ein passendes Gefäß füllen, glatt streichen und im Kühlschrank fest werden lassen.

MACADAMIA-BUTTER MIT ROTEM PFEFFER

Für ca. 400 g

**150 g Macadamianüsse,
geröstet und gesalzen**
10 g roter Kampotpfeffer
250 g weiche Butter
10 cl brauner Rum
Fleur de Sel

Macadamianüsse und Pfeffer in einem Mörser zerstoßen. Die Butter schaumig schlagen. Macadamianüsse, Pfeffer und Rum zugeben und gleichmäßig unterrühren. Mit Fleur de Sel würzen. Die Butter auf Pergamentpapier streichen, zu einer Rolle formen und für ca. 6 Stunden im Kühlschrank durchziehen lassen.

369

TIPP Die Oliven-Orangen-Butter hält sich bis zu einer Woche im Kühlschrank. Sie schmeckt auch herrlich zu Pasta. Wenn Sie Nudeln oder Spaghetti mit einfacher Tomatensauce kochen, geben Sie vor dem Servieren etwas kalte Oliven-Orangen-Butter auf die Pasta.

370

OLIVEN-ORANGEN-BUTTER

Für ca. 250 g

3 mittelgroße Schalotten
1 EL Balsamico
2 EL Wasser
1 Zweig Rosmarin
3 EL schwarze Oliven
3 kleine Sardellenfilets
125 g weiche Butter
1 TL Abrieb von
1 unbehandelten Orange
Salz
schwarze und weiße Pfeffer-
körner, im Mörser zerstoßen

Die Schalotten schälen und in feine Würfel schneiden. In einer kleinen Pfanne die Schalottenwürfel zusammen mit dem Balsamico und etwas Wasser unter Rühren garen, bis die Flüssigkeit verdampft ist. Das Ganze dann abkühlen lassen.

Rosmarin waschen, trocken schütteln, Nadeln abzupfen und fein hacken. Oliven entsteinen und ebenso fein hacken.

In einer Schüssel die Sardellenfilets zerdrücken und gründlich mit der weichen Butter, Oliven, Orangenabrieb und Rosmarin vermischen. Mit Salz und Pfeffer abschmecken und die abgekühlten Balsamico-Zwiebeln untermischen. Die Oliven-Orangen-Butter in einem Stück Frischhaltefolie zu einer Rolle formen und im Kühlschrank fest werden lassen.

SMOKED-JALAPEÑO-BUTTER

Für ca. 200 g

200 g weiche Butter
3 g gemahlene Chipotle
Abrieb von 1 unbehandelten
Limette
2 TL Honig
¼ TL Salz

Die Butter schaumig schlagen. Chipotle, Limettenabrieb und Honig zur Butter geben und gleichmäßig unterrühren. Mit Salz würzen. Die Butter auf Pergamentpapier streichen, zu einer Rolle formen und für ca. 6 Stunden im Kühlschrank durchziehen lassen.

371

TOMATEN-BUTTER

Für ca. 400 g

20 g Pinienkerne
40 g getrocknete Tomaten in Öl
200 g weiche Butter
110 g scharfes Tomatenmark
Salz, Pfeffer
rosenscharfes Paprikapulver

Die Pinienkerne in einer Pfanne ohne Fett rösten und in einem Mörser zerreiben. Die getrockneten Tomaten abtropfen lassen und in kleine Würfel schneiden. Die Butter schaumig schlagen. Pinienkerne, getrocknete Tomaten und Tomatenmark zugeben und gleichmäßig unterrühren. Mit Salz und Pfeffer sowie Paprikapulver würzen. Die Butter auf Pergamentpapier streichen, zu einer Rolle formen und für ca. 6 Stunden im Kühlschrank durchziehen lassen.

BEURRE MAÎTRE D'HÔTEL

Für ca. 250 g

½ Bund Petersilie
2 Schalotten
1 Knoblauchzehe
1 EL Olivenöl
½ Zitrone
150 g weiche Butter
5 g Honig
5 g Dijonsenf
1 Prise Cayennepfeffer
1 Prise gemahlene Senfkörner
Meersalz

Die Petersilie waschen, trocken schütteln und fein hacken. Schalotten und Knoblauchzehe schälen und in kleine Würfel schneiden. Olivenöl in einem Topf erhitzen, Schalotten und Knoblauch darin glasig dünsten, anschließend kalt stellen. Die Zitrone auspressen. Die Butter schaumig schlagen. Schalotten, Knoblauch, Zitronensaft, Honig, Senf und gemahlene Senfkörner zugeben und gleichmäßig unterrühren. Mit Cayennepfeffer und Meersalz würzen. Die Butter auf Pergamentpapier streichen, zu einer Rolle formen und für ca. 6 Stunden im Kühlschrank durchziehen lassen.

373

374

WASABI-SCHALOTTEN-BUTTER

Für ca. 350 g

4 Schalotten
40 g Blattspinat
1 EL Olivenöl
250 g weiche Butter
20 g Wasabipaste
Salz
Cayennepfeffer

Schalotten schälen und in Würfel schneiden. Blattspinat waschen, trocken schleudern und in feine Streifen schneiden. Olivenöl in einem Topf erhitzen, die Schalotten darin glasig dünsten. Butter schaumig schlagen. Schalotten, Spinat und Wasabi zugeben und gleichmäßig unterrühren. Mit Salz und Cayennepfeffer würzen. Die Butter auf Pergamentpapier streichen, zu einer Rolle formen und für ca. 6 Stunden im Kühlschrank durchziehen lassen.

MELONEN-CHUTNEY

Für 1 Glas

500 g Honigmelone
½ Knoblauchzehe
½ kleine rote Chili
½ Salatgurke
2 EL Olivenöl
½ TL Currypulver
Saft von 2 Orangen
4 EL trockener Weißwein
2 EL Portwein
3 EL heller Balsamico
Salz
1 Zweig Estragon

Melone halbieren, Kerne entfernen und die Schale abschneiden. Fruchtfleisch, Knoblauch, Chili und Gurke in kleine Würfel schneiden. Olivenöl in einem Topf erhitzen, Knoblauch und Chili darin anschwitzen. Zuerst das Currypulver, dann die Honigmelone zugeben und dünsten, bis die Melonenwürfel glasig sind. Orangensaft, Weißwein, Portwein und Balsamico zugeben. Bei mittlerer Hitze so lange köcheln lassen, bis eine dickflüssige Masse entstanden ist. Mit Salz würzen und abkühlen lassen. Estragonblätter von den Stielen zupfen, fein hacken und zusammen mit den Gurkenwürfeln unter die Melonenmasse heben. Eventuell noch einmal mit Salz abschmecken. Das Chutney in ein Glas mit Schraubverschluss füllen und im Kühlschrank aufbewahren.

375

KÜRBIS-APFEL-CHUTNEY

Für 2 Gläser

3 rote Zwiebeln
250 g Kürbis (z. B. Hokkaido)
3 säuerliche Äpfel
150 ml Apfelessig
75 g Zucker
2 EL flüssiger Honig
1 kleines Lorbeerblatt
1 TL Senfkörner
100 ml Apfelsaft
5 Zweige Thymian

Zwiebeln schälen und in dünne Spalten schneiden. Kürbis putzen, waschen und in kleine Würfel schneiden. Äpfel waschen, vierteln, Kerngehäuse entfernen und die Viertel in Würfel schneiden. Essig, Zucker, Honig, Lorbeer, Senfkörner und Saft aufkochen. Kürbis und Zwiebeln zugeben und ca. 15 Minuten köcheln lassen. Thymian waschen, trocken schütteln und die Blättchen abzupfen. Apfelwürfel und Thymian zugeben 5 Minuten köcheln lassen. Lorbeerblatt entfernen, das Chutney heiß in saubere Gläser füllen und sofort verschließen.

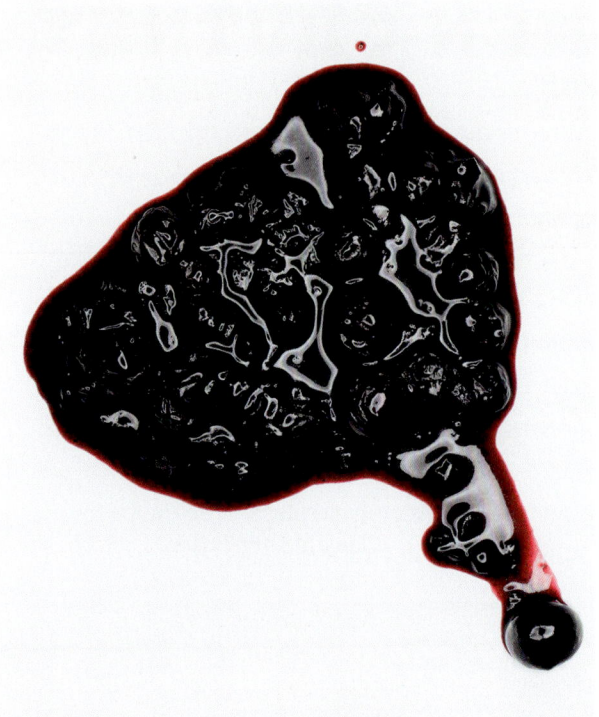

BLAUBEER-ZWIEBEL-CHUTNEY

376

Für 1 Glas

1 rote Zwiebel
1 EL Olivenöl
200 g Heidelbeeren
2 EL Honig
1 TL Balsamico
Salz, Pfeffer

Zwiebel schälen und in kleine Würfel schneiden. Olivenöl in einem Topf erhitzen und die Zwiebeln darin glasig dünsten. 150 g Heidelbeeren und Honig zugeben und mit Balsamico ablöschen. Mit Salz und Pfeffer würzen und bei mittlerer Hitze ca. 3 Minuten köcheln lassen. Die übrigen Heidelbeeren zugeben und weitere 2 Minuten köcheln. Das heiße Chutney in ein Glas mit Schraubverschluss füllen, abkühlen lassen und im Kühlschrank aufbewahren.

CHILI-TOMATEN-CHUTNEY

Für 1 Glas

8 Tomaten
2 Schalotten
2 rote Chilis
4 EL Olivenöl
Meersalz
2 TL Rohrohrzucker
2 EL Tomatenessig

Tomaten putzen, mit kochendem Wasser überbrühen und häuten. Die Tomaten in Würfel schneiden. Schalotten schälen und in kleine Würfel schneiden. Die Chilis putzen, Kerne entfernen und ebenfalls in kleine Würfel schneiden. Olivenöl in einem Topf erhitzen, Schalotten darin glasig dünsten, Tomaten und Chilis zugeben und kurz anschwitzen. Mit Salz und Zucker würzen, mit Tomatenessig ablöschen, alles verrühren und abgedeckt bei mittlerer Hitze ca. 20 Minuten köcheln lassen. Das heiße Chutney in ein Glas mit Schraubverschluss füllen, abkühlen lassen und im Kühlschrank aufbewahren.

GRÜNES TOMATEN-CHUTNEY

Für 2 Gläser

1 kg grüne Tomaten
1 Zwiebel
1 Knoblauchzehe
1 grüne Chili
150 ml Weißweinessig
100 g Rohrohrzucker
1 unbehandelte Orange
½ TL Kurkuma
2 Sternanis
1 Prise Zimt
½ TL braune Senfkörner
3 EL Olivenöl
3 EL Rosinen

Tomaten putzen und in Würfel schneiden. Zwiebel und Knoblauch schälen und in kleine Würfel schneiden. Chili putzen, Kerne entfernen und ebenfalls würfeln. Alle Zutaten in einem Topf zum Kochen bringen und bei mittlerer Hitze ca. 1 Stunde köcheln lassen, dabei ab und zu umrühren. Noch heiß in Gläser füllen, abkühlen lassen und kühl lagern.

DÖRR-FEIGEN-HONIG-CHUTNEY

Für 2 Gläser

600 g getrocknete Feigen
250 ml Apfelessig
Saft von 4 Zitronen
100 ml Apfelessig
300 g Honig
180 g Rohrohrzucker
1 Stange Zimt
2 Lorbeerblätter
1 TL Paprikapulver
2 TL Meersalz

Die Feigen vierteln und über Nacht im Apfelessig einweichen. Am nächsten Tag die Feigen abgießen, den Essig auffangen und in einem Topf mit den übrigen Zutaten zum Kochen bringen. Den Sud ca. 5 Minuten kochen lassen, dann die Feigen zugeben. Bei mittlerer Hitze weitere 30 Minuten köcheln lassen. Das heiße Chutney in Einmachgläser füllen, abkühlen lassen und im Kühlschrank aufbewahren.

CHUTNEY VON GETROCKNETEN SAUERKIRSCHEN

Für 1 Glas

50 ml trockener Rotwein
Speisestärke
120 g getrocknete Sauerkirschen
10 g gemahlener Ingwer
30 g Rohrohrzucker
1 Lorbeerblatt
100 ml Kirschsaft
1 Prise Meersalz

1 EL Rotwein mit der Stärke anrühren. Die restlichen Zutaten in einem Topf zum Kochen bringen und bei mittlerer Hitze stark reduzieren. Zum Schluss das Lorbeerblatt entfernen und das Chutney mit etwas angerührter Stärke abbinden. Das heiße Chutney in ein Glas mit Schraubverschluss füllen, abkühlen lassen und im Kühlschrank aufbewahren.

377

REGISTER

379

Rezeptregister

380

381

Rezeptregister

383

Impressum

GRILLEN – Das Gute leben.
365 Rezepte

2. Auflage 2021

© 2021 Tre Torri Verlag GmbH, Wiesbaden

www.tretorri.de

Herausgeber: Ralf Frenzel

Idee, Konzeption und Umsetzung:
Tre Torri Verlag GmbH, Wiesbaden

Gestaltung RZ/Satz: Gaby Bittner, Wiesbaden

Weitere Empfehlungstitel aus dem Tre Torri Verlag:

LOW CARB
Das Gute leben
365 Rezepte
368 Seiten | zahlr. Farbfotos
21 x 28 cm | Hardcover
€ 14,95 (D) | € 15,40 (A)
ISBN: 978-3-96033-094-3

HAUSMANNSKOST
Das Gute leben
365 Rezepte für jeden Tag
384 Seiten | zahlr. Farbfotos
21 x 28 cm | Hardcover
€ 14,95 (D) | € 15,40 (A)
ISBN: 978-3-96033-080-6

Fotografie:

Meike Bergmann, Berlin: S. 17, S. 26, S. 52, S. 55, S. 69. S. 134, S. 171, S. 223, S. 231, S. 246, S. 274, S. 277, S. 278, S. 282, S. 286, S. 289, S. 292, S. 293, S. 317, S. 322, S. 323, S. 326, S. 358, S. 359, S. 361, S. 364

Maria Brinkop, Hildesheim/Berlin: S. 153, S. 167, S. 168, S. 170, S. 194, S. 214, S. 250, S. 290, S. 291, S. 295, S. 296, S. 300, S. 304, S. 307, S. 308, S. 310, S. 311, S. 313, S. 314, S. 315, S. 319, S. 321, S. 329, S. 331, S. 333, S. 339, S. 363, S. 365

Oliver Drerup, Berlin: S. 14, S.18, S.25, S. 43, S. 56, S. 140, S. 217, S. 228, S. 240, S. 243, S. 248, S. 259, S. 309, S. 355, S. 356, S. 357, S. 367, S. 368, S. 370

Christoph Herdt, Frankfurt: S. 31, S. 125, S. 132, S. 133, S. 138, S. 143, S. 144, S.146, S.147, S. 149, S. 151, S. 154, S. 158, S. 169, S. 172, S. 175-193, S. 195–212, S. 218, S. 222, S. 237, S. 238, S. 242, S. 255, S. 256, S. 257, S. 283, S. 294, S. 298, S. 299, S. 301, S. 303, S. 312 ,S. 320, S. 325, S. 327, S. 328, S. 334, S. 335, S. 337, S. 338, S. 346

Thorsten kleine Holthaus, Düsseldorf: S. 174

Till Roos, Frankfurt: S. 137, S. 306, S. 332

Peter Schulte, Hamburg: Umschlag Vorderseite, S. 13, S. 20, S. 21, S. 22, S. 28, S. 32, S. 33, S. 36, S. 40, S. 44, S. 45, S. 47, S. 48, S. 51, S. 59, S. 61, S. 62, S. 63, S. 64, S. 66, S. 67, S. 70, S. 73, S. 74, S. 75, S. 76, S. 79, S. 81, S. 82, S. 83, S. 84, S. 85, S. 86, S. 89–96, S. 99–110, S. 113, S. 114, S. 117, S. 118, S. 121, S. 123, S. 126, S. 128, S. 129, S. 130, S. 131, S. 135, S. 148, S. 152, S. 157, S. 161, S. 162, S. 164, S. 166, S. 173, S. 213, S. 224, S. 227, S. 233, S. 234, S. 260, S. 262, S. 264, S. 266, S. 270, S. 271, S. 280, S. 281, S. 284, S. 285, S. 287, S. 288, S. 336, S. 342, S. 343, S. 344, S. 345, S. 348, S. 349, S. 354, S. 369, S. 371–377

Reproduktion: Horst Lorenz & Hubert Lechner GbR, Inning a. A.

Printed in Slovakia

ISBN 978-3-96033-110-0

MIX
Papier aus verantwor-
tungsvollen Quellen
FSC www.fsc.org   FSC® C020353